本书出版部分受云南省"兴滇英才支持计划"青年英才经费资助

近代云南傣族地区城市与社会的互构

高 景　张振伟　著

中国社会科学出版社

图书在版编目（CIP）数据

近代云南傣族地区城市与社会的互构 / 高景, 张振伟著. -- 北京：中国社会科学出版社，2025.7.
ISBN 978-7-5227-5249-5

Ⅰ. K297.4

中国国家版本馆 CIP 数据核字第 202523XP60 号

出 版 人	季为民
责任编辑	刘亚楠
责任校对	张爱华
责任印制	张雪娇

出　　版	中国社会科学出版社
社　　址	北京鼓楼西大街甲 158 号
邮　　编	100720
网　　址	http://www.csspw.cn
发 行 部	010-84083685
门 市 部	010-84029450
经　　销	新华书店及其他书店
印　　刷	北京君升印刷有限公司
装　　订	廊坊市广阳区广增装订厂
版　　次	2025 年 7 月第 1 版
印　　次	2025 年 7 月第 1 次印刷
开　　本	710×1000　1/16
印　　张	19.5
插　　页	2
字　　数	272 千字
定　　价	118.00 元

凡购买中国社会科学出版社图书，如有质量问题请与本社营销中心联系调换
电话：010-84083683
版权所有　侵权必究

目 录

绪 论 ……………………………………………………… (1)

第一章 傣族地区的城市与土司制度 ………………………… (8)
第一节 傣族地区城市的界定与概述 …………………… (9)
第二节 土司制度沿袭及衙署构成 ……………………… (27)
第三节 城市的特点与形制 ……………………………… (45)

第二章 城市与农耕社会 ……………………………………… (73)
第一节 傣族的身份等级与城市—村社二元居住格局 … (73)
第二节 傣族村社相对均质化的农耕生活方式 ………… (93)
第三节 等级化的土地占有与劳役制度 ………………… (110)

第三章 城市与商业贸易 …………………………………… (132)
第一节 傣族地区的手工业 ……………………………… (132)
第二节 城市与商业贸易 ………………………………… (139)

第四章 城市与区域文化 …………………………………… (158)
第一节 城市与二元宗教系统 …………………………… (158)
第二节 城市与傣族教育 ………………………………… (178)
第三节 城市与军制 ……………………………………… (186)

第五章 民国时期改县设制与城市变迁 …………………… (195)
  第一节 从土司驻地到县城 …………………………… (195)
  第二节 民国时期边地的教育与实业改革 …………… (222)

第六章 城市与边地人民生活 ………………………………… (250)
  第一节 内地人群的进入 ……………………………… (250)
  第二节 边地居民的生活 ……………………………… (267)
  第三节 边地人群节日期间互动 ……………………… (277)

结　论 …………………………………………………………… (289)

参考文献 ………………………………………………………… (302)

附录　书中部分地名对照表 ………………………………… (309)

绪　　论

　　20世纪50—80年代，国内的历史研究主要受人类社会发展阶段说的影响。按照这一范式写作的历史，不仅将中国古代史分为从原始社会到封建社会的不同发展阶段，在这一时期写作的50多部少数民族简史，也将各少数民族放置在从原始公社制残余到封建地主经济等不同发展阶段。其中，不少民族被认为存在封建农奴、牧奴、奴隶制以及原始公社特征。[①] 客观而言，这一时期的民族史研究为国家制定并落实一系列扶持民族地区发展的政策提供了学理依据，其积极效用应加以重视。但这一范式也存在将各少数民族按照一套标准加以简单分类的缺陷，掩盖了各民族地区多样的社会、政治、经济及历史事实的意义。20世纪80年代以后，历史研究和民族史研究的范式与方法逐渐走向多元，但受历史和现实发展制约，大部分民族地区仍未彻底摆脱相对落后的刻板印象。扶持民族地区经济社会发展，仍是与民族相关的最为常见的话语。

　　在以动态视角归纳总结中华民族多元一体格局的形成及发展过程，以及铸牢中华民族共同体意识的目标下，如何重新认识各民族历史上的社会、政治、经济和文化底色，呈现各民族历史上的交往交流交融，为民族地区的历史研究提出新的要求。在这方面，城镇及其在民族地区历史中扮演的重要角色，是一个长期被忽视的问题。出现这

---

① 《中华人民共和国是统一的多民族的国家》，国家民委《民族问题五种丛书》编辑委员会、《中国民族问题资料·档案集成》编辑委员会编：《中国民族问题资料·档案集成》第1辑《中国少数民族》第1卷，中央民族大学出版社2005年版，第5—6页。

一问题的原因，一方面正是在社会发展阶段说研究范式下，许多民族地区被视为较落后的封建农奴制乃至原始公社制社会，城镇发展不突出；另一方面，也与不同民族差异极大的自然社会环境和政治经济体系下所分化出的城市理念和形态有关。以中东部地区大规模人口集聚背景下发展出的城市形态，尤其是在中国历史上产生重要影响的都城（如北京、西安）及大城市（如武汉、上海）来做参照，去考察民族地区的城镇，不免会产生不足观的心态。但是，城市或城镇存在与否，与各民族人民对居住形态的分类与界定以及相应政治经济社会结构有关，而非以外在形态作为根本的判断标准。国内外城市史的相关研究已经揭示，城市在其形成与发展的早期阶段，存在多样的城市形态，以至于如何界定城市成为城市史研究中的一个重要问题。人类学对乡村社会的研究也发现，乡村社会的组织结构、社会分工与空间形态也存在多种多样的可能。这些多样的城市与乡村形态，尽管在资本与工业社会中被逐渐消解和统一，不同地区的城市面貌变得似曾相识，但蕴含在不同城市形成及发展过程中的区域性因素，在看似似曾相识的现代城市面貌下留下了深层地域特色。

在从乡村到城市的发展线索中，德国地理学家施瓦茨提出了"似城聚落"的概念，认为在城市与乡村两种聚落类型之外，尚有性质独立的介于二者之间的似城聚落类型的存在。从似城聚落思想来看，城市的起源始于似城聚落的最早出现，城市的形成在于似城聚落转变为"充分成长的城市"；中国传统市镇大多属于似城聚落，少数发达市镇达到了城市的标准；中国历史上的县级治所多数属于城市范畴，少量属于似城聚落；城市化就是似城聚落的不断涌现并部分转型为完全意义上的城市的历史过程。① 此外，从城、乡二分到城市、似城聚落、乡村的三分，以及理解历史上似城聚落的常态与动态，对于历史及城市发展史研究应有所启迪。

在此背景下，从历史视角解析少数民族历史上的城镇，分析城镇

---

① 毛曦：《"似城聚落"及其在历史研究中的理论意义》，《史林》2016年第5期。

绪 论

与乡村间的关系，与之相适应的语言文字和文化观念、家庭与区域社会结构、经济生活方式、宗教、市场等因素，成为解析民族地区城镇发展史、社会史以及城市少数民族等问题的一把钥匙。理解了民族地区的城市崛起及城乡关系、城市发展演变脉络，方能更好地理解现代社会背景下少数民族地区的城市化、少数民族人口流入城市及所产生的相应社会问题，并在一定程度上帮助理解前述城市与乡村在人类社会发展不同社会历史阶段所具有的位置及合理性，以及处理民族地区或民族人口背景下的城乡关系协调问题。

本书并不计划针对所有民族地区的城镇发展史及其在民族地区历史中的地位做一概括性梳理，而是针对云南南部傣族地区做一相对具体的研究。清雍正年由鄂尔泰主导下的改土归流，影响遍及云贵、四川以及湖广，对中国西南部地区的社会、政治、经济产生了持续而深刻的影响。在云南南部，鄂尔泰将澜沧江内部分地区改土归流后，奏设普洱府，下设思茅通判、攸乐同知，车里宣慰使亦归统辖。这一阶段的改土归流基本奠定了云南南部直至清末的政治秩序。但是，改流之后，传统上被认为是十二版纳地的诸土司仍然存在，他们与车里宣慰使在政治、经济方面保持了密切的联系。实际上，在原车里宣慰使的辖境范围内，包括江内六版纳和江外六版纳，其内部原有的政治经济结构依然保留未变。① 而在保山府外，麓川政权解体之后设立的芒市、遮放、勐卯、南甸、干崖、盏达、陇川等诸土司也延续至清末。

在车里宣慰使辖境和芒市、遮放、勐卯等土司辖境，在20世纪50年代以前，城市通常对应傣族各级土司的居住区域，为一个土司统治区域的"首府"。这些城市与傣语中意为"城市"的以"景"命名的区域多有重合，但由于历史原因，部分城市也以曼（即"村"）命名。城市中除居住有土司及其家眷、近亲外，通常还是土司衙署高等级官员、卫兵、仆役居住的区域。城市除是政治中心之外，多数情

---

① 尤中编著：《云南地方沿革史》，云南人民出版社1990年版，第390—394页。

况下还与该土司管辖区域内的经济中心重合。一个土司辖区，通常包括一个城市和数量不等的由普通平民或更低等级的人聚居组合而成的村社。此外，已经在汉文典籍中被称为县城的，如车里县城、佛海县城等，也是本书的研究对象。

傣族地区的城市之所以成为民族地区城镇史研究的切入口，与傣族在中国西南的广泛分布和悠久政治历史文化背景有关，更与傣族相对于汉族或汉文化而言明显差异的家庭—亲属结构、土地制度、区域政治体系和宗教文化背景有关。这些差异对傣族地区的城市及城乡关系产生直接影响，建构出傣族地区独特的城市与城乡结构。作为同一过程的两面，傣族地区独特的城市与城乡结构，也反哺了他们的社会政治经济宗教体系。

虽然学界对傣族地区相对独特的家庭—亲属结构①、土地制度②、区域政治体系③和宗教文化背景④有了一系列讨论，但这些讨论往往从属于不同的研究目的，很少有综合和交叉。事实上，傣族地区社会、经济、政治、宗教等方面的诸多特性之间具有相应的逻辑关系，彼此之间互为补充和观照，共同形塑了傣族人的生活世界及其变迁历程。从城镇与城镇乡关系的角度对傣族社会诸因素间的逻辑关系展开剖析，对理解傣族社会结构及傣族人生活世界能提供一有效参照。

本书所研究的云南傣族地区，指傣族比较集中分布的云南省南部，以今西双版纳州、德宏州为主，兼及临沧市的耿马县、普洱市的孟连县。这一范围大致与江应樑在《摆彝的生活文化》中所指的"南部边区所谓普思沿边的十二版纳地（包括车里、佛海、南峤、镇

---

① 周庆生：《西双版纳傣语亲属称谓语义成分分析》，《民族语文》1990年第2期。
② 《中国少数民族社会历史调查资料丛刊》修订编辑委员会编辑出版的《傣族社会历史调查·西双版纳》（1—10册）中记载了20世纪50年代左右西双版纳地区众多村寨的土地分配制度和家庭为单位的土地占有情况。
③ 马曜：《西双版纳和西周社会政治及礼俗制度比较研究——运用民族学资料研究先秦史一例》，《社会科学战线》1987年第4期。
④ 参见张振伟《傣族三村的宗教生活——嵌入与个人信仰》，知识产权出版社2014年版。

越、江城、六顺、宁江、思茅等县及设治局),及西部腾冲龙陵沿边的芒市、遮放、陇川、勐卯、干崖、盏达、南甸、潞江、耿马、孟定诸土司境"① 相当。因此,正文中会频繁沿用普思沿边和腾龙沿边两个概念,分别指滇南十二版纳和滇西诸土司地这两个区域。这些地区,在清代曾是车里宣慰使司、耿马宣抚司、孟连宣抚司、孟定土府、芒市安抚司、勐卯安抚司、陇川宣抚司、南甸宣抚司、芒市长官司、干崖宣抚司、遮放副宣抚司等的辖地。② 这些地区除傣族分布相对集中外,还分布有大量的汉族、哈尼族、拉祜族、瑶族、景颇族、布朗族、佤族、德昂族等,是一个多民族混居的区域。各民族间的交往交流,共同创造这一地区的多元文化与历史。

在上述傣族聚居地区,历史上傣族不仅人口数相较于其他民族为多,而且在多种因素促使下傣族在这一地区居于主导地位。这些因素按照江应樑的大致归纳,可以包括:傣族居住于平地,生活上较易发生联系,其他民族是零落分布于四山间,生活上便显得涣散分离。傣族在政治上是有组织的,居于统治者的地位,其他民族是没有政治组织的,只好受傣族的支配与管理。傣族因为据有肥沃的平原,所以便操纵着全境的经济生产权,其他皆散居于贫瘠的山间,经济力量便远不能与傣族相比。③ 也因此,本书所关注的该区域的城市及相关分析,主要以傣族历史与社会文化为载体,辅以其他民族的历史和社会文化资料。

之所以将本书的研究时段限定在民国时期,重要原因是这一时期的文献资料较为集中。傣族虽然有相对悠久的文字创立及使用历史,流传下来的文字典籍数量也非常庞大,但其内容以佛教相关知识系统

---

① 江应樑:《摆彝的生活文化》,骆小所主编:《中国西南文献丛书》第4辑《西南民俗文献》第18卷,兰州大学出版社2003年版,第70—71页。《摆彝的生活文化》一书中的摆彝一名,后再版时已改为摆夷。
② 朱映占等:《云南民族通史》(下),云南大学出版社2016年版,第169—175页。
③ 江应樑:《摆彝的生活文化》,骆小所主编:《中国西南文献丛书》第4辑《西南民俗文献》第18卷,兰州大学出版社2004年版,第107—108页。

为主，包括南传佛教的律、经、论和藏外典籍；其次是大量的文学作品；再次是历法、医药等，历史典籍较少且分散。根据20世纪上半叶开始对傣族地区，主要是各土司府收藏的历史典籍的发现、翻译工作来看，关于傣族地区的历史记录，最为系统的是车里宣慰使司的《泐史》谱系；其次是勐卯、芒市、陇川等地所发现的地方史与土司家谱，这些史料以土司世系及重要战争、外交事件为主要内容，对社会文化方面的记载较少。随着民国政府在傣族地区进一步建立更为直接的统治，尤其是1937年抗日战争全面爆发之后西南地区作为"大后方"，政府及学界对傣族地区进行多次考察并形成一系列报告，以及20世纪50年代对傣族地区进行全面细致的调查及在此基础上形成的《民族问题五种丛书》，对傣族历史社会文化的记载方比较全面。受这一系列调查开始及报告发表的时间所限，相关记载最为集中的是民国时期。

与此同时，与云南相邻的东南亚泰国、缅甸对本国早期历史的记载也缺乏翔实可靠的谱系，很少能为云南的傣族史研究提供有价值的借鉴。西方的英、法等国大致从18世纪开始对东南亚缅甸、泰国、越南等地殖民，传教士、冒险家、军队官员等开始沿河流与铁路上溯，不少人深入缅甸、泰国北部和中国的云南及四川、贵州等省份。这些传教士、冒险家或军队官员的记载也能为了解清末民初云南傣族地区的社会文化提供一定的参考。但相对于民国时期开始翻译整理的汉文资料而言，来自东南亚及西方的研究明显薄弱。

另一方面，云南的傣族社会具有较高的稳定性。史籍记载之前的历史虽然难以追溯，但从现有关于傣族历史的记载以及近代以来针对傣族地区社会文化一系列实地调研及报告来看，傣族社会以村社为基础、建立在相对宽裕土地基础上的农耕文化保持了较长时间的历史。无论是本民族建立的早期地方政权，还是元明清三代在傣族地区设置的一系列土司，都没有从根本上改变傣族地区以村社为基础的农耕社会文化结构。这一社会文化结构只有到了现代社会，随着中华人民共和国成立及之后"和平协商土地改革"的推进，以及20世纪80年代

绪　论

以后现代市场进入傣族地区之后，才有了明显改观。因此，受材料所限，本书聚焦的民国时期傣族地区城市与社会研究，对了解民国以前的傣族社会历史也有重要的借鉴意义，并可成为分析现代傣族社会变迁的重要依据。

第一章 傣族地区的城市与土司制度

纵览有关东南亚的权威人类学出版物，可以发现它们大致可分为两个非常明显的脉络：一方面是对社会空间有限的山区居民的研究；另一方面是对大国农村人口的研究。① 在前一种情况下，宗教和山地独特的政治组织吸引了研究者的注意；在后一种情况下，研究者从整体上更关注大众信仰和宗教，以及家庭和村庄的组织。但以上两类研究脉络，存在将东南亚视为相对分割的山地与平地两个宇宙之嫌，同时，也忽略了山地与平地的互动及由平地串联起的平地与山地的结合构成东南亚整体面貌的基础。

如果将视野转向中国的西南地区，可以发现以上两种研究视野及其缺陷也以相似的面貌存在。之所以出现这一局面，一方面是基于人类学的研究方法及其问题意识；另一方面也是中国人类学在引入、发展过程中西方知识传统的延续，同时也是中国西南在地理区位、自然环境、人群类型及分布、经济运作及政治组织、宗教信仰等方面与东南亚有相对密切的联系。相似的问题引出相似的破局之道，平地与山地相结合的整体性研究在中国西南地区研究中应具有更重要的价值。

历史学对西南地区民族的研究则是另外一个脉络。民国以前传统史学中的西南民族仅有粗略的面目，夹杂着辗转虚构的传闻。现代民族史学力图呈现每一个民族从远古到现代的起源、演变脉络，建立在

---

① Georges Condominas, *From Lawa to Mon, From Saa' to Thai: Historical and Anthropological Aspects of Southeast Social Spaces*, Canberra: The Australian National University, 1990, p. 29.

第一章 傣族地区的城市与土司制度

经济生活方式及其变迁基础上的社会（政治）发展史是叙述主流。统一的叙述模式带来明晰的研究目的和强大的解释力，却有一定的过度建构之嫌，也掩盖了不同民族历史与社会的特殊性。

傣族是中国西南到东南亚具有重要影响力的一个民族，以平原或坝区耕作为业。村社是傣族社会重要的政治、经济、宗教活动单元，与村社相对的城市是特定区域内的政治中心，统领着区域内的傣族及其他民族，使之成为一个具有统合力和向心力的政治单元。城市的兴盛或衰落，与这个区域政治单元的兴衰息息相关。

第一节 傣族地区城市的界定与概述

傣族地区自有一套关于城市和村社的知识，其中城市具有明显与普通村社相区别的意涵。这是本书以城市作为核心研究对象的重要基础。不仅如此，傣族地区对城市相关概念和内涵的界定，是放置在从勐到村社的连续谱系中，并不是孤立的知识。这充分说明傣族地区城市的存在，是社会长时间自然演化的结果。

傣族以水稻种植为业，主要居住在水利条件较为优沃的大块平地或山间坝子，是平地或坝子中的主要人群。在平地和坝子边缘的山区，从山腰到山脚，分布着从游耕到采集狩猎为生的其他民族。围绕平地与山地两种不同的居住模式，各民族产生两种主要的解释模式，一是山地民族战败逃亡论；二是傣族后迁入被迫居住瘴疠肆虐的平地论。孰是孰非，已很难根究。唯平地与山地两种不同的居住和自然环境，造就了傣族与山地民族在社会连接与组织、政治结构、交通及商业贸易方面种种的不同。自公元10世纪左右开始，在这一区域产生的一系列地方政权及其运作，也与这种居住模式及与此相伴随的经济社会政治结构有关。考察傣族地区的城市，也离不开以上所讨论的背景。

一 傣族社会对城市及相关概念的认知

傣语中，有几个概念与城市相关，分别是勐、景、姐、允、曼与

· 9 ·

"城子"。从范围上讲,勐是一个所指更为复杂的概念,指一个区域或行政体。景、姐、允等均可释为城。曼通常释为村寨。汉人通常称傣族土司所居之"城"为"城子",这一概念后被民国时期进入傣族地区的政府官员、学者所沿袭使用。为避免对阅读造成障碍,本书除引用相关历史文献时保留"城子"这一概念外,其余内容更多使用常见的"城市"这一概念。

  勐的概念,按照词的本源内涵来讲,与从云贵高原延伸至东南亚北部山地地带常见的"坝子"概念有一定的关联。按照地理环境来讲,傣族地区原始的勐,往往指的就是一个坝子中村寨的总和,如勐龙、勐遮、勐混、勐海等较大的勐,指的就是西双版纳地区的勐龙坝子、勐遮坝子、勐混坝子、勐海坝子。其他小勐,如勐翁、勐远等,也是如此。坝子,就地貌而言,包括云贵高原的山间盆地、一些河谷冲积扇等坡度起伏比较平缓的河谷、台地,然而西南地区的坝子概念,比地理学的定义更加宽泛和灵活,那种不属于陡峭山坡,也不是高山的平缓地方,就成为人民眼中的平坝,即坝子。从这个意义上说,坝子更多是与山相区别的,是相对于陡峭的山谷和坡地不一样的自然地貌类别。但是,坝子这个概念,除了地貌的意义之外,还指经过长期整合的一个个既相互区别又相互联系的社会文化系统。坝子所指的山间平地的地貌特征及与之对应的社会政治空间,都经历了长久的历史变迁,与当地的政治体制、农业、交通、生态环境的发展变化紧密联系着。也就是说,至少就云南西部而言,大体上汉语中的坝子是一个逐渐从以山间平地为中心的社会政治体系中分离、发展出来的壮傣语借词,而在壮傣语中,地貌上以"坝"描述山间平地的概念早已有之。①

  坝子有以下方面的特点:规模化灌溉农业的发展是坝子最重要的经济条件,这使得它具备比坡地和河谷更高的人口承载能力;就社会

---

① 参见马健雄《地理生态、国家政治与山区、坝子分异下的社会整合与离散(代前言)》,赵敏、廖迪生主编:《云贵高原的"坝子社会":历史人类学视野下的西南边疆》,云南大学出版社2015年版,第3—4页。

第一章 傣族地区的城市与土司制度

政治而言，坝子往往成为当地的政治中心，城镇、周期性的集市贸易更多地集中在坝子中。从整体上的地理联系来看，坝子成为云贵高原与东南亚的交通体系的枢纽和支点，与坝子中高效的灌溉农业的发展直接相关。①

勐是一个从中国西南——傣族地区最为典型——直至中南半岛、印度尼西亚广泛范围内的地理概念。勐的含义非常丰富，除词源上与坝子有关外，还包含了王国、国家、省份、城镇、首都和地区等一系列含义。对这个概念最相关的解释是，它指的是"有中心的"或"以中心为导向的"空间，而不是"有边界的"空间，通常代表首都、城镇或居住地及其行使管辖的周围领土。最普遍的情况是，王国的名称与首都的名称相同。爪哇人对勐及其含义的类比是，火炬的光向外发散，强度逐渐减弱；中心的能量决定了它的照明范围。②

这种过度的词汇节省不能仅仅归因于傣族人（也指使用勐这一概念的泰人等）文化的未分化的特征，而应该是历史原因，特别是他们的大规模扩张的速度。1874 年出版由美国传教士范戴克所著的泰国第一本地理学书籍，说地球上全都是 prathet，即国家（country, nation）。这个词在旧有用法中只是指一个地方或者一个区域（地区/城镇甚至森林中的一块地方），"它所指称的是没有任何特定范围/人口或者力量的地球表面的一块区域……prathet 这个术语被用来替代 muang 这个术语。muang 所指代范围很广，可以是一个共同体/一个乡镇甚至一个国家，也就是说，这是在一个统治力量控制下的区域，但在具体范围/权力渗透的程度和方式/行政结构方面没有加以明确。muang 的意思是多变的，但是新的知识选择了一个更为广义的/尚未

---

① 马健雄：《地理生态、国家政治与山区、坝子分异下的社会整合与离散（代前言）》，赵敏、廖迪生主编：《云贵高原的"坝子社会"：历史人类学视野下的西南边疆》，云南大学出版社 2015 年版，第 4 页。

② Stanley J. Tambiah, "The Galactic Polity: The Structure of Traditional Kingdoms in Southeast Asia", *Annals New York Academy of Sciences*, 1977, pp. 69-97.

明确的术语 prathet，赋予它现代地理学语法中一个非常特殊的意思：一个国家"。①

理查森·汉克斯对泰国社会勐的解读，能为理解傣族地区的勐及其在傣族传统政治结构中的位置提供极大的借鉴：从世俗的观点来说，勐指的是一块地方——面积或大或小，由选中的或任命的首领来统治，加入或退出任何一个勐完全是出于自愿。对勐的理解还应注意以下几个方面：首先，从地理学上说，勐就是指由一位土司或王公、一个官员或一位领导人统治的一个区域。泰国国王统治的整块版图及其所有臣民直到今天依然可以叫作"勐泰"。一个大的勐中可以包括几个小勐，它们都被称为勐。小勐可以根据其个人、经济、社会和政治的需要和比自己大的勐结盟。最大的一个勐的领导人是最高首领。其次，勐的首领是由年长者指定的，或是由某些人一致通过而任命的，但绝不会是由选民选举产生的。勐主的世袭权很小。最后，加入或退出勐都是出于自愿。除了那些奴隶（通常都是战俘）之外，人人都可以自由地选择加入或迁离某个勐；如果在其他地方可以获得更多的利益，一个勐的成员可以改变其效忠对象——这样做甚至不需要征得许可。低地居民种植稻子，支撑着整个王国的建设，只要这个壁垒能够打退敌人和保障他们的安定生活不受影响。但是他们一旦怀疑领导者的力量不能保护自己，就会另寻庇护。山民们由于退守回山比较容易，可进可退，灵活多变，于是就享有一种特殊的、可以与统治者讨价还价的地位。②

勐在礼教方面的意义主要体现在它在权力移交时——权力从超自然的世界移交到这个世俗的世界时——所起到的作用。由于所有以"勐"为基本单位的社会都位于受中国文化影响的区域内，这些社会都共同信奉这样的观念：权力都是天赐的；上天首先把权力赐给中国

---

① 参见［美］通猜·威尼差恭《图绘暹罗：一部国家地缘机体的历史》，袁剑译，译林出版社2016年版，第60—62页。

② ［美］珍尼·理查森·汉克斯：《文化的解读——美国及泰国部族文化研究》，刘晓红主译，云南大学出版社2002年版，第265—267页。

第一章 傣族地区的城市与土司制度

的皇帝，这种权力通过"礼"向下传递到最低一级；甚至就像我们所看到的那样，一直传到我们所研究的部族那里。各个级别的权力都是受到超自然力支持的。①

泰国社会的勐，具有如下特点：首先也是一个区域，其实这个区域由一位首领统治，首领通过指定或任命产生，勐与勐之间的关系比较灵活，勐以统治范围内自愿归附为原则的人口为基础，由此，人心向背成为勐兴衰的决定因素。勐及其首领的合法性来源，来自超自然力的天赐，并以礼的形式从中国皇帝赐予勐的首领并逐步向下传递到最低一级的单个社会个体。泰国社会勐的相关特点，基本可在普思沿边的社会政治体系中找到相似的内容。

版纳是傣族地区另一个常见的概念，普思沿边即十二版纳（西双版纳）地。按现在常见的解释，"版"释为千，"纳"为田，版纳直译为"千田"，译义为贡赋单位。但李拂一认为，傣族人很少以"千"作为计量单位，因而释"版"为"区域"，"纳"为田，亦可释作田赋。因此版纳"盖昔时车里分配上纳中缅田赋区划之名称也"。②

在傣语中，景是最为常见被释为"城"的词汇。《现代简明傣汉词典》中，景即城。③ 在《十二版纳志》中，李拂一说，十二版纳，其"首邑曰：景昽（Jing Rung），语音作景洪（Jing Hung，亦译锦銎），西方地图作 Kiang Hong，或作 Xieng hung，亦作 Keng Hung，国人又根据西图而译作江洪。按景之义为城、为镇、为首府、为都会；昽之义为黎明，译言黎明之都，降缅后称景永，译言孔雀之都（全境亦曰景永，或曰：景永巨）。即今车里县及车里宣慰司治所在"④。陈碧笙在《滇边散忆》中记载了一种说法，"依泰族习惯，

---

① ［美］珍尼·理查森·汉克斯：《文化的解读——美国及泰国部族文化研究》，刘晓红主译，云南大学出版社2002年版，第267—268页。
② 李拂一：《车里》，商务印书馆1933年版，第145页。
③ 西双版纳傣族自治州人民政府编：《傣汉词典》，云南民族出版社2001年版，第236页。
④ 李拂一：《十二版纳志》，云南人民出版社2020年版，第2—3页。

近代云南傣族地区城市与社会的互构

万户以上之地为'景'"①,此说仅此一处,且与众多史实相悖,需继续探究。

除了景以外,以与景相对应的同一傣语词汇(chiang)的不同方言发音所译成汉字的"姐""者"等也指城。方国瑜在《麓川思氏谱牒笺证》中,注"思可法在职思念,迁居者阑"时说:"者阑在今南坎附近,位于南宛河汇入瑞丽江口对岸之东南。今滇缅以江为界,者阑地划入缅也……傣语'者'之意为城,'阑'之意为百万,统率百万人马之重地,故曰:'者阑'(此意为孟定头目岳相解释)。"② 今瑞丽市姐勒乡团结村委会姐告村,相传为勐卯安抚司衍氏司署的早期驻地,姐告意为"旧城"就是此意。衍氏土司后来将司署迁至平麓城,即"上城"(姐勒),现姐勒镇政府驻地。③

曼是傣语中用来称呼村寨最为常见的词汇。因分布区域及读音的不同,又译为芒、班等,其中普思沿边一带常见曼,腾龙边区一带常见芒,老挝、泰北一带常见班。"僰语呼村寨曰蛮,州县城镇曰猛,盖译音也。即易蛮作鬘、作瞒;易猛作艋、蜢等,亦无不可也。"④

关于城市,汉人将土司驻地称为"城子",是云南省西南边疆一带,即从普思沿边,经澜沧、双江、耿马,直至腾龙沿边一带普遍存在的现象。民国时期关于边地的考察报告、文学作品中也常出现这一词。李文林于民国二十年至二十一年受委派考察西南边地教育,从昆明至普思沿边、折向上赴澜沧、双江、由蒙化返回昆明。在其日记中,记录了沿途所经的众多"城子",如普思沿边的普藤"城子"、九龙"城子"、佛海"城子"、顶真"城子",双江县的猛库"城

---

① 陈碧笙:《滇边散忆》,娄子匡主编:《北京大学中国民俗学会民俗丛书专号2民族篇》(第19册),中国民俗学会景印1976年版,第10页。
② 方国瑜:《麓川思氏谱牒笺证》,德宏州史志编委会办公室:《德宏史志资料》(第1集),德宏民族出版社1985年版,第29页。
③ 《广母货卯——瑞丽姐勒佛塔史》,德宏州史志编委会办公室:《德宏史志资料》(第13集),德宏民族出版社1990年版,第234页。
④ 李拂一:《车里》,商务印书馆1933年版,第148页。

子"、猛"城子"等等。①

李拂一在《南荒内外》一篇文中有一个关于"城子"的注释，内涵非常丰富，可资借鉴："土司驻地大都称景，景之训为城，除景洪旧有周长三公里半的一座半月形砖城（已毁，民国三十八年前城基犹存）及濠外，其他土司地并无城垣，仅有围篱，或并围篱亦无之，俗通称'城子'。"② 这一注释，本为解释正文讲到打洛地名历史时用到的"城子"一词。"景洛南览河渡口处，名曰打洛。'打'之训为渡口，即景洛渡口之谓，为交通缅甸东掸邦首府景栋之孔道。商旅往来，大都仅经过渡口而不进入景洛'城子'。因此'打洛'之名甚著而景洛之名不显。"③

李拂一，原名李承阳，1901年（一说1899）出生于普洱，1921年与普思殖边总局总办柯树勋之长女柯祥凤结婚，1923年到景洪寻求工作，直至1949年夏辗转去台湾地区，在西双版纳地区工作、考察26年，曾于1947—1949年担任车里县长，是西双版纳傣族研究的先驱之一，著有《车里》《泐史》《车里宣慰世系考订》《十二版纳志》《十二版纳纪年》《南荒内外》《十二版纳风俗谈》等。④ 李拂一精通汉、傣文，上文所引他对西双版纳地区"城子"的界定，是理解和界定傣族"城子"比较可信的来源。

与李拂一一同曾在勐海县政府任职的张镜秋，在记载其勐海生活的纪实类文学作品《边荒》中，释"孟海'城子'"一词时，也给出了当时汉语语境中对"城子"、景和曼等词的理解。"僰夷聚族而

---

① 李文林在记载其考察期间见闻的日记中写道，民国二十年十二月二十五日抵达普藤"城子"，三十一日住车里九龙"城子"；民国二十一年一月六日抵达佛海"城子"，二十三日抵达顶真"城子"，三月八日至猛库"城子"，十九日到猛"城子"，二十日抵达猛库"城子"。参见李文林《到普思边地去》，骆小所主编：《中国西南文献丛书》第4辑《西南民俗文献》第10卷，兰州大学出版社2003年版，第124、127、132、135、145、148、149页。
② 李拂一：《活人界桩》，《南荒内外》，云南人民出版社2020年版，第184页。
③ 李拂一：《活人界桩》，《南荒内外》，云南人民出版社2020年版，第183—184页。
④ 木文：《李拂一先生小传》，政协西双版纳州文史民族宗教联络委员会编：《西双版纳文史资料》（第16辑），云南美术出版社2003年版，第230—234页。

居的一个部落，有称为'景'，释其义为'城子'。有称为'蛮'，谓其义为'寨子'。译音译义，均不悉始自何人。孟海'城子'计分'景龙''景广''景义'三部。究其'景'与'蛮'之分，除户口有多少不同外，或以土司所居之部落则曰'景'，无土司所居者则曰'蛮'乎？尚待考证。"①

从以上记载可知，"城子"与傣语中的"景"多数时候可通用，指土司驻地，有晚近以来的研究称各勐土司所在皆称"景"②，唯汉人及汉文典籍中多用"城子"一词。但从明清至民国时期傣族地区的历史来看，因傣族地方土司政权往往处于摇摆或断续状态，土司驻地，尤其是规模较小的土司驻地常常处于变动之中，因此出现大量以"景"命名的地方不是土司驻地，或土司驻地以"曼"命名的情况。因此，本书所用的"城子"（即城市）一词，与土司驻地这一特质有较多重合，并非一般被冠以"景"的城。民国时期土司制度改制之后，新建的一些县城或设治局所在地，与传统土司驻地有一定距离。这些县城或设治局所在地，成为考察傣族地区城市在民国时期变迁的重要参照。

二 傣族地区的人口

要理解傣族地区城市为何存在及其特点，先需要对傣族地区的人口规模作一概述。盖因人口规模在一定程度上决定了城市规模的上限。明清两代，傣族地区多为土司代中央治理，人丁田亩统计核算等一直没有完成。民国时期，较为准确的户口统计工作方在普思沿边和腾龙沿边展开。由于民国政府在普思沿边和腾龙沿边采取的治理措施不一，两地户口统计工作完成情况也不相同。普思沿边的户口统计完成得相对较早。表1-1是民国四年（1915）普思沿边各土司及户口的相关统计数字。

---

① 张镜秋：《孟海城子"要骚"记》，《边荒》，正中书局1946年版，第32页。
② 西双版纳傣族自治州地方志编纂委员会编纂：《西双版纳傣族自治州志》（上），新华出版社2002年版，第289页。

第一章　傣族地区的城市与土司制度

表 1-1　　　　　　　**普思沿边①各猛②土司户口表③**　　　　　（户；人）

名称	辖境	土司	姓名	种类	民族④	户数	男丁	女口
第一区	车里	宣慰	刁承恩⑤	摆夷	夷、卡、倮、苗	6932	18417	17421
	橄榄坝	把总	刁正伦	摆夷				
	小猛养	叭目	宰八雅	摆夷				
第二区	猛遮	团正	刁忠良	摆夷	汉、夷、倮、卡	5899	12123	11102
	顶真	团正	刁金贵	摆夷				
	猛阿	团正	叭弄真	摆夷				
	猛㫒	把总	刁世荣	摆夷				
	猛满	把总	刁嗣宗	摆夷				
第三区	猛海	把总	刁柱国	摆夷	夷、回、倮、卡	5445	13797	13808
	猛混	团正	叭弄高	摆夷				
	打洛	千总	那扎翁	摆夷				
第四区	大猛笼	把总	拉扎翁	摆夷	夷、卡、倮	3077	5468	5390
	整哈	团正	叭高	摆夷				
第五区	猛腊	把总	召孟	摆夷	夷、卡、瑶、苗、倮	3812	7056	8139
	猛拿	代办	叭弄拱加	摆夷				
	猛伴	便委	召叭	摆夷				
	小猛仑	便委	召孟	摆夷				
第六区	倚邦	把总	曹树民	汉人	汉、夷、土、瑶	3916	8187	7116
	易武	把总	伍树勋	汉人				
	整董	把总	召国顺	土人				
	弄得	便委	叶桂芳	汉人				

①　原文为思普沿边。民国时期的不同文献称呼十二版纳一带，有用普思沿边，也有用思普沿边，本书除引用原文或专门作出说明者，以外皆使用普思沿边。

②　民国及以前汉文文献中，常用猛、孟两字记傣语中称呼一地的名称 muang，现代汉文文献中已多改为勐字。为尊重原文，本书中的引用文献继续使用原文献中的猛或孟字，其余则使用勐字，已约定沿用的孟连、孟定等除外。勐龙，勐混等地名，历史文献中译名不统一。本书原文引用时不做改动，其余使用现代地名。

③　谢彬：《国防与外交》，商务印书馆 1925 年版，第 293—295 页。

④　原文记载民族名称，沿用了历史上带有贬义的汉字，本表统一改为现代民族名称使用的汉字。

⑤　此表中普思沿边土司姓氏写作刁，同一时期其他文献多写作刀。现代汉文文献也多使用刀字。

近代云南傣族地区城市与社会的互构

续表

名称	辖境	土司	姓名	种类	民族	户数	男丁	女口
第七区	普文	团正	陶阿寿	汉人	汉、夷	1705	3913	3766
	猛旺	把总	召国藩	土人				
第八区	六顺	把总	刁继善	土人	汉、夷、卡	7450	16875	16509
	猛往	土目	刁继美	土人				

根据表 1-1 所记，普思沿边八行政区内，摆夷、汉、卡、倮、瑶等民族共 37936 户，男 85836 人，女 83251 人。而据李拂一《车里》一书所载，据民国早期调查所得，十二版纳八行政区，39681 户，男 84674 人，女 83716 人，共计 168390 人。其中摆夷约占十分之八，内有僧童 13186 人，约占全人口百分之十不足。八行政区户口以第一区为最多。① 八行政区人口数字见表 1-2。

表 1-2　　　　　车里八行政区户口总表②　　　　　（户；人）

县别	人户	丁口		
		男性	女性	计
车里	9556	23963	22518	46481
五福	6255	13820	13652	27472
佛海	5339	13550	14113	27663
临江	3230	3108	3709	6817
镇越	3663	6776	7692	14468
象明	3540	6502	5747	12249
普文	1502	3401	3238	6639
六顺	6396	13554	13047	26601
总计	39681	84674	83716	168390

以上两表相比，虽详略不一，但人口数字相差不大，应是民国初

---

① 李拂一：《车里》，商务印书馆 1933 年版，第 23 页。
② 李拂一：《车里》，商务印书馆 1933 年版，第 23—24 页。

第一章 傣族地区的城市与土司制度

年通过政府途径统计普思沿边人口较为可信的版本。

1932年，根据云南民政厅的人口调查，十二版纳地区人口有：车里县7559户，41599人；南峤县，7166户，25108人；佛海县5513户，22314人；宁江设治局，2072户，8885人；镇越县，5150户，17604人；六顺县，6634户，31238人；共计为34094户，147308人。① 相较于民国初年，十二版纳地区人口不增反减。其中有行政区划调整的原因，也有战乱、瘟疫导致的人口大量死亡或迁移境外的原因。

民国时期腾龙沿边的人口统计数字，所见有1932年的统计。相关数字见表1-3。除梁河县数字尚缺外，其余陇川、潞西、莲山、瑞丽、盈江五县，共82759人。这份统计中，陇川人口明显偏少，有极大的错误概率。

表1-3　　　　　1932年腾龙边区各县人口表②

	合计	男	女
陇川	6978	3793	3185
潞西	29274	14745	14529
莲山	15562	8210	7352
瑞丽	15134	7523	7611
盈江	15811	8761	7550
梁河	缺	缺	缺

根据20世纪50年代初的统计，德宏州人口约计20.5万人。其中潞西58370人，梁河设治局45000人，盈江设治局35000人，莲山设治局20000人，陇川设治局25000人，瑞丽设治局22000人。③ 以

---

① 陈碧笙：《边政论丛》，战国策社1940年版，第32—33页。
② 《民国时期德宏教育事业资料选》，德宏州史志编委会办公室编：《德宏史志资料》（第6集），德宏民族出版社1986年版，第60页。
③ 国家民委《民族问题五种丛书》编辑委员会、《中国民族问题资料·档案集成》编辑委员会编：《中国民族问题资料·档案集成》第5辑《中国少数民族社会历史调查资料丛刊》第96卷，中央民族大学出版社2005年版，第347页。

这个数字作为参照，民国时期腾龙沿边人口，应不过20万人。

综合普思沿边和腾龙沿边的人口统计数字，则民国时期两地人口，即使是非常乐观的估计，考虑瞒报漏报之情况，合计应不过50万人。两地人口中，傣族占半数以上，汉人和其他民族分布不均衡，呈小规模相对集中居住状态。

关于两地的傣族人口，民国时期相对全面的统计是1945年由云南省政府边疆行政设计委员会发动的一次全省边民普查。根据这次普查，傣族（即当时的摆夷）人口为26万到30万之数（或者可能超过30万），分布在当时的57个县。其数据见表1-4。

表1-4　　　　　民国后期摆夷分布县区及人数表①　　　　（单位：人）

分布县区	人口数	分布县区	人口数	分布县区	人口数
澜沧	25000	车里	23000	潞西	19000
景谷	18000	盈江	17500	南峤	15000
缅宁	15000	佛海	12881	梁河	12000
镇越	11899	瑞丽	10683	莲山	10000
镇康	8700	元江	7862	耿马	7200
陇川	7120	沧源	7000	新平	7000
文山	4800	宁江	4800	马关	3811
石屏	3770	景东	3400	昌宁	3263
龙陵	3000	六顺	2814	双江	2500
保山	2500	麻栗坡	2420	思茅	2255
河口	2243	镇沅	2200	大姚	1832
江城	1772	泸西	1740	峨山	1658
金平	1579	建水	1535	永仁	1500
蒙自	1302	永胜	920	宁蒗	870
屏边	756	弥勒	750	武定	680
墨江	640	云县	660	华坪	585

---

① 江应樑：《摆夷的经济文化生活》，云南人民出版社2008年版，第7页。

第一章 傣族地区的城市与土司制度

续表

分布县区	人口数	分布县区	人口数	分布县区	人口数
开远	400	巧家	360	通海	250
双相	130	华宁	72	顺宁	不详
腾冲	不详				

综合考虑普思沿边和腾龙沿边在民国时期的总人口数字和摆夷人口数，则城市虽为土司居所，居一地政治中心地位，但其规模显然不能与中东部地区的大城市甚至普通城市相比。

三 民国以前文献中的城市

城市作为土司驻地，往往是勐的政治中心，统辖勐内的傣族村寨（即各曼）及山居民族。在抽象的政治格局中，城市是勐所象征的一个完整空间体系的核心，并通过以城市为轴的辐辏状道路连接外围的若干个傣族村寨与更外围的山地村寨，并向外辐射其统摄力和影响力。更外围的山地村寨往往也是勐与勐之间的天然地理边界。城市之间的联系，即土司之间的联系，包括联姻或攻伐，就意味着勐与勐之间的联系。城市是勐的化身，由勐之间的联盟而建立的地方政权或由某个勐崛起而建立起的统辖其他勐的集权政权，成为最强大的勐的城市，即演化为该政权的都城。

目前有关傣族地区城市的考古发现相对有限。即使是傣族地区历史上存在时间最久的勐泐政权，其相关考古发掘中关于城市的也非常少。民国时期李文林和江应樑分别记载了关于车里宣慰司衙门附近的一些发现。"车里宣慰司衙门附近，发现败瓦颓垣。瓦系方块，砖为长方红色。相传为数百年前建筑遗迹。观砖瓦形色，与英法人在昆明市之建筑所用者，如出一炉。"① "车里建官署，于附近地下掘出红砖数十万枚，土人相传，其地在昔年共有佛寺数百所，此项红砖即佛寺

---

① 李文林：《到普思边地去》，骆小所主编：《中国西南文献丛书》第4辑《西南民俗文献》第10卷，兰州大学出版社2003年版，第18页。

近代云南傣族地区城市与社会的互构

残毁后所遗埋地下者。"①

　　除考古发现以外，民国以前的历史文献中也有关于城市的简略记载。从文献记载来看，傣族地区城市的出现与地方政权的建立有密切的关系，或者说，傣族地区城市的出现，首要原因是地方政权首领建立政治中心的需要。《泐史》载勐泐初代国主叭真，"五四二年庚戌（绍熙元年，1190），六月白分初十日乙丑，星期六，建都于景兰，因以前彼处有一地官，名爱兰者，遂名焉"②。

　　在唐代及以后关于傣族地区的志书中，有一条相对稳定的关于城市的线索。唐代樊绰著《云南志》记载芒蛮部落"楼居、无城郭"③。《新唐书》《元史》延续这一记载。明代正德《云南志》孟养军民宣慰使司风俗"其土下湿，夜寒昼热，多濒江以竹楼为居"④。明代钱古训和李思聪分别撰写了《百夷传》，钱本《百夷传》记载："所居无城池濠隍，惟编木立寨，贵贱悉构以草楼，无窗壁门户，时以花布障围四壁，以避风雨而已。"⑤ 李本《百夷传》与钱本结构基本相似，但关于城的记载稍丰富："无城池可守，惟因高山为寨而已……公廨与民居无异，虽宣慰府亦楼房数十而已。制甚鄙猥，以草覆之，无陶瓦之设。头目小民皆以竹为楼，如儿戏状。"⑥ 万历《云南通志》对傣族人居住环境的描写相对钱、李本《百夷传》又稍详。在"无陶瓦之设"后，增加了"富者以陶瓦盖屋，必有天火烧之。头目小民

---

①　江应樑：《摆彝的生活文化》，骆小所主编：《中国西南文献丛书》第 4 辑《西南民俗文献》第 18 卷，兰州大学出版社 2003 年版，第 73 页。
②　李拂一编译：《泐史》，云南大学西南文化研究室 1947 年版，第 1 页。
③　樊绰：《云南志》卷 4《名类第四》，转引自古永继编《云南 15 种特有民族古代史料汇编》（上），云南大学出版社 2018 年版，第 5 页。
④　正德《云南志》卷 14《孟养军民宣慰使司》，转引自古永继编《云南 15 种特有民族古代史料汇编》（上），云南大学出版社 2018 年版，第 11 页。
⑤　（明）钱古训撰，江应樑校注：《百夷传校注》，云南人民出版社 1980 年版，第 67—69、79、82、84 页。
⑥　（明）钱古训撰，江应樑校注：《百夷传校注》，云南人民出版社 1980 年版，第 147—149 页。

第一章　傣族地区的城市与土司制度

多以竹为楼，富者结构亦齐整"①等句。此后天启《滇志》、雍正《云南通志》对傣族居住环境的描写，基本延续了李本《百夷传》和万历《云南通志》，但又有简略。两本都写作"公廨与民居无异，虽宣慰亦止竹楼数十间，上覆以茅，用陶瓦者辄有火灾"②。这一叙述传统一直延续至民国时期。1943年出版的《云南边民录》③，大约可算这一叙述传统最为晚近的形貌。此后，这一叙述传统基本为现代历史或民族史叙述方式所替代。以上从唐代至民国时期的简略记载，都载明傣族地区城市无城墙，且形制简单。

但是，傣族地区历史上的城市，并非都没有城墙。腾龙沿边一带，在明清两代均爆发了大规模战争，这一地区的城市多有城墙。如瑞丽城，明万历年间巡抚陈用宾筑勐卯城，在汉文典籍中多有记载。周裕《从征缅甸日记》载："巡抚陈用宾患之，乃于万历二十四年就猛卯司治建筑平麓砖城，又置八关。"④又如《滇史》载："缅夷尝语人曰：屋瓦者，汉人；茅房，我故地也。腾越城外瓦屋无几，所以拥众长驱，不忌深入。用宾采众议，凡于险隘，特设官堡。"⑤《民国新纂云南通志》载，勐卯安抚司"所治有土城，明万历中，巡抚陈用宾创筑"⑥；又载陈用宾所建之平麓城为砖砌城墙，高丈余，城墙上可行人。⑦

除瑞丽城外，南甸、干崖、盏达、陇川等城也多曾筑有城墙。南甸土司乐硬于明正统九年（1444）将司署由河西蛮林老官城迁到团

---

① 万历《云南通志》卷16《僰夷风俗》，转引自古永继编《云南15种特有民族古代史料汇编》（上），云南大学出版社2018年版，第454页。

② （明）刘文征撰，古永继点校，王云、尤中审订：《滇志》，云南教育出版社1991年版，第997页。

③ 龚家骅：《云南边民录》，正中书局1943年版，第1—4页。

④ 黄诚沅：《滇南界务陈牍》下《西南陈牍》之《黄懋材腾越沿边疆索图说》，转引自古永继编《云南15种特有民族古代史料汇编》（上），云南大学出版社2018年版，第276页。

⑤ （明）诸葛元声：《滇史》卷14，转引自古永继编《云南15种特有民族古代史料汇编》（上），云南大学出版社2018年版，第634页。

⑥ 龙云、卢汉修、周钟岳纂：《民国新纂云南通志》卷一百七十七《土司考五》，凤凰出版社编选：《中国地方志集成·省志辑·云南》（第7册），凤凰出版社2009年版，第198页。

⑦ 德宏州史志办编纂：《德宏州志·经济卷》（下），德宏民族出版社1999年版，第479页。

近代云南傣族地区城市与社会的互构

山（今九保街），建立城镇衙门，名为太平城。清乾隆三十五年（1770），土司刀三锡将司署衙门由团山迁至拉乱坡脚新城，名永安城。①南甸城，在今梁河县九保，城垣遗址无存。据张应熊撰《腾越南甸营修建城垣碑》记载，南甸城初修于嘉庆二十二年兴工，二十三年告竣……建城门六道，修砌月台、照壁等项，总计用银万八千两。后因年久失修，倒塌不堪。②光绪元年（1875），经大宪责成腾属七土司分段修理，乃因前经兴工，草率成事，节年又未随时修补，以致坍塌不堪敝府。③干崖土司司署初建于龙口城，傣语称姐搞。明正统年间，被迫迁到万象城，傣语称姐闷章。明末迁到凤凰城，傣语称姐弄，即今之新城。④其他城墙未见详载，唯有清光绪年间腾越厅一系列督促滇西各土司修复城墙的官文。"至光绪十一年冬，缅甸已沦为英殖民地，续而侵入我疆土，边圉垂危，腾越镇总兵屡加札饬南甸、干崖、盏达、陇川、勐卯、户撒、腊撒七土司鸠工修复。"⑤光绪十二年（1886），腾越总镇札饬干崖宣抚司刀盈廷，"查得南甸周围城垣西北两面共坍塌去一百余十丈之多，实因原日修筑时，草率成事所至。案查前任夏署都司，曾经禀恳宪台札饬各土司踊跃赴甸修补，无如各土司一味因循，坐视不前，以致任其倒塌，实堪痛恨。都司窃思，现在边地多事之秋，甸营亟边要隘，亟应趁时修补妥备，以重边隅……为此，札仰该司遵照：札到，迅速妥议，或由营

---

① 《德宏傣族土司制度调查》，国家民委《民族问题五种丛书》编辑委员会、《中国民族问题资料·档案集成》编辑委员会编：《中国民族问题资料·档案集成》第5辑《中国少数民族社会历史调查资料丛刊》第97卷，中央民族大学出版社2005年版，第109页。
② 古永继编：《云南15种特有民族古代史料汇编》（上），云南大学出版社2018年版，第262页。
③ 《腾越厅为修补南甸城池事札》（1886年），转引自古永继编《云南15种特有民族古代史料汇编》（上），云南大学出版社2018年版，第267页。
④ 《德宏傣族土司制度调查》，国家民委《民族问题五种丛书》编辑委员会、《中国民族问题资料·档案集成》编辑委员会编：《中国民族问题资料·档案集成》第5辑《中国少数民族社会历史调查资料丛刊》第97卷，中央民族大学出版社2005年版，第113页。
⑤ 古永继编：《云南15种特有民族古代史料汇编》（上），云南大学出版社2018年版，第262页。

第一章 傣族地区的城市与土司制度

催工修理，所需工费由各司摊给，抑或由该司等催夫自行兴修，统限二月内动工。倘敢仍前因循，定行禀咨督、抚两院从严参办"①。

腾龙沿边一带城市内的建筑，以土司衙署为核心，与内地县城以官署为核心的布局有一定相似之处。如"南甸土司刀铭鼎署，其署与州县相似"②。陇川宣抚司"其地风俗与南甸同。有城郭宫室，人皆楼居"③。

相较于腾龙沿边一带城市还稍具规模，普思沿边一带的城市，布局更加简单。城市中往往只有土司衙署相对宏伟，其余与普通村寨相差无几。清嘉庆及道光年间，宣慰使刀绳武与其叔刀太康相争。道光二年（1822），缅王加赠刀太康衔为"左埠纳夏刺麻哈辋萨霸瓦刺稣昙摩逻阁"，并准用宝座仪仗；宣慰使衙署准分割为十二间，两楼一底，底层通常不分割，得覆瓦，屋柱得贴金四颗，而命其仍回景永（即景洪）任职。④ 这是较早的对普思沿边一带土司衙署格局相对详细的记载。大约15年之后，英国人Mcleod到访车里宣慰使，详细记载了宣慰使驻地的形貌："这座规模不大的城镇坐落在一系列山脉的西面，山脉南北延伸，在它的前面，流沙河和澜沧江汇合在一起，在雨季，它们的水域形成一片广阔的区域；然而现在，这两条河流都被限制在狭窄的河床内，只有一片平原上的沙子映入眼帘。这地方没有防御工事；有一条宽阔的路从它的一端延伸到另一端，沿着这条路有许多中国人的房子，外观很简陋；街道很窄，比小路好不了多少，它们沿着山坡向上延伸。没有规律，沿着梯田挖了一些可以建房子的地方。这座宫殿是一座引人注目的建筑，矗立在小镇北端的山脚下的高

---

① 《腾越镇总兵官为修筑南甸城垣事札》（1886年2月2日），转引自古永继编《云南15种特有民族古代史料汇编》（上），云南大学出版社2018年版，第262页。
② （清）王昶：《征缅纪闻》，载德宏史志资料委员会办公室《德宏史志资料》（第13集），德宏民族出版社1990年版，第69页。
③ 龙云、卢汉修、周钟岳纂：《民国新纂云南通志》卷一百七十七《土司考五》，凤凰出版社编选：《中国地方志集成·省志辑·云南》（第7册），凤凰出版社2009年版，第196页。
④ 李拂一编译：《泐史》，云南大学西南文化研究室1947年版，第36页。

地上。唯一值得注意的是两三座寺庙，山上的一些小宝塔，以及随处可见的几棵榕树。除了流沙河谷外，周围的乡村都是丘陵，地貌极其贫瘠……宫殿四周有一堵 15 英尺高的砖泥混合的墙；它所覆盖的空间非常有限。然而，这座建筑是坚固的，巨大的，装饰着漂亮的雕刻和镀金的装饰品；它的建造使用了大量的石头。上面铺着我提到过的闪闪发光的瓷砖。在大门的两边各立着一头用一整块石头凿成的大狮子。"①

1897 年美国传教士杜德从英属缅甸进入打洛，再到西双版纳其他地区传教的路途中，经过了勐混、景真、勐遮等地，留下了文字："从南混河和南卡河的分叉处再往前走 3 英里就到了景真城。在景真看到了八角形的佛塔……到景真城暂时休整，景真的帕雅竜带我到附近的佛寺看看。如同在景洛（即打洛）一样，许多当地的傣泐人来围观我们……勐遮城位于景真西南的 3 英里处，也和景真城一样建在小山包上。这里有较为清洁的水井，所谓的城墙是用竹子合围而成，看上去并不怎么牢固。远视城中有许多佛塔耸立着。"②

由于布局的简单，历来考察及研究普思沿边地区的官员和学者很少把注意力集中在城市上，仿佛普思沿边仅是遍地农村。实际上，无论是傣族的语言系统、文学作品，还是实际的社会行为实践，普思沿边都有相对清晰的城与村两个差异非常明显的系统。外在形制的简单，不能掩盖城市在普思沿边社会扮演的政治中心角色。同时，在婚姻家庭及财产继承、土地分配与劳役制度、手工业生产及贸易往来、教育、宗教等方面，城市都具有与普通村寨差异明显的运作方式。

---

① Volker Grabowsky, Andrew Turton, *The Gold and Silver Road of Trade and Friendship: The Mcleod and Richardson Diplomatic Missions to Tai States in 1837*, Chiang Mai: Silkworm Books, 2003, p. 371.

② 岩宰译：《在西双版纳传播基督教见闻》，西双版纳州政协编：《版纳文史资料选辑》（第 7 辑），云南民族出版社 1992 年版，第 224—225 页。

第一章　傣族地区的城市与土司制度

第二节　土司制度沿袭及衙署构成

　　城市作为勐及更大范围地方政权的政治中心，居于其间的土司通过金字塔形的官员系统实现对所辖区域的有效信息传递与统治。这一官员结构与信息传递系统，沿城市向四周村寨辐射，呈等级递减趋势。其中，坝区通常与城市联系紧密，所受治理也较为有效，山区村寨与城市联系松散，有时连接成次一级政治体系，受城市的间接治理。在这一政治体系中，城市是土司和高级官员的集中居住地，土司的仆役和护卫拱卫四方。散居坝区和山区的众多村寨由少数首领治理，其余均为平民。元明清三代，土司统治体系虽有变动或中断，但大体趋于向中央靠拢。

　　普思沿边和腾龙沿边两地，在民国以前分别为车里宣慰司和滇西诸土司地。但是，两地的土司制度在缘起及演变上有明显的差异。普思沿边，即车里宣慰司，按照《泐史》体系所载，土司世系脉络相对清晰。腾龙沿边，受明清两代两次大型战争影响颇深。清中期以后，两地稳定不久，又受英法两国对中南半岛地区侵略及殖民政策影响。清代后期，清廷在与英属缅甸与法属印度支那政府划界过程中，遭受一系列侵害。面对这一危局，清政府加强了对边地土司和边疆地区的管控。

一　普思沿边和腾龙沿边的土司制度

　　《泐史》体系出现之前，普思沿边即十二版纳地，一直以车里宣慰司的名字出现在汉文典籍中，历经元明清三代，成为云南省南部地区最重要的土司之一。《泐史》虽将普思沿边勐泐政权的上限前推到公元12世纪，但勐泐政权的早期历史和世系记载相对简略，有诸多待厘清之处。其原因之一，出于普思沿边依赖手抄传写典籍，且无严格抄写规范，后代篡改在所难免。有学者对比汉文典籍、傣文史籍及其他来源典籍中所记傣族历史，对《泐史》所载普思沿边历史进行考订。兹举几例，《泐史》体系中，"甲本（即《泐史》所依本）于十二三世纪之记述种，尚未发现宣慰字样，今本（即《车里宣慰世系考订》所依本）则自始即有'宣慰使诏叭真'之句"①。又如《泐史》原傣文本载："刀公满于继位之翌年卒，众议立刀典，更孟不服，纠奢隆法及公满弟彪斐法举众攻刀典，一时车里大乱，刀典不支，携金珠虎符，逃死于南太思炕，时祖葛806年也。"《车里宣慰世系考订》改为："刀公满乃刀暹答之弟，继其兄为主于萨坷804年壬戌，无子，至萨坷805年癸亥，为刀典所废。刀典在位一年，奢隆法及彪斐法均不满意，起兵来攻击，刀典不支，携金剑信符，逃死于南霭思炕，时岁有甲子，萨坷806年也。"②

明清两代，汉文典籍中的车里宣慰司方逐渐清晰。明景泰《云南图经志书》中，记载车里军民宣慰使司："蛮名彻里，自古不通中国。元世祖既平云南，命将兀良吉导帅兵伐交趾，经其所部，悉降之。至元甲戌，立彻里路军民总管府，岁赋其金银，随服随叛。后遣都元帅述律杰往谕之，深入其境，谕以大义，其酋寒赛感慕，缚道伏谒，愿备神贡，请置耿冻路，耿当、孟弄二州。今洪武十七年附，立车里军民府，十九年改为军民宣慰使司。"③明中后期，明中央对云南边地土司控制力减弱，缅人势力不断骚扰边地。"祖葛930年（隆庆二年，公元1568），缅军破车里，刀糯猛降，随缅王往征阿瑜陀，获胜，归至猛叭病死。"④"祖葛989年丁卯（明天启七年，公元1627），缅王命将击车里，获胜，掳宣慰使刀韫猛及其所有十二版纳江西各地居民至阿瓦，时年57岁。"⑤车里不堪其扰，"及至嘉靖间，附于缅。万历十一年，官军击缅，宣慰使刀糯猛遣使贡象进方物。兄居大车里应缅使，弟居小车

---

① 李拂一：《车里宣慰世系考订》，云南大学西南文化研究室1947年版，"序"第1页。
② 李拂一：《车里宣慰世系考订》，云南大学西南文化研究室1947年版，第14页。
③ 景泰《云南图经志书》卷6《外夷衙门》，转引自古永继编《云南15种特有民族古代史料汇编》（上），云南大学出版社2018年版，第9页。
④ 李拂一：《车里宣慰世系考订》，云南大学西南文化研究室1947年版，第22页。
⑤ 李拂一：《车里宣慰世系考订》，云南大学西南文化研究室1947年版，第24页。

第一章 傣族地区的城市与土司制度

里应汉使"①。车里宣慰司这一段分裂时期不载于《泐史》，朱德普认为是车里宣慰司后人在追记历史时，讳引这一段历史而有意删减。除此一段分裂时间外，车里宣慰司为应对缅人势力的侵扰，不得已以供花马礼的形式维持和平。"滇边诸土司，虽或久隶中国，然自乾隆以后，往往有私贡缅甸，以图免扰而固圉者。"②

土司有一定名称，且有一定之官阶品级。元代土司官阶为：一、宣慰使，土司官阶之最高者，从二品。二、宣慰副使，从三品。三、宣抚使，从三品。四、宣抚副使，从四品。五、安抚使，从四品。六、长官司长官，从五品。③明代土司官阶品级更为：最大的为宣慰司，主官称宣慰使，官阶从三品。次为宣抚司，宣抚使从四品。再次为安抚司，安抚使从五品。下为长官司，长官正六品。皆有副职。④此外还有，七、土知府。八、土知州。九、土知县与县丞。十、土千总与把总。十一、土巡检。十二、千户与百户。十三、土目、土舍等。"安抚使以上，均有半副銮驾，官阶足够大排场，也足够威风。惟旧制：土司见汉官低一级，即是说：虽然是从二品的宣慰使，见了九品汉官的县丞，也得称卑职而降为不入品了。此种制度，出发于重汉轻夷观念，然用意却在增加汉官的统治权，使土司不致因官高而坐大。"⑤因而，对于边地土司，一方面作为边地社会的实际掌权者，在边地人民中享有最高的权威。这种权威，除了行政上的实际掌控之外，还伴随有宗教、心理、文化象征等各方面的主宰。因而，边地人民对于土司，不论宣慰、宣抚、安抚还是土千总，往往是从身体、行为到心理的彻底服从。另一方面，边地土

---

① （明）刘文征撰，古永继点校：《滇志》卷30《羁縻志·属夷》，云南教育出版社1991年版，第986页。
② 薛福成：《滇缅分界大概情形》，杨觐东编：《滇事危言初集》，云南人民出版社2020年版，第7页。
③ 江应樑：《摆彝的生活文化》，骆小所主编：《中国西南文献丛书》第4辑《西南民俗文献》第18卷，兰州大学出版社2003年版，第129页。
④ 江应樑：《傣族史》，四川民族出版社1983年版，第270页。
⑤ 江应樑：《摆彝的生活文化》，骆小所主编：《中国西南文献丛书》第4辑《西南民俗文献》第18卷，兰州大学出版社2003年版，第129页。

司相对于明清乃至于民国政府而言，又是荒僻的边地，无论何品级的土司，在面对省、州、县长官时，都需自认被领导地位，唯省、州、县长官之命是从。

土司的族源与来历。普思沿边即十二版纳境内各土司，皆坦白承认他们的祖先是土著的摆夷。但腾龙沿边各土司，则皆自言先世是汉人而非夷人，都是随军南征以功留封边土的。虽然各土司及其家属都一概讲夷语、行夷俗、着夷装，甚或完全不通汉话，但他们的家谱又都载明祖先是汉人。① 如芒市、遮放的土司都说自己是南京人，有历代家谱可查。至于平常他们对夷人说话时之所以自称"我们摆夷"，不过是借此笼络人心，免得被人民看作异族。②

在土司制度之下，地方上一切政治、经济大权，都全付诸土司。土司对中央的义务仅有两项：一是朝贡；二是征纳差发银。朝贡在中央的用意是表示边民的臣服，从经济立场言，中央不唯无好处，且反因来朝贡者的赏赐招待而多所支出。至若差发银，收取之数非常少，实际也只在表示边民具有一种纳税的义务而已。③

关于如何界定普思沿边和腾龙沿边各土司，有两种不同的思路可供借鉴。一种是将土司政权视作缩小版的中央集权政体，如江应樑所讲，傣族地区各土司，自元明受封以来，几百年相传，世代一家子孙承袭着做一地方的行政统治者。此种政体，由于数百年习惯相沿，形成一个很严密的组织系统，若简单地做一个比喻，那便恰如中央朝廷的缩影，土司衙门好比宫廷，土司所在地便是都城，各村寨一似州县行省。④

另一种是东南亚研究中提出的曼荼罗政体与银河政治。曼荼罗政

---

① 江应樑：《摆彝的生活文化》，骆小所主编：《中国西南文献丛书》第4辑《西南民俗文献》第18卷，兰州大学出版社2003年版，第129—130页。
② 曾昭抡：《缅边日记》，云南人民出版社2019年版，第75页。
③ 江应樑：《摆彝的生活文化》，骆小所主编：《中国西南文献丛书》第4辑《西南民俗文献》第18卷，兰州大学出版社2003年版，第131页。
④ 江应樑：《摆彝的生活文化》，骆小所主编：《中国西南文献丛书》第4辑《西南民俗文献》第18卷，兰州大学出版社2003年版，第139页。

体通常被描述为具有5个点的图案,1个点在中心,4个点在4个基本方向上。还可以将其分解为更基本的(重要性上升的)核心/(重要性降低的)外围模式,该模式在整个东南亚被广泛使用。其实并不必须要4个基本方向的特定形式,其形式是从中心到各个方向的辐射,在不同情况下,对周边危险地区的定义有所不同。① 有证据可以清楚地表明,更简单的曼荼罗设计出现在以部落血统为基础的、实行刀耕火种式农业的分散社会中,而最精致的设计则表现在以山谷为基础的定居稻农的更复杂的中央集权政治中。② 曼荼罗所展现的是在没有确定边界的/大致可以界定的地区内部的一种特殊而通常又不稳定的政治态势,在这一地区,那些小权力中心向各方求助以获得安全。曼荼罗可以以类似六角形的方式收放,其中每一个都包括一些朝贡国统治者。当有机会时,其中的一些将会摒弃他们的臣属状态,并试图建立起他们自己的臣属网络。③

坦比亚(Stanley J. Tambiah)对东南亚银河政治的界定是:这些王国是根据一个银河的模式来计划的,而这个计划的概念化和实现的方式,是通过某些关键的本土概念来最好地阐明。在这些概念中,最核心的是曼荼罗(泰语中的monthon),它代表一个中心和它周围的卫星,并在多种情况下被用于描述以下情形,如万神殿的结构、首都及其省域的空间布局;统治者、王子、贵族及其各自随从的社会序列,以及在自治权递减的范围内分级权力的下放。泰语的另一关键概念(在其他东南亚语言中也有相应的概念)是勐(muang),其在政治和领土意义上表示空间上中心和卫星模式的王国/公国;而 krom,

---

① Deborah E. Tooker, "Putting the Mandala in its Place: A Practice—based Approach to the Spatialization of Power on the Southeast Asian 'Periphery' —The Case of the Akha", *The Journal of Asian Studies*, 1996, No. 2, pp. 323–358.

② Stanley J. Tambiah, "The Galactic Polity: The Structure of Traditional Kingdoms in Southeast Asia", *Annals New York Academy of Sciences*, 1977, pp. 69–97.

③ O. W. Wolters, *History, Culture and Rigion in Southeast Asian Perspectives*, p. 17。转引自[美]通猜·威尼差恭《图绘暹罗:一部国家地缘机体的历史》,袁剑译,译林出版社2016年版,第103页。

则代表了一个由部门及其细分部门构成的纵向行政体系，以及相应的不断扩大的由领导和追随者构成的圈子或派系。①

以上两种理解傣族地区土司政体的思路，分别指向土司政体中的两种不同面向，即集中与分权。抛开概念间词义的差别所引起的理解歧义，由多个勐组成的地方政权，典型如车里宣慰司，具有更多分权的特点。当然这一趋势，随着车里宣慰司与明清两代王朝的互动，有逐渐向集中演化的趋势。②

二　土司的分布与继替

普思沿边即车里宣慰司地，是由众多勐组成的地方政权，共主"召片领"，即明清两代的车里宣慰使，从公元12世纪一直延续到20世纪50年代初，共39世。③ 中间虽有分裂，但并未断绝。除宣慰使外，各勐"召勐"或地方首领作为勐的实际统治者，也多被授予低级别世系土职。相对于召片领世系的长久且相对稳定来说，勐的首领往往世系较短，变动也较大。以较为晚近的民国二十年统计为例，普思沿边地区除宣慰使外，之下土职还包括土千总二、土把总十、土便委十。这些土职分别位于当时改设的6个县属范围④，计"隶车里县者二：橄榄坝土把总、猛笼土把总；隶南峤县者三：猛遮土千总、顶真土便委、猛满土便委；隶佛海县者三：猛海土把总、猛混土便委、打洛土便委；隶临江县者三：猛在土便委、猛阿土把总、猛元土便委；隶镇越县者五：猛捧土便委、猛腊土把总、猛仑土便委、猛丰土便委、易武土把总；隶县者三：六顺土把总、整董土把总、竜得土便

---

① Stanley J. Tambiah, "The Galactic Polity: The Structure of Traditional Kingdoms in Southeast Asia", *Annals New York Academy of Sciences*, 1977, pp. 69–97.
② 龙晓燕：《勐、曼陀罗与大一统中国：滇西耿马土司的"国家化"研究》，《思想战线》2018年第5期。
③ 勐泐政权召片领世系，不同版本记载不一。此处的39世，沿用朱德普《〈泐史〉研究》一书观点。
④ 关于民国时期改县的过程，详见后文。

委；隶思茅县者三：倚邦土把总、普藤土千总、猛往土把总"①。

普思沿边的土千总、土把总、土便委等名称及区别，多数时候仅在对清代及民国政府联络和政务往来时有意义，在边地社会，勐的首领往往统称召勐，各召勐之间没有级别的高低，只分统辖范围的大小及人口多少，及对召片领承担的服役和税银多少。对于各勐的人民来说，召勐就是级别最高的实际统治者。

相对于普思沿边土司政权的相对稳定和完整，腾龙沿边土地相对分裂。腾龙沿边土司分布格局的形成，继承自明征麓川之后为防止再有地方势力坐大而采取的分封措施，即"麓川破，革宣慰司，以其地散属邻部"②。在腾龙沿边各土司中，干崖宣抚司，旧名干崖甸，元置镇西路军民总管府。"洪武三十三年归附，三十四年开设干崖长官司。正统七年，征进麓川有功，升为宣抚司……南甸宣抚司，旧名南宋，元为南甸路军民总管府。洪武三十一年归附，属腾冲千户所。永和十二年开南甸州。正统八年，以征麓川功升为宣抚司……陇川宣抚司，旧系麓川。自古不通中国，元立迤东十路，麓川其一也。洪武十七年归附，立为宣慰使司。正统三年，其酋思任法叛，调大军往平其地，革其司。正统十一年，设陇川宣抚司于陇把……芒市长官司，旧名怒谋甸，元立军民总管府。洪武十七年归附，属麓川。正统元年来降，开设芒市长官司。"③此外，还有勐卯安抚司、户撒长官司、腊撒长官司三土司。

土司职位的继替，按照江应樑的归纳，发生在下面四种情形下：（1）死亡；（2）年老不能理事；（3）多病不能理事；（4）被革职但未革去世袭。而承袭土司职位的人选，须具备下列两个条件：（1）

---

① 佚名：《云南边地之民族与民族性》，骆小所主编：《中国西南文献丛书》第4辑《西南民俗文献》第18卷，兰州大学出版社2003年版，第13页。
② （明）严从简：《〈殊域周咨录〉云南百夷》，德宏州史志资料编委会办公室：《德宏史志资料》（第13集），德宏民族出版社1990年版，第28页。
③ 景泰《云南图经志书》卷6《外夷衙门》，转引自古永继编《云南15种特有民族古代史料汇编》（上），云南大学出版社2018年版，第10页。

系原任土司之嫡生长子——长子死亡则以次继,无子亦可传位于弟;(2)年龄已达十六岁。有下列情形之一者,便绝对不能承袭土职:(1)庶出;(2)抱养;(3)异姓过继而来——本身无嗣,立亲兄弟之子为嗣者例外;(4)虽正出但已过继与他一支为嗣者。在土司出缺而应袭人尚未满法定年龄时,得由亲属中一人(大多为叔父、舅父、姑父)出为代办,代摄土司职。俟应袭人达到法定年龄时,然后将政权交还之。遇土司无嫡出子嗣,得过继亲侄一人为嗣,承袭职位。①

简要而言,土司袭职的原则,父死子继优于兄终弟及,但兄终弟及乃至推举的传统并没有完全断绝。《车里宣慰世系考订》载:"六世召片领刀补达乏嗣,弟伊丙拉思之子刀爱嗣。"② 又载:"先是伊丙拉思,因勐捧酋名法钪光者,无子,被迎入嗣于勐捧,将往,生一子曰诏爱,至勐捧后,又娶妻生子,后法勐捧死,伊丙拉思遂继其义父为勐捧酋,自后法勐捧遂得称为宣慰使,以至于今。伊丙拉思共有二子,逮其兄刀补达薨,无人继承国事,于是十二版纳人民,乃开会议决,往勐捧将其迎回,以继承其兄之位,并携回其妻在勐泐时所生之子,名刀爱者旋勐泐,而留其生于勐捧之庶子,为勐捧之主。"③

从明朝开始,中央逐步制度化傣族地区土司承袭流程并加以监管。按照流程,土司承袭,须有府县转申省院,省院申奏中央,由中央核准后,礼部发给印信,始可算正式袭职。清代、民国基本沿袭这一流程。

土司报请袭职所用各种文状,均有一定格式。从明至民国,相关文状相沿使用。依照民国时期的土司承袭流程,土司死亡时,便须立刻呈报上峰,报明本境土司已出缺,请先予备案。民国二十四年陇川土司多忠瑶病故,土司署向设治局的报丧呈文为:

---

① 江应樑:《摆彝的生活文化》,骆小所主编:《中国西南文献丛书》第4辑《西南民俗文献》第18卷,兰州大学出版社2003年版,第157页。
② 李拂一:《车里宣慰世系考订》,云南大学西南文化研究室1947年版,第9页。
③ 李拂一:《车里宣慰世系考订》,云南大学西南文化研究室1947年版,第9页。

第一章　傣族地区的城市与土司制度

呈为呈请转呈云南第一殖边督办暨云南省政府主席鉴核备案事：窃应袭生父世袭陇川宣抚使多忠瑶，于中华民国二十四年十二月二十九日子时在职病故，生于前清光绪十二年，享年50岁，于光绪三十四年承袭，共在职28年，嫡妻南甸司女龚氏，于民国前一年生长子永安，继生次子永清，庶出永华、永明、永贵、永先、永龄等，共有嗣子7人，除俟求邻封缮具印结，再行具呈邀府赐委任外，现合备文呈请钧长备案，实为恩便。

谨呈陇川设治局。①

报丧之后，由应袭人之直系亲属（母或祖母），全司各族长头目，四邻各土司，各具保结，证明：（1）确系应袭土司职位之人；（2）族中对该人袭位并无争执异议；（3）人民一致拥戴。转呈上司转呈省府，请求查实核准袭职。

（甲）陇川致邻封各土司请具保结函

径启者：敝司惨遭大故，境内无主，应袭多永安，现年26岁，实系故土司多忠瑶嫡妻龚氏亲生长子，例应承袭世职，相应函请贵司照例加具邻封保结，由敝司呈送层宪备案，并请颁发委状祗领任事，以重世守，烦请查照，念属邻封，惠盖印信，实叨厚赐！此致干崖、南甸、户撒、腊撒司。附切结四扣，簿仪锻马各一匹。

（乙）邻封所具切结式

具切结某某司，今于某与切结事实：结得陇川宣抚司土职多永安，确系已故土司多忠瑶嫡妻龚氏旁生长子，现年26岁，曾由腾冲自治训练所毕业，品学兼优，夷民悦服，并无旁支、庶出、异姓抱养等弊。所具妥报切结是实。

最后，由土司署造具呈报袭职清册，连同切结并呈政府，请求准

---

① 江应樑：《摆彝的生活文化》，骆小所主编：《中国西南文献丛书》第4辑《西南民俗文献》第18卷，兰州大学出版社2003年版，第158页。

许袭职。民国二十六年，南甸土司龚绶告老，呈请准许其子龚统政承袭土司职位，其清册内容如下：

（一）职名　云南梁河设治局南甸宣抚司应袭龚统政

（二）宗支　一世祖刀贡猛 原籍南京应天府上元县人氏，充百夫长，随师南征，功升千夫长，故，无嗣，传弟。以下为从二世祖到二十七世祖龚绶，略。

二十八世应袭龚统政 系土官龚绶正妻方氏亲生长男，现年18岁，例为承袭，管理地方。

亲供

详述龚氏土司历世，略。

右具册：

中华民国二十六年　月　日①

土司的袭职，尽管有从元明两代继承并逐步完备的一整套制度，但明清两代与缅甸的冲突，土司继承人选产生过程中的不确定因素等仍对土司的承袭造成明显影响。

但是，尽管傣族社会贵族在政治经济上拥有明显的优势，且受平民的拥戴，但特殊时期平民也可反抗、驱逐甚至杀死贵族乃至首领。民国时期普思沿边宣慰使刀承恩任职时间最久，"自有历史以来，仅刀承恩一人，在改流后汉族保护下得安然保其首领以终古外，问诸僰人，其先殆鲜有不被人民放杀者。猛捧叭竜稿之言曰：官吏若猪，肥则当屠，可代表僰人对其酋首之思想。至其所选立之人，以不出贵族范围为合法，大都为被放杀者之子弟或亲族。但后继者，不能因其先人被人民诛杀放逐而仇及一民"②。

三　土司衙署构成

民国时期的边地土司，"小一点说，不过一个区长；大一点说，

---

① 江应樑：《摆彝的生活文化》，骆小所主编：《中国西南文献丛书》第4辑《西南民俗文献》第18卷，兰州大学出版社2003年版，第158—164页。

② 李拂一：《车里》，商务印书馆1933年版，第107页。

就是一位土皇帝。从行政组织的系统讲来，土司的确是和区长相当，不过所辖的地区比较大些。像芒市土司衙门内，现在就附设着有潞西县第一区区工所，区长也就是由方代办（即方克光）兼任"①。表1-5简要介绍了民国后期部分傣族地区土司情况。

表1-5　　　　民国后期傣族地区部分土司情况表②

土司职衔	调查时土司姓名	所在地	备注
车里宣慰使	刀世勋	车里县	老宣慰刀栋梁于三十一年病故，无嗣，由其弟刀栋庭之子过继承袭，现尚未正式袭职。
大猛龙土千总	刀荣安	车里县	土司刀荣安，于抗战时逃入缅境，现虽回境，唯尚未复职。
猛罕土把总	刀栋庭	车里县	
小猛养土把总	刀正才	车里县	
猛海土把总		佛海县	土司刀宗汉，于三十四年病故，其子尚未袭职。
打洛土千总		佛海县	土司刀庆华，抗战时因通敌嫌疑被杀，现尚无承袭人。
猛混土把总	刀栋宇	佛海县	
猛满土外委	刀正清	南峤县	
猛腊土把总	刀镇邦	镇越县	
猛伴土弁	召叭龙康坦翁	镇越县	
猛仑土弁	刀继忠	镇越县	
整基土把总	召某	江城县	
六顺土把总	刀盛珩	六顺县	
孟定土知府	罕葛贤	镇康县	
耿马宣抚使	罕富廷	耿马设治局	

---

① 曾昭抡：《缅边日记》，云南人民出版社2019年版，第76—77页。
② 江应樑：《摆彝的生活文化》，骆小所主编：《中国西南文献丛书》第4辑《西南民俗文献》第18卷，兰州大学出版社2003年版，第137—138页。

续表

土司职衔	调查时土司姓名	所在地	备注
芒市安抚使	方克胜	潞西设治局	芒市土司年幼，由其叔方克胜代行土司职权，名曰代办。
遮放副宣抚使	多英培	潞西设治局	
猛卯安抚使	衎国镇	瑞丽设治局	
南甸宣抚使	龚统政	梁河设治局	
陇川宣抚使	多永安	陇川设治局	
干崖宣抚使	刀承钺	盈江设治局	
盏达副宣抚使	思鸿升	连山设治局	二十四年被省政府革职，但迄今民间仍承认其为土司。
潞江安抚使	线家齐	龙陵县	

明清两代及之前的土司政治体系中的领导人员构成如何，无明确文献记载。民国时期及20世纪50年代民族调查时期所记录的土司衙署的人员构成与职掌分工，从官员名称，尤其是高级官员名称多译自巴利语来说，应有较久的历史，可作为推测更早以前土司政治中人员分工的重要依据。

在民国时期的多个调查文本中，江应樑针对土司衙署人员构成和分工的记载最为详细，兹录如下：

> 车里宣慰司属的行政组织包括：（甲）正印宣慰一人。即正式承袭在位的车里宣慰使，职位世袭，官阶从二品，是全境最高的行政首领，统辖十二版纳境内各土司。全境各土司和人民，对宣慰负担着四种义务。（1）按年致送宣慰赡养费，数目各地不同，但均有一定规定，如在车里县境内各土司属下的人民，每户摆夷每年奉宣慰赡养费现金一元（边地通用滇铸半开银元，每两枚合现金一元）。较远各县数目较少，均由各土司收齐后解交宣慰署。今年因宣慰权势日衰，较远地方也常有拖欠不缴等情事。（2）宣慰遇有特殊需要时，可向人民派款。（3）遇宣慰家有婚

丧事及年节，各土司头人必亲来庆吊，并呈献礼物。(4) 宣慰有任何命令，应无条件接收。车里宣慰署直接统治的区域并不大，仅宣慰署所在的宣慰街及附近几个寨子，并远方的几个特别区域，其他十二版纳的广大土地，皆分由各土司治理，但宣慰有干预其行政及人事之权。

（乙）亲贵。依土司袭职管理，宣慰职位必由嫡亲长子承袭，宣慰的亲弟兄，便依次称为二宣慰、三宣慰，这便有如亲王。这些亲王对宣慰政权无过问或干预权，但却可由宣慰制定村寨加以管理，或被派为宣慰署的重要执事。

（丙）中央大员。宣慰署内的重要大员，摆语呼为"大叭"，其数多至三十余人，各有固定的职掌。因所司职务的轻重不同，所以地位也便有高低之别，职权最高的一人名叫"总叭"，土语称为"都弄稿"，是宣慰的内阁总理，其下统率四个大叭，分掌粮食、人事、马匹船只，宣慰私人庶务；再下则每一事设一大叭经管，合若干村寨为一区，亦立一大叭主管，散居四山的他种边民，如阿卡、攸乐、倮黑，也各立一大叭分管，甚至宣慰署畜养着的一条大象，也有一个大叭专管。这些大员，除了土司的近亲外，必须是有力量的大头目，方能应任。

（丁）议事庭。这是车里宣慰署中特有的组织，近似现代国家中的参议院，由十二版纳境内土司各司推派一个代表，会同宣慰使署中的各大头目组织而成，宣慰不能参加。公推出一人来为议长，土名"召景哈"，无固定的会期，有事时即召开，所议事项包括：十二版纳有关之重要事件；各土司间不能自行解决或发生争执事件；关系十二版纳固有制度之变更或新制度之制定事件；宣慰及各土司袭职或废立事件；宣慰署或宣慰家庭中之重大事件；土司或人民提请解决事件；宣慰交议事件。①

---

① 江应樑：《摆彝的生活文化》，骆小所主编：《中国西南文献丛书》第4辑《西南民俗文献》第18卷，兰州大学出版社2003年版，第140—142页。

凡经议事庭议决事项，议事厅表决议案时，议案非经全体通过不能成立，至少亦须无反对者。不能以多数人之赞同而压倒少数之反对者也。已成立之议案，又须得人民之赞可方能交由宣慰使执行而有效。① 提交宣慰执行时，如宣慰认为确难执行，可以交回重议，或直接否决；又遇宣慰认为可办事件，议事庭也可以否决，凡遇此事件发生，习惯上暂将这事搁置，不必再议也不必即办。所以，宣慰与议事庭双方都虽有此项否决权，但争执之事却很少有。② 若宣慰司与议事厅意见不合时，须双方陈述意见，再定取从；若绝对冲突时，则仍以议事厅意见为主。③

十二版纳各土司，虽统系上直接辖于车里宣慰，但地方行政及经济大权，则是由各土司分别直接管理，且各有特有的制度。宣慰除开几宗习惯上例须知晓的事情外，各土司的治权及经济处理概不受干预。所以，各土司之于宣慰司署，实近似藩属之于宗主国。十二版纳境内多时曾有三十余土司。④ 正是由于十二版纳各土司具有明显的独立性，西方人曾将十二版纳误解为十二个国家政权（twelve states）。⑤ 这些土司政权建立的时间早晚、存续时间不一，情况千差万别。总体而言，那些面积较大的勐，人口较多，政权也相对稳定；面积较小的勐，土司政权所面临的风险较大。到民国时期，依照当时的考察所见，各勐土司均依照车里宣慰的政治机构框架，搭建了一个结构分工相似但规模不同、程度缩小的政权。

各勐土司的衙署设置与职掌，大体与车里宣慰司相似。兹以民国

---

① 李拂一：《车里》，商务印书馆1933年版，第106页。
② 江应樑：《摆彝的生活文化》，骆小所主编：《中国西南文献丛书》第4辑《西南民俗文献》第18卷，兰州大学出版社2003年版，第142页。
③ 佚名：《云南边地之民族与民族性》，骆小所主编：《中国西南文献丛书》第4辑《西南民俗文献》第18卷，兰州大学出版社2003年版，第11页。
④ 江应樑：《摆彝的生活文化》，骆小所主编：《中国西南文献丛书》第4辑《西南民俗文献》第18卷，兰州大学出版社2003年版，第142页。
⑤ W. J. Archer, "Report on a Journey in the Më-kong Valley", *Siam*, No. 1, 1892, p. 6.

第一章　傣族地区的城市与土司制度

后期的车里勐罕土司的政治架构为例，包括：

（甲）土司。一人，世袭。车里等县今日乡镇的划分。全依土司原有区域为界限。凡土司势尚存在的乡镇，便都是以土司为乡镇长，例如车里境内的橄榄乡，现任橄榄乡的乡长，也便是猛罕的土司。

（乙）代办。土司出缺或年幼不能理事时，由亲族中之一人代为执掌土司职务，名为代办，其职权实与正印土司等。这很相似帝制朝廷中的摄政王。十二版纳境内若干土司代办是由议事庭决定后经车里宣慰委派的，故不一定是该土司的直系亲属，但却一定是该境内的贵族，且必是宣慰的近亲。猛罕现任土司代办刀栋庭，便是已故宣慰刀栋梁的六兄弟，现在行将承袭车里宣慰职位的刀世勋，便是刀栋庭的亲子过继给他的宣慰长兄以备袭位者……一般的情形，代办常是正印土司的亲叔父、亲兄弟、或舅父等。代办倘无过失，不为人民反对，可以任职终身，但不得世袭。

（丙）总叭。土语称为"叭稿"，"叭"意为"大头人"，"稿"是第一位，叭稿便是第一号大头人，相当于宣慰司署的"都弄稿"，是土司署的总理，地位在土司一人之下，全境头人之上，承土之命，管理全境各头目及大小事务。

（丁）三大叭。猛罕土司所辖全境各村寨，分为三部，设三大叭分管，地位仅次于总叭，三大叭土名呼为叭弄西利、叭弄纲郎翁、叭弄仰道翁。

（戊）大助理。总叭暨三大叭之下，各设三个助理，为之办理一应公事。职务及名称如下：书记——司缮写公文实相（限于摆夷文）；接嘴——负责与各村联络，传达命令，沟通双方消息；保茂——接待一应过境官府人员及派备夫役等事。

（己）叭扫。每一大叭之下，设两个副叭，名叭扫，负直接管理村寨人之责。

（庚）村寨头人。每村设头人一名，直接管理人民，相当于内地之村长。这始是直接亲民之官，因村寨大小，故头人之权力及地位也严格区分为三等，从高到低依次是老叭、老鲊、老线。

总叭、大叭、助理、叭扫，皆同住于土司所在的村寨内。老叭、老鲊、老线，则分住于所管理的村寨中。总叭和大叭，虽系由土司选派任命，但任命之先也得征询人民意见，如果多数人民反对，土司也不能凭一己专断而强任之。助理和叭扫，则由总叭和大叭提请土司任命之。这些人一经任职，便须把家室从自己的村寨迁居到土司所在的村寨内，人民有为之搭建房屋的义务。若受人民拥戴，可以终身任职而不更动。老叭、老鲊、老线，也由土司委派，大多就各该村寨中选出具有地位与才能的人来担任，倘无过失，也可以终身任职。①

十二版纳各土司署也有类似宣慰议事庭那样的议会组织，由每一村寨委托一个代言人，会同总叭、大叭、叭扫等组成，以总叭为议长，土司不参加议事，一如宣慰的议事庭。②

腾龙边区各土司，以职位言，小于车里宣慰而大于十二版纳境内之任何一土司；以体系言，不似十二版纳之以车里宣慰为最高领袖，而是各立政权；以实力言，远较十二版纳各土司为强大，无论从经济收入、政治权力，还是土司个人的才干野心，都非十二版纳境内任何土司所能及。现任的南甸、芒市、耿马、干崖这几个土司，均是称雄边地的强者，耿马土司署私有的枪支据说不下两千支，而车里宣慰署中竟集不起一百支枪来。所以，西部各土司的政治组织，也就远较南部为完整严密：

---

① 江应樑：《摆彝的生活文化》，骆小所主编：《中国西南文献丛书》第4辑《西南民俗文献》第18卷，兰州大学出版社2003年版，第143—145页。
② 江应樑：《摆彝的生活文化》，骆小所主编：《中国西南文献丛书》第4辑《西南民俗文献》第18卷，兰州大学出版社2003年版，第146页。

第一章 傣族地区的城市与土司制度

1. 土司及其亲贵大员

（1）正印土司。一人，世袭，为最高之政治、经济、军事的领袖，有绝对的独裁。

（2）代办。遇正印土司出缺，或年幼不能理事时，由其亲族中之一人，出来代为总揽政权，等到正印土司推定，或年幼的土司达到承继年龄时，便将政权交还而取消代办的名义。代办在摄政期间，一切权威与享受，完全与土司相等，从历史以迄现实情况看，凡代办都比较正印土司有作为，这原因便因为代办都得凭才干手腕始能取得此身份的，不像土司只要是嫡长就注定了袭职的命运。

（3）护印。正印土司同胞兄弟中年纪最长之一人，称为护印，名义上是协助正印处理司事，但实际皆位尊而无实权，有些地方如芒市等司的护印别有一官署，称为二衙门。

（4）护理。无正印土司而有代办时，则不设护印而设护理，由代办的同胞兄弟中年纪最长之一人任之，职权与护印同。

（5）族官。土司之亲属，亦即贵族阶级中之凡有下列资格之一者，得选任为族官：①土司或代办之最近亲属。②具有办事能力。③得土司或代办所信任。族官又称属官，又是族目，视资望年龄与亲疏关系分为三个阶级：①猛——为族官中之最高阶级，非资望特高者不能取得此爵位。②准——阶级较低于猛。③印——又低于准，族官受封，皆由印总。族官之职务，约有下数项：①管领村寨，类似车里土司中的大叭。②任土司署中的高官职务。③轮班到土司署中当值，当值族官的职务，一是处理临时发生的事务，二是审问或辩解案件，三是出差往各村寨中办理土司指办事件，四是陪土司或外客聊天，五是做土司的临时咨议官。

2. 土司署内之重要职员

（1）库房。掌理全司署财政收支事项，实际即土司的财政部长，在诸职中，为实权最大之一人。

（2）总管。管理土司署内的伙食及一切杂务。

（3）管仓。管理全署谷仓，是全境人民纳粮交赋的总经理。

（4）夫马。管理公有的夫役马匹。

以上诸职，都由族官中选任，任期无一定，不给薪酬，惟在职务上当然有利可图，故凡得此四种职务的，必是族官中之最红人员。

（5）文案。管司署及土司或代办之一切对外公文函件，土司对外行文皆用汉文，故此职必聘内地汉人前往担任。做文案的除司理文件外，尚有一个特殊任务，即兼负招待及接送往来汉官之责。

（6）教读。腾龙沿边各土司，传统的习惯皆必学习汉语及略读些许汉书，故每一土司署中，必聘一汉人担任教读，专教导土司子弟学汉语读汉书。

（7）汉书办。为文案之助理员，管收发缮写事项，亦汉人任之。

（8）彝书办。土司对民间之布告、命令，及各土司间互相往来之函件，皆用摆夷文，故各土司署中，都有彝书办二三人，由摆夷任之，此职员只求能力胜任，不限定是贵族中人，是以凡摆夷子弟精通夷文的，都希冀得此一席，故彝书办实是摆夷中平民阶级做"官"的唯一途径。

（9）二爷。土司署中之高级随从，凡土司或代办随身之侍卫、听差、传事、随行等人，概称为二爷，职位虽低，但人民视之亦觉赫赫然。

（10）官差。土司署中专事传送公文及拘捕犯人者，称为官差。官差皆终身职。①

---

① 江应樑：《摆彝的生活文化》，骆小所主编：《中国西南文献丛书》第4辑《西南民俗文献》第18卷，兰州大学出版社2003年版，第146—149页。

除土司署外，腾龙沿边土司地区地方职官也有一套体系，包括亢头（约相当于十二版纳之老叭）、亢尾（类似副亢头）、老幸、头人（老幸之助手）、客长、练绅等。

土司衙署的行政组织，因为数百年沿袭办理，在民间已经成为一种习惯，只要不是新创的事，办起来是各有负责、毫不紊乱的。

土司衙署内各级官员依照出身、经历依次升任。除宣慰使的亲贵外，其下的波郎家臣，从小必须当和尚，当到佛爷还俗后，即担任宣慰使的侍卫（"滚课"），然后提升为文书（"昆欠"）、传达员（"站抗"），再升为"纳哈""纳西""纳扫图""纳扫竜"，最高到"怀朗"①，怀朗大多到了五六十岁年纪。至于越级任职，按规定是不许，但也有例外。②

普思沿边和腾龙沿边的土司衙署及职掌有一个不同之点，就是腾龙沿边的土司近于一人独裁或专政，普思沿边则多少有点民主意味，虽然普思沿边土司衙署议事庭的头人们并不完全能代表多数百姓的真正利益，但多少可限制土司的专制权力。③

第三节 城市的特点与形制

与土司制度相配合，普思沿边和腾龙沿边的城市具有鲜明的政治属性。土司住宅或衙署是城市中最显著的建筑，从规模、装饰到实际使用，土司住宅或衙署均有与平民住宅相异之处。在这其中，普思沿

---

① "纳哈"即五纳，指享官租五纳级别的官员，五纳指级别，实际数目与此不一定相符。"纳西"即十纳级别的官员。"纳扫图"即小二十纳级别的官员。"纳扫竜"即大二十纳级别的官员。"怀朗"或"纳怀朗"指宣慰司署四大臣级别的官员。

② 《西双版纳宣慰使司署及勐景洪政治情况概述》，国家民委《民族问题五种丛书》编辑委员会、《中国民族问题资料·档案集成》编辑委员会编：《中国民族问题资料·档案集成》第5辑《中国少数民族社会历史调查资料丛刊》第86卷，中央民族大学出版社2005年版，第426页。

③ 江应樑：《摆彝的生活文化》，骆小所主编：《中国西南文献丛书》第4辑《西南民俗文献》第18卷，兰州大学出版社2003年版，第150页。

边与腾龙沿边的土司衙署又有明显的区别。普思沿边的土司住宅仍为干栏式,而腾龙沿边的土司衙署,于民国所见时已多为内地官员衙署形制。除土司住宅或衙署外,贵族住宅也较平民更为宏大。平民住宅通常较简单。总体而言,普思沿边和腾龙沿边的城市,在形制上与内地社会高墙深壕的大城有明显区别。

一 普思沿边的城市与建筑形制

民国时期普思沿边和腾龙沿边大体沿袭了传统的面貌。勐泐政权即元明清三代的车里宣慰使司实际统治普思沿边地区数百年,车里宣慰司所在地,实际上承担了"王城"的职能,是普思沿边最重要的城市。但是,受战争等原因影响,在元明清三代,车里宣慰司驻地并非一直不变,而是在今景洪城附近迁徙。

清中叶以后,傣族平民仍使用草顶竹楼,而召片领和贵族已主要使用木质材料来建造房屋。按照规定,召片领房屋可使用124根木柱,柱下垫有石礅,以防白蚁,顶上覆以红色薄瓦片。这种瓦被称为"缅瓦",相传制瓦技术传自缅甸,故得名。瓦3寸见方,厚2—3厘米,瓦一侧有钩。盖瓦时,先于屋顶椽子上横钉木条(或竹条),每条间隔2寸许,将瓦挂在木条上,似鱼鳞状,不再加灰固定,故傣族屋顶是不能攀爬的。若瓦损坏需更换时,只需在椽子上伸手将瓦取下,再将新瓦钩上即可。平民房屋不能使用石、木材料,也不能覆瓦顶。召片领之外的土司头人所盖的瓦房,四周必须留出部分覆以草排,以示低于召片领一等。

具体规定有:

1. 木柱,召片领的住宅木柱可多达124根,贵族官员、四大卡真(即议事庭的召景哈、都竜告、怀郎曼轰、怀郎告往)、各勐土司及议事庭较高官员的住宅,使用竹木略少一些,不能超过100根,一般平民的住宅在40根以内。

2. 饰"贡",外观形如两层楼房。只有召片领、召勐、召片领议事庭的"四大卡真""八大卡真"和贵族召庄的住宅以及佛寺才可以做装饰,其他人禁止装饰"贡"。

3. 上"约",议事庭职官中的帕雅龙伴、帕雅三龙的住宅才可以装"约",其他村寨头人和百姓均不能上"约"。

4. 楼梯,召片领及其大儿子的住宅可以做到两台、每台10级以上的楼梯。其他官员,土司和百姓的住宅只能做一台9级以下的台阶。楼梯头的花纹区别更多。召片领的楼梯头可以雕刻龙头花纹,其他土司、"四大卡真""八大卡真"、召庄等级的住宅楼梯只能雕刻花纹。楼梯后侧木板,只有召片领、土司、"四大卡真""八大卡真"以及召庄才可以钉上木板,其他人员禁止钉木板。

5. 壁画,召片领的住房板壁可以有花纹和壁画,其他官员和百姓,包括召片领的直系亲属、弟弟的住宅,均禁止有壁画的出现。[1]

以上关于不同等级官员和平民所用建筑的规定,在民国时期的普思沿边社会中大体得到遵守。如李文林所见,在居住上,沿边住屋,约可分为三类:一曰缅寺,佛爷与和尚居之;二曰官署,土司与头目居之;三曰民房,则平民居之。缅寺建筑,崇高伟大,金碧辉煌,雕梁画栋,五光十色,极工程之精妙。土署有阶级之分,故建筑亦有大小之别,唯略小于缅寺,特大于民房,一望而可知为特殊阶级之住屋也。民房则统用竹木草三项造成之。缅寺土署民房,其式样皆尖顶方角。土署民房,俱以圆木或大竹为柱,人民居于楼上,楼下则关牛马,楼板多剖大竹充之,居之凉爽清洁。[2]

民国时期,车里宣慰司驻地被称为允帕钪或景岱,又俗称宣慰

---

[1] 岩罕:《西双版纳傣族建筑与建材》,政协西双版纳州文史民族宗教联络委员会编:《西双版纳文史资料》(第16辑),云南美术出版社2003年版,第187—188页。

[2] 李文林:《到普思边地去》,骆小所主编:《中国西南文献丛书》第4辑《西南民俗文献》第10卷,兰州大学出版社2003年版,第37—38页。

街。允帕钪旧址在今允景洪城区东南，从城区沿澜沧江而下约七八公里，坐落在今灵长类动物中心猴园附近。19世纪末访问西双版纳地区的英国人Fred. W. Carey记录其纬度为北纬21°58′。① 李文林20世纪30年代考察边地教育时，行往九龙"城子"，"即宣慰司所在地，道途修整……'城子'有街，土署及人家，均住山半，澜沧江与流沙河交流其下，地势天然险要"②。据刀世勋回忆，宣慰街是宣慰使司署和周边八个寨子的总称。宣慰使司署主要有三栋房子，一栋是宣慰使的房子，就是宣慰宫，傣语叫"贺竜"，"贺"是宫殿，"竜"是大；另一栋是议事庭，傣语叫"司廊糯"；还有一栋是二宣慰的房子，傣语叫"贺刚"。这些房子都是干栏式的木楼，只是比一般的民居宽大。整个宣慰街就是以这几栋房子为中心，村寨分布周围。每个村寨都有寺庙，寺庙除了是宗教和教育场所之外，还起到防守的作用，都建在地势比较高的地方，几座寺庙在宣慰街的布局呈弧形，包围着宣慰宫和村寨。③ 关于拱卫宣慰街的村寨及寺院，晚近出版的著作中记载为曼岗景、曼竜东、曼帕萨、曼勒、曼瓦、曼嘎、空柯等8个寨子，另外还有5座佛寺、3座佛塔。④ 居住在宣慰街的贵族人口，按照20世纪50年代的统计，共有130户。⑤

这8个寨子的成员，除宣慰使家族和官员家属，即"孟""翁"两级贵族外，其余一部分是"鲁朗道叭"；另一部分是卡召。鲁朗道叭是贵族后裔和官亲，他们要为召片领（即车里宣慰使）服"滚课"

---

① Fred. W. Carey, "A Trip to the Chinese Shan States", *The Geographical Journal*, Oct., 1899, Vol. 14, No. 4, pp. 378-394.
② 李文林：《到普思边地去》，骆小所主编：《中国西南文献丛书》第4辑《西南民俗文献》第10卷，兰州大学出版社2003年版，第127页。
③ 刀世勋口述，陈湘采访整理：《从末代傣王到民族学者》，云南省社会科学院历史研究所编、杨福泉主编：《中国西南文化研究·民族调查资料选辑》，云南人民出版社2015年版，第262页。
④ 征鹏、杨胜能编著：《新编西双版纳风物志》，云南人民出版社1999年版，第43页。
⑤ 《勐景洪傣族社会经济情况调查》，国家民委《民族问题五种丛书》编辑委员会、《中国民族问题资料·档案集成》编辑委员编：《中国民族问题资料·档案集成》第5辑《中国少数民族社会历史调查资料丛刊》第86卷，中央民族大学出版社2005年版，第479页。

第一章　傣族地区的城市与土司制度

（侍卫）；卡召是召片领及其家臣的奴仆。这些寨子还有一个习惯称谓"三老四练"，直译为"三方四面"，有环绕在召片领周围"拱卫"之意。除景洪宣慰街之外，各勐土司驻地，即城市附近的寨子，也有称"三老四练"的，如勐遮、景真等。①

车里宣慰使作为普思沿边首领，其住宅最有代表性，相关记载也最为详细。美国传教士杜德（William Cliffton Dodd）记载20世纪20年代的西双版纳"召法"（即召片领）的官邸，"当初可能是一栋宏伟壮观的建筑，但现在显得陈旧并且可以说是脏乱不堪，召法的御马监也饲养在宫院内，官邸的楼下似乎无人照管，雨季到来时野草丛生。但这里住着不少人，多是召法的随从，也有妇女和儿童。住在这里的儿童足够组成一个足球学校了。召法本人吸大烟，他有不少的孩子，这些孩子看得出来都很聪明，其中有一个男孩曾到过曼谷，这对傣泐人来说可算是到过最远地方的人了"②。

陶云逵在《车里摆夷的生命环》中，详细记载了20世纪30年代所见的车里宣慰使和二宣慰的房屋：

> 车里宣慰司的房屋，亦即司衙，共有五十几棵柱子，横的方面分为五行，每行约有十二个光景。长的方面，十二行，每行五个柱子，但在此五个主要柱子之外，另有若干辅助支柱。房屋全长约七十英尺，宽约四十英尺。高约三十余英尺（自地至楼板约十英尺，自楼板至脊梁二十五英尺）。
>
> 楼分两层，以木板隔之。上层住人。木板之下，在诸柱之间搭以横梁，俾使稳固。地板至房脊之间，复隔一层板子，此板之

---

① 《西双版纳召片领封建统治有关调查资料》，国家民委《民族问题五种丛书》编辑委员会、《中国民族问题资料·档案集成》编辑委员会编：《中国民族问题资料·档案集成》第5辑《中国少数民族社会历史调查资料丛刊》第86卷，中央民族大学出版社2005年版，第452页。

② 岩宰译：《在西双版纳传播基督教见闻》，西双版纳州政协编：《版纳文史资料选辑》（第7辑），云南民族出版社1992年版，第221页。

上，不住人，只作储物之用。以木板为墙。但此木板，分为两部，上部活镶于槽中，可以移动，开之为窗口。下部死镶成短墙。屋墙之外为凉台或走廊。走廊用栏杆围起。宣慰使之房屋，只南、西、北三面有走廊，东面无之。

房共开四个门，两个向西，一个向南，一个向北。但此四个门并非通到外面，而是通到走廊，走廊通外，有两个门，均向东（即在东向的那一面墙的两旁）。靠北边的是正门，男子出入。靠南边的是后面，女子出入。此两门之下，均有楼梯，达地。此大屋，隔为三大部分。（一）金殿，亦即客厅，在全屋之北端。金殿长占房屋只七分之三，作"L"字形，盖连及全屋之北面及西面长二分之一。此处为宣慰使会客、受贺的地方。此部分之东墙，有宝座一座。金殿之北面或右面有一门，通至走廊，以达地面的楼梯门。金殿之西面一门（即对着宝座的），可通西走廊。南面两门，一通卧室，一通火塘或饭厅。（二）为饭厅。在屋之西南角，长占全屋南面长三分之一，宽占西面宽之二分之一。此房东西南北各一门。西通西走廊，南通南凉台，北通金殿，东通卧室。饭厅之内有两个火塘。为平日做饭、煮水、吃饭、烤火的地方，也是最常用的一间屋子。在饭厅之西北角，留出一块地方，用木板隔开，作为男仆人的住房。（三）为卧室。在东面，长占全屋长七分之四，宽占全屋宽二分之一。此卧室复以板隔为五格或五间。但全卧室向外，共有两门，一向北通金殿，一向西通饭厅。卧室中每两格之间有一门可通。此五格中之一格（a），为宣慰使早晚念经的地方，供有一佛龛，及小榻一个。壁上挂有步枪。其次（b）是他自己的寝室。中放以榻。卧时头在东面。第三格（c），为其夫人寝室。第四格（d）为其妾寝室。第五格（e），为其子女寝室。在其子女寝室一格之后，另有一小间为女仆居住之用。①

---

① 陶云逵:《车里摆夷的生命环》,《陶云逵民族研究文集》,民族出版社2011年版,第491—492页。

第一章 傣族地区的城市与土司制度

关于宣慰使房屋内卧室使用情况，刀世勋的回忆与陶云逵所记有所不同。在刀世勋的回忆里，他大伯（即宣慰使刀栋梁）和妻妾、子女都住在这栋楼里。男女分开，中间隔一个家神位。大伯带着他的侍从保卫住一边，大妈、两个小妈带着子女们在一边。大伯那边，侍从有五六个，在他旁边倒倒水、烧烧烟，听他使唤，保卫有七八个，这些保卫都由宣慰街头人的子女来做。①

宣慰使房屋室内的陈设与铜鼓。（一）金殿内引人注意的是宝座，宝座靠东墙，向西。是一个矮榻，上铺毡褥。其左，即隔卧室的板壁上，排挂着许多武器，缅刀长矛之类。右首边的墙虚空无物。摆夷是席地而坐，没有椅子。至于桌子，则是以竹藤编的，外涂以黑、红，或金漆的小圆而矮的桌子，高一二尺不等，直径也只一二尺。随时随人坐处而移动。但如有特殊需要，例如婚事，则陈列礼物便用汉人常用的四方八仙桌了。（二）饭厅。中置火塘两个。有一个柜子放置食具。在墙边地上有陶制水壶数个。又纺织机，及其他杂物。还有几个藤竹制的圆矮凳子。这种矮凳是山头阿卡人的贡品，非摆夷自制。（三）卧室。内部陈设已见前。至于走廊上，则普通是为洗盥、晒衣服，以及夏晚乘凉之用。有一角为厕所。在南边的走廊上，有一个铜鼓。宣慰使的第二个兄弟诏孟刚的房屋的分配，也是三分法，但把金殿跟饭厅合在一间，另一间为卧室，一为储物室。②

宣慰使的房屋，布局可见图 1—1。

---

① 刀世勋口述，陈湘采访整理：《从末代傣王到民族学者》，云南省社会科学院历史研究所编、杨福泉主编：《中国西南文化研究·民族调查资料选辑》，云南人民出版社 2015 年版，第 258 页。

② 陶云逵：《车里摆夷的生命环》，《陶云逵民族研究文集》，民族出版社 2011 年版，第 492—493 页。

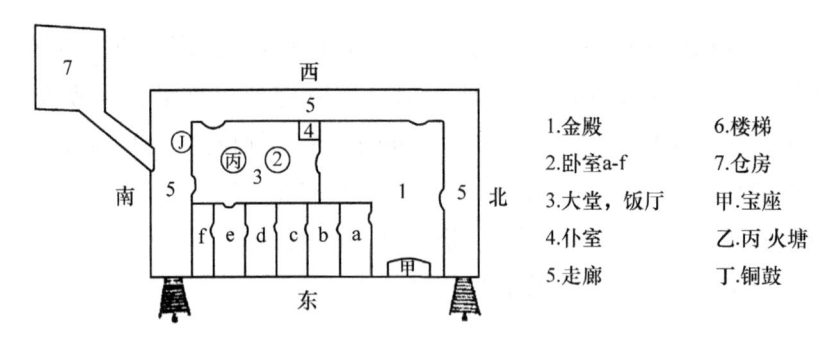

图 1-1　车里宣慰使的房屋平面图及布局①

　　以已接受西方近代工业文明熏染的人士看来，车里宣慰使的房屋，也无甚值得夸耀处，"建筑得很简单拙劣，也没有雕刻、油漆和一切其他的装饰"。房屋的会客室，因没有窗子，"里面的光线非常黯淡，时时都像是黄昏"。房间内的摆设也凌乱，宣慰使宝座旁"有两个武器架，胡乱地插些铁枪与缅刀。墙上凌乱地贴着主席厅长们赐给他的玉照，来访他的人的名片和一些彩色的广告画"。②

　　车里宣慰使司政治体系的立法兼行政机构是由各大臣组成的议事庭。由于议事庭具有仅次于宣慰使官邸的政治地位，民国时期文献中也多有记载。李文林记载所见为："九龙议事庭，系一平方建筑，四面皆窗，中置竹席，即各首人坐而议事之所，四方为转道，亦铺竹席，则两造人所任与旁听席位。"③李拂一《十二版纳志》记载："议事庭临澜沧江滨，接近宣慰使官邸。系一亭式建筑，亭中央有木栏，栏内设地席为八大头目之议席，栏外为其余头目之议席。均无枱椅，亦别无陈设，甚简陋也。"④ 值得注意的是，李拂一和李文林所见的

---

①　陶云逵：《车里摆夷的生命环》，《陶云逵民族研究文集》，民族出版社 2011 年版，第 545 页。
②　姚荷生：《水摆夷风土记》，云南人民出版社 2018 年版，第 151 页。
③　李文林：《到普思边地去》，骆小所主编：《中国西南文献丛书》第 4 辑《西南民俗文献》第 10 卷，兰州大学出版社 2003 年版，第 71 页。
④　李拂一：《十二版纳志》，云南人民出版社 2020 年版，第 82 页。

议事庭均为亭式建筑,与晚近出版的《西双版纳州志》上所见的议事庭建筑旧照片有明显区别。州志所见的议事庭,为一规模较大的傣族重檐干栏式建筑。

居住在宣慰街的其他贵族的住宅,虽然按照规制也可享有一定的特殊待遇,如木柱的数量可多于普通民居而少于宣慰使住宅,可使用瓦顶等,但这些待遇能否享用,还与贵族的实际财力有关。如19世纪30年代英国人McLeod到访宣慰街时,拜访了多位贵族。在其日记中记载,议事厅长的"房子非常简陋,面积很小,大约40平方英尺,建在柱子上,四周铺着竹席,根上长满了草";这种房子的"一个很大的不便在于烟雾只能通过门或强行通过屋顶才能逸出;天气通常很冷,晚上需要生火"。① 而宣慰使母亲所居住的房屋有"一段漂亮的木雕楼梯……一间宽敞的房间,墙上贴满了镀金和彩纸。支撑屋顶的柱子用红色和金色的彩带装饰,房间装饰着中国灯具和图画……房间高大,家具舒适。有一间中式的房间,摆着几张大理石桌子,供汉人官员使用;建筑物的各个部分都使用了大量的石头"②。

20世纪50年代末60年代初时,允帕钪的重要世俗建筑尚有王宫"贺罕"、议事厅"勒司廊"、大臣的官宅"贺贷"、集市大街"戛龙"以及曼岗景民居建筑群落、曼勒民居建筑群落、曼帕萨民居建筑群落等;重要的宗教建筑有总佛寺"瓦龙"、大佛寺"瓦庄董"、"瓦庄慕"等。③ 20世纪60年代以后,允帕钪逐渐被废弃,宣慰使官邸、议事庭等建筑淹没于荒野。废弃的原因,除和平协商土地改革之后,宣慰使家族和部分重要贵族迁往景洪城外,还因澜沧江洪水泛滥,江流改道,不

---

① Volker Grabowsky, Andrew Turton, *The Gold and Silver Road of Trade and Friendship: The Mcleod and Richardson Diplomatic Missions to Tai States in 1837*, Chiang Mai: Silkworm Books, 2003, pp. 381-382.

② Volker Grabowsky, Andrew Turton, *The Gold and Silver Road of Trade and Friendship: The Mcleod and Richardson Diplomatic Missions to Tai States in 1837*, Chiang Mai: Silkworm Books, 2003, pp. 385-386.

③ 黄惠焜:《从越人到泰人》,云南人民出版社2014年版,第229—230页。

仅宣慰街前的江心沙滩荡然无存，宣慰街周边村寨也不断受灾，因而各村寨人口纷纷迁出。各村寨建筑、寺院、佛塔先后成为废墟。

　　普思沿边各勐的土司所驻城市，其规模与形制往往与普通村寨没有明显的差异，除了首领所居住的建筑规模较大外。其中，如勐遮、勐海、勐龙、勐罕、勐腊等人口规模、面积较大的勐，土司衙署官员及仆从也较多，城市附近还拱卫有若干村寨。规模中等或较小的勐，如勐混、勐捧、勐仑、勐景真、勐景洛（打洛）等，城市周边拱卫的村寨则较少。少数面积和人口规模特别小的勐，如勐远，城市也仅能维持普通村寨的规模。需要注意的是，土司或贵族房屋的宽大，很大程度上是为满足接待往来官员和旅客之所需，即"土司头人，则为一般旅客及其人民之当然寓东，故房屋特大，外厅尤宽阔，火塘亦三四处，以备往来宾客及其人民之自由投宿及烹饪；柴水任客所取，食物则需自备也"①。

　　各勐的城市形貌在近代以来各类人员赴边地的考察报告中有零星记载。张镜秋作为民国时期佛海县政府秘书，在考察勐板、打洛教育时，观礼打洛土司小赕缅寺，记载了沿途勐混、勐板、打洛的见闻，其间有"城子"、贵族居住格局的介绍。"我们在乡公所下马，这里也便是土司衙门。孟潽镇（即现在的勐混，本书作者注）上盖得整齐的屋子，看来还只有这个衙门。其余都是孔明帽的高脚屋和汉式茅屋。这土司衙门的大门顶侧壁头，绘有国民党徽，也有僰文艺术字。里面一所瓦顶楼房，约成十字形。四壁墁粉白石灰。原来孟海镇上的石灰粉墙，也就很少，到了孟潽，这石灰白墙，也仅此一见而已。楼房式样，和孟海土司的公馆无大差异。上楼去见了刀乡长冠南②，这时他正和许多叭目开着会，人人都席地而坐，他盘膝坐在主席的地位

---

①　李拂一：《车里》，商务印书馆1933年版，第91页；《十二版纳志》，云南人民出版社2020年版，第154页。

②　即刀栋宇，字冠南，傣文名为召孟洪，为勐混代办刀栋材之弟。参见张镜秋《孟海城子"上新房"庆典记》，《边荒》，正中书局1946年版，第95页。

上。"① 孟遮代办刀柱南②的家"在镇区的外侧，四周用竹篱围着，四面汉式茅屋一楹，两边耳房都敞着，一边堆着许多茶叶。柱南的茶号名叫'西南海'，大约制茶便在他的家里了"③。"叭稿（即土司之外的最高官爵）的家，正对着小缅寺，门口用竹笆围篱，走道宽敞，一望便知是大户人家……叭稿家里的官榻（欢迎贵宾设榻之所，同时也是举行会议时主席所坐之榻，汉译为官榻，原作者注），一张设在靠门房边的隔板下，榻宽不及一尺五寸，榻上覆着篾笆一张，上面覆一张红毡，毡上加着两个红色马褥子，床头一个高枕。"叭稿家的院子，"大约有别的人家三四倍大，靠左一半的空场，已经辟作几块菜畦，栽着各色蔬菜，右下边的一半，又是一楹较矮小的楼房，大约里面皮藏着各种粮食和用具"④。

勐板的土司官邸，"盖得十分欧化，在整个佛海土司官邸的建筑式样中，从没有一所这样盖得美观的，虽然下面看着，依然是高脚样屋，然而上面都用整齐的木板做窗壁，屋顶用瓦铺，看着新颖整洁，令人钦慕"；而勐板乡干事鲁文聪的房屋，则"没有靠近'城子'，他盖了三四楹汉式茆屋，里面广阔净洁，三间住房，虽没有什么陈设，可是看着明洁"⑤。

打洛土司的官邸，垣壁"到处都墁着雪白石灰，建筑式样、范围大小，都和猛遮土司官邸差不多。屋楼呈'亚'字形；楼下过去用作'保国民学校'教室，现在堆藏杂物和粮食，楼上分割四大间，南北两间甚大，东西两间较小，便似耳楼，向南一大间，不设门框，柱上贴一纸条，上写着'会议厅'三大字。里面空空如也。不置一

---

① 张镜秋：《孟海城子"上新房"庆典记》，《边荒》，正中书局1946年版，第81页。
② 即刀栋材，傣文名召孟腊，为车里宣慰司刀栋梁之弟，参见张镜秋《孟海城子"上新房"庆典记》，《边荒》，正中书局1946年版，第95页。
③ 张镜秋：《孟海城子"上新房"庆典记》，《边荒》，正中书局1946年版，第82页。
④ 张镜秋：《打洛土司小赕缅寺观礼记》，《边地采风录》，云南人民出版社2020年版，第142—143页。
⑤ 张镜秋：《打洛土司小赕缅寺观礼记》，《边地采风录》，云南人民出版社2020年版，第147页。

几一凳，只地毡铺了几席，上首更叠上一袭鲜花毡，大约便是会议时土司主席之处……靠东一大间耳楼，便是土司太太的内房，房门口挂一袭绣花细绸门帘，门外隔壁间，置一架胜家公司缝纫机，土司太太一天大半坐在机前缝裙袄，很少下楼……和土司太太相对的耳楼，一隔两间。一间便是招待我们的房圈；一间收藏一些食品和咸菜罐，没有人住。听说这间过去是土司的妹妹赧布都玛住的……和会议厅相对的一间卧房，便是土司的弟刀庆贵住的房间。"土司官邸之外，缅寺"在'城子'后面，距土司官邸不到百步。一望这缅寺建筑的规模不甚宏大，比着猛遮的大缅寺，便觉大相径庭了。而且这缅寺好像历年久远，几年不曾修葺，所以大有衰倾现象"①。

　　1952年，从"117团"转业到当时的勐龙区从事民族工作的卜清贤记载，当时的勐龙"城子"分为景乃（内城）、景龙（大城）、景尖三个部分。景龙的"城子"是"封建"领主统治结构所在地，也是"封建"统治者集聚点，有土司、大帕雅，还有几十名鲊、先一级的头人，"城子"的百姓比村寨的老鲊还要高一个等级。但从外表来看，没有什么特殊，一没城墙，二没宫殿，三没商行，乍看起来真不像"城子"，和农村的有些村寨一模一样。② 区长刀永安（原勐龙土司）住在曼竜，房子也不大，是一般的傣族小楼，没有什么特殊之处……帕雅竜陶是土司署中第三号人物，住在景乃，本人吸大烟，好吃懒做，住的房子很烂。③

　　除贵族住宅外，普思沿边平民住宅在民国时期绝大多数沿用传统的建筑材料和形制。李拂一在《十二版纳志》中记载了西双版纳地区的建筑形式。"私人住宅，普遍以竹木构成之，上覆茅草编成之草

---

　　① 张镜秋：《打洛土司小赕缅寺观礼记》，《边地采风录》，云南人民出版社2020年版，第150—152页。
　　② 卜清贤初稿，赵春洲整理：《五十年代初专业到大勐龙区与头人共事的岁月》，政协西双版纳州文史委员会：《西双版纳文史资料之九·五十年代民族工作》，出版社不详1993年版，第65页。
　　③ 卜清贤初稿，赵春洲整理：《五十年代初专业到大勐龙区与头人共事的岁月》，政协西双版纳州文史委员会：《西双版纳文史资料之九·五十年代民族工作》，出版社不详1993年版，第65页。

排。佛寺及宣慰使暨各地土司贵族之邸宅,则覆以红瓦,俗称缅瓦。一般平民,则概不许覆瓦,而人民自身,亦自认覆瓦为不祥。但近今此种观念,已逐渐改变。瓦长七八寸,宽三四寸,厚可二三分,扁平,不似内地屋瓦之作鞍形也。一端有钩,以竹木片作椽,横排,瓦即钩挂椽上。竹片须先沤水中一二月,然后取出晾干,方能应用,谓可支持一二十年,不致朽蠹云。"①

傣族平民的住宅有明确的空间分割与功能。"分上下两层,楼上住人,其下则畜牛马鸡猪,置杵臼,堆燃料。楼出阶为露台,以为晒晾衣物,或纳凉之所,曰'展',汉人通称'掌楼',盖即'展楼'之异译也。室内以竹篱或木板纵隔为两大部:一为卧室,家人杂居其中,不再间隔,第各以帷帐笼罩仅一厚褥之卧榻而已。卧褥三四重相叠者,则为尊重之显示。家长之卧榻,礼须正对火塘。少女之卧榻,位于最外,近上梯之处。盖便其与情人往还也。一为内厅,于近门处筑四尺见方,三四寸高之土台,曰:'火塘',上置铁三角灶,热火其下,为烹饪、取暖、照明及宾客家人围谈之唯一地点。铁三角灶分三空,向卧室之两空,可以纳入柴薪燃烧,其他一空,则正对普通坐卧榻之一面,则谓为家神所在,不能以柴薪揿入或取出而扰犯之也。"火塘不仅在傣族人房屋中具有特定方位所代表的现实与信仰的功用,且是家中重要的社交场所。"火塘迤内,为接待亲朋地点,满布竹席,不具台椅,宾主皆跌坐竹席之上。靠卧室之左上角及火塘之正对面,各置一矮榻,前者专供尊长贵宾之坐卧,曰:'尊长贵宾榻',后者则为一般普通宾客以及家长父子坐谈卧息之所,曰:'普通坐卧榻'。尊长宾客来,则长踞合十为敬,饷客以槟榔、卷烟、茶果。"② 此种住宅的建筑极为便易,只须伐来大竹,约集邻里相帮,数日间便可造成。但也极易腐毁,每年经雨季后,便须重加修补。③

---

① 李拂一:《十二版纳志》,云南人民出版社2020年版,第152—153页。
② 李拂一:《十二版纳志》,云南人民出版社2020年版,第153—154页。
③ 江应樑:《摆彝的生活文化》,骆小所主编:《中国西南文献丛书》第4辑《西南民俗文献》第18卷,兰州大学出版社2003年版,第204页。

民国时期《镇越县志》载傣族人的住宅方式为："僰人普通以木竹构成之，上覆茅草编草排。贵族即土司官和头人则建盖瓦屋，人民不准覆瓦，阶级极严。瓦形扁平，不似内地之作鞍性，长七八寸，宽三四寸，厚二三分，一端有钩，以竹木作椽，瓦即挂钩于上。竹片先浸水二三月，取出晒干，方能应用，以免虫蛀，又可支一二十年之久。屋分上下两层，楼上住人，楼下则畜牛马、猪鸡之类。房屋外观似内地演戏孔明所戴帽。"①

在城市或村落外的道路上，"每有一驿亭式之建筑物，名曰'萨拉'，吾人称之为'萨拉房'，亦即《真腊风土记》所谓之'森木'者。大都木柱覆瓦，三面有壁，内有寝台。专供村人出入或过往旅客，避雨休息及住宿"②。关于"萨拉"，又有一说是"专供一般非其族类之旅客及传染病者如麻风等之自由投止。在村落之外，大都木柱覆瓦，无墙壁间隔"③。事实上，于村外道旁修建公共房屋萨拉，不仅傣族村寨有，布朗族、哈尼族村寨也常见，其用途主要应为供过往者避雨、暂歇，甚少用作住宿或传染病者投止。

在普思沿边地区，除傣族以外，布朗族、哈尼族的住宅形制及其空间格局与傣族人房屋大体相同。不同之处在于这两个民族的房屋多了一个专供其家人妇女出入的后门，同时房屋也较低矮。拉祜族的房屋则概为地房，甚少楼居。④

二　腾龙沿边的城市与建筑形制

在腾龙沿边，土司和平民的建筑形制相比普思沿边有了一定的变化。历史上，由于气候炎热、潮湿，腾龙沿边的傣族人古代均住竹

---

① 赵恩治修、单镜泉纂：《镇越县志》第五章《民俗》，《中国方志丛书·华南地方》第267号，成文出版社1974年影印版，第37—38页。亦见古永继编《云南15种特有民族古代史料汇编》（上），云南大学出版社2018年版，第461页。
② 李拂一：《十二版纳志》，云南人民出版社2020年版，第154页。
③ 李拂一：《车里》，商务印书馆1933年版，第91页。
④ 参见李拂一《十二版纳志》，云南人民出版社2020年版，第154页。

楼，通风、凉爽，可避虫蛇。近代以来，梁河、盈江、陇川一带因受汉文化影响较深，傣族民居以住瓦房为荣，纷纷请汉族、白族工匠为自己建造穿斗瓦房。芒市一带农村，农舍之建筑备极简单，土司官署所在地各农舍建筑材料多采用木料，不施油饰。地方乡僻，则多以竹篱编墙，覆有茅顶者亦多有之。① 民国时期，随着滇缅公路开通，芒市、畹町一带受内地文化影响，凡经济条件允许的傣族竞相建造瓦房，只有瑞丽一带的傣族还居住竹楼。②

李根源著《滇西兵要界务图注》记载了腾龙沿边部分地区土司与城市情况。干崖旧城"距九保八十里，盏达八十里，属土司管市场也，居民三百余户，夷汉杂处，有厘税局、客栈五家、马栈三家，驻有防营……过大盈江，为干崖土司署，土司刀姓，江南应天籍，署在白莲山下"③。土司署建筑宏伟，按衙门等级制分正堂、二堂、三堂和大堂。正堂在最后面，供土司办公居住。三堂在正堂之前，为土司贵族孟级元老办公地点，也是土司署讨论重大问题的地点。书房设于三堂两侧。大堂为审判地方，重大案件在此处理。大堂之前建有军机门，军机门两侧建有军机房，是土司卫队值班守卫的地点。军机门前为候差房，负责司法的堂官便于候差房办公。群众办事、告状、投帖，必先经过候差房。候差房两侧建有钟鼓楼，由吹吹班负责敲击司晨、就寝和用餐的钟鼓。司署内建有供日常生活用的伙房和马房，并有供游玩娱乐用的大花园、小花园和戏楼。土司司署门前建有高大的照壁。④

从干崖出发，"沿大盈江西岸行至盏达，距干崖旧城六十里，居民千五百余户，汉夷杂处，街市繁盛。旧盏达土司署距市一里，在莲

---

① 赵纯孝：《摆夷社会的农业经济》，《经济汇报》1944年第10卷第2期。
② 冯霄：《傣族习俗》，德宏州史志编委会办公室编：《德宏史志资料》（第16、17集），德宏民族出版社1994年版，第159页。
③ 李根源：《滇西兵要界务图注》（卷一），出版社不详1930年版，第34—35页。
④ 《德宏傣族土司制度调查》，国家民委《民族问题五种丛书》编辑委员会、《中国民族问题资料·档案集成》编辑委员会编：《中国民族问题资料·档案集成》第5辑《中国少数民族社会历史调查资料丛刊》第97卷，中央民族大学出版社2005年版，第114页。

花山下,土司思姓,已撤革永废。设有盏达弹压委员,其制视知县"①。过盏达之后是蛮允,"距(干崖)旧城九十里,距太平街三十里,属南甸土司管,居民约一千五百余户,汉夷杂处,极富饶,商务亦盛,客栈五家,庙宇四所……有男女学堂三所,驻防营一营,监捕营一哨及交涉委员、电报局、邮政局、厘税局"②。"陇川土司署,距张凤街七十五里,户撒六十余里,坝长百五六十里,宽二十三里不等……张凤街,旧张凤卫也……气候炎热,瘴毒甚烈,暑天汉人不敢居住。街上汉夷杂处,有二百余户,商场繁盛,往来商贾辐辏,广东人最多。驻防军一百名。"③ 勐卯,"故麓川地平麓城也,土司衎姓……气候炎热,烟瘴较陇川尤甚,在腾越为第一瘴乡。暑天汉人不敢居住……所属村寨六七十寨,汉人寥寥,不及十分之一……驻防军两哨"④。勐卯城内划为四片,分东门片、西门片、南门片和北门片。四门设有大门,夜里按时关,早上按时开。开门、关门都以敲锣为记。⑤

大体来说,腾龙沿边的土司远较普思沿边为富有,生活的享受度也较高,物质生活多已趋于现代化。如住宅官署,芒市、遮放、南甸、陇川、干崖诸土司衙门,均一律仿照汉地官署建置,粉墙灰瓦,有东西辕门,有大照壁,有八字粉墙的大门,有大堂、二堂、内署、花厅、戏台,好似清代的督抚衙门。有的土司不住在司署内,另有私人住宅,却是花园洋房,现代陈设。衣饰或长袍大褂,或西装革履,吃的有牛奶饼干,洋酒洋糖,好几个土司有自备的小汽车,能自己驾驶,在土司屋里,可以见到收音机、留声机、照相机、钢琴、提琴、

---

① 李根源:《滇西兵要界务图注》(卷一),出版社不详1930年版,第34—35页。
② 李根源:《滇西兵要界务图注》(卷一),出版社不详1930年版,第36页。
③ 李根源:《滇西兵要界务图注》(卷一),出版社不详1930年版,第44—45页。"张凤街"即现在陇川县城所在地,已改为章凤。
④ 李根源:《滇西兵要界务图注》(卷一),出版社不详1930年版,第45页。
⑤《德宏傣族土司制度调查》,国家民委《民族问题五种丛书》编辑委员会、《中国民族问题资料·档案集成》编辑委员会编:《中国民族问题资料·档案集成》第5辑《中国少数民族社会历史调查资料丛刊》第97卷,中央民族大学出版社2005年版,第121页。

胡琴、猎枪、手枪等一切现代文明产物。①

芒市是民国后期腾龙沿边的著名城镇。在芒市，只有贵族的房子是砖瓦房，是由保山的汉族石工建造的；其余的都是稻草房。芒市土司衙门坐东朝西，东西长约180米，南北宽约130米，呈长方形，占地约23400平方米。衙门分头门、大堂、二堂、三堂、正堂，三堂五进。衙门建筑形式和结构为青砖木瓦顶中式房屋，有飞檐雕花，但无斗拱。每堂前都有石头或青砖砌成的台阶。衙门最西端建有一高大的照壁，照壁上有彩绘狮子、大山和云朵。照壁南北两端各有大门，平时进出南大门。进门后的场上树有一高大标杆，上有铜或木板制成的刁斗。大堂正对照壁，为三开间，开间宽约一丈六七（不足6米），进深约2丈余（7米）。大堂由4排（每排5棵，1高2中2矮）共20棵柱子制成。堂正中设一坦台办公案。台后有一大屏风，中绘一红太阳，旁绘一群或飞或立的白鹤和一棵古松。台两端架设着金瓜、钺斧等全副銮驾及"肃静""回避"等牌子，以示官威。这类銮驾及官牌，在民国时期内地已不多见，但在芒市土司衙门还全套摆设。大堂前面，两侧各有一鼓楼。南厢房为茶房，北厢房为监狱及吹鼓手住房。早、午、晚三次击鼓鸣炮在此举行。大堂北头为管犯人的差头住房。大堂原系土司审理大案的地方，民国以后，土司未坐过大堂，有重要案件，由汉人师爷代审。大堂后面而二堂，二堂正房也为三大格，结构类似大堂。二堂是值班属官审理一般案件处。南厢房为书办值班及收发文件处，北厢房为值班属官作息之处，属官及书办皆由茶役服侍。二堂正南为"总管房"，北头为差役住房。大堂、二堂均为一层平房。三堂为五开间中式两层楼房。三堂正堂本为土司（代办）办公会客之地，但后来在三堂南侧建了一座西式瓦顶的楼房，土司（代办）就起居于楼上。三堂有一格为高级属官值班住处，低层靠南一格为二爷的住房。二爷是侍候土司的高级茶役，土司随叫随到，所以住在土司起居室附近。北厢房

---

① 江应樑：《摆彝的生活文化》，骆小所主编：《中国西南文献丛书》第4辑《西南民俗文献》第18卷，兰州大学出版社2003年版，第155—156页。

为客房，两头住过往的官吏或临司宾客，其中间为宴会厅。客房后面有一花厅，从花厅过一石桥可到水池中央的八角亭。水池西有假山假水，水池东有森林，树林中建有一个四合院的粮仓和一座小四合院的瓦房，供土司爱妾们居住。树林东为花园。花园南面相邻有佛寺，方便官家妇女拜佛诵经。三堂南头为厨房，是做上、中、下各层人饭菜之处，颇具规模。北头为"库房"办事之处。三堂之后为后堂，后堂正厅及厢房皆为两层中式楼房，供土司女眷和家庭成员居住。南厢房住土司之弟辈（尚未成家立业的），北厢房住"印太"及其他女眷。南厢房南边的小花园内有一戏台，在南厢房楼上可以看戏。戏台东西两头为卫兵营房。营房西边临街处还有一汽车房。土司衙门内还有小洋楼和平房多处（参见图1-2）。①

土司衙门为正印土司的官邸。代办常自建官邸居住。民国中后期一段时期，方克光是他未成年的侄子的摄政官，实际上是真正的统治者。他的房子是上一辈留下来的，在花园里他又建造了一座缅甸格调的别墅，有现代的沐浴室、花园、车库和办公室。芒市开始繁荣后，有个工程师建议他建造一座更好的别墅，他又建了个带有美丽的阳台、现代的家具、自来水以及汽油冷藏库的别墅，并用他妻子的名字命名"答爱楼"。以后这里就成了他的家。②

芒市市镇在芒市河之上游，分为"街子""城子"两部分。"城子"毗连街子，相距半华里许，"居民多系摆夷，近则外来机关迁驻者渐多，土司衙门及园林二三处外，瓦房茅屋数百家，掩映于杂树丛竹之间，并无所谓城市也。市镇以外，四周即为坝子，田畴平衍，土壤肥沃，因缺乏人力，未经耕用之地尚多"。③

---

① 云南省潞西县志编纂委员会编：《潞西县志》，云南教育出版社1993年版，第470—471页。
② 谭伯英：《修筑滇缅公路纪实》，戈叔亚译，云南人民出版社2016年版，第160页。
③ 娄樵生：《芒市——边疆的重镇》，原载《云南日报》1942年2月6日至2月9日，转引自德宏州史志编委会办公室编《德宏史志资料》第13集，德宏民族出版社1990年版，第166页。

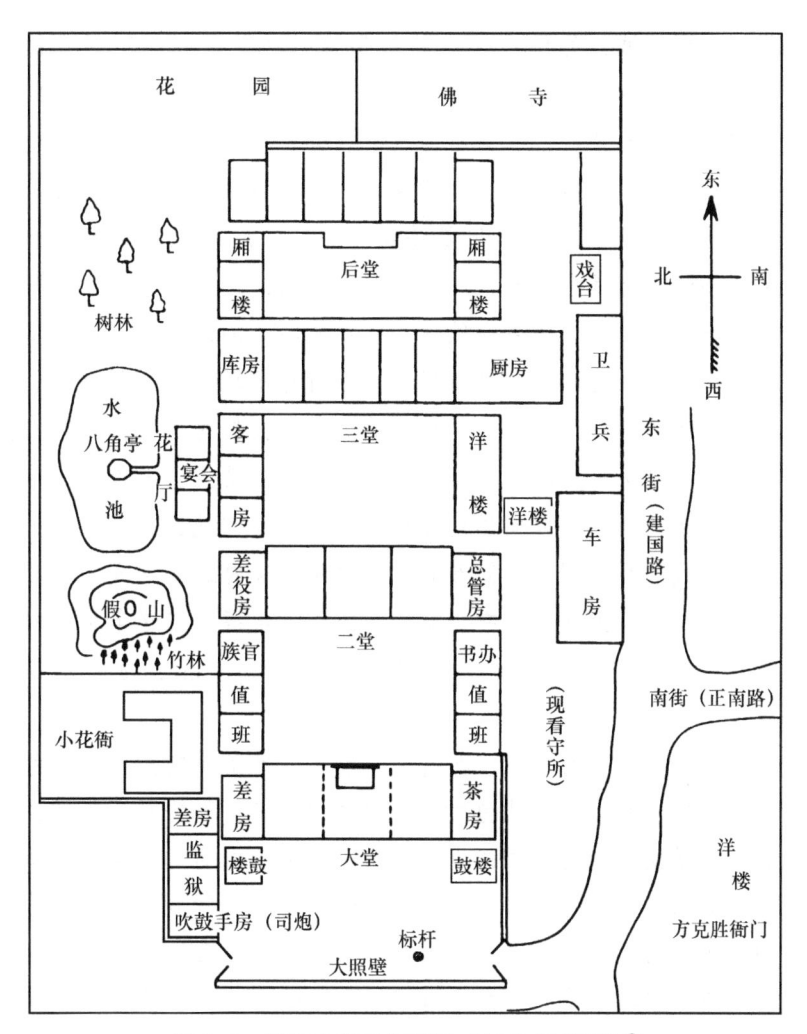

第一章　傣族地区的城市与土司制度

图1-2　芒市土司衙门略图（1940年前后）①

　　整个的芒市，仿佛就是一所天然的大公园。路很宽，房屋不多，店铺更少。到处所见的都是自然界的美景，少数的房屋仿佛只是故意地穿插进去，做一种点缀品似的。芒市也有它的城，可是并没有城墙，只是东西两端各有一扇简陋的用土砖砌成的城

---

① 云南省潞西县志编纂委员会编：《潞西县志》，云南教育出版社1993年版，第4页。

门。所谓的城,是作一种窄长的形状,主要是一条不很直的大街,由东门到西门穿城而过。这路现在是公路(即滇缅公路)的一部分,因此铺成砂石马路的状态。旁街很少,只有近西门处是一条较大的石块路。城内的建筑大部分是茅屋,一看四处都是茅顶,仿佛乡下的风光,但是茅屋当中,插着有瓦顶屋,还有洋房……洋房都是土司和他的弟兄们的住宅,这种房子是用青砖或者木料盖成,上面盖着白铁顶,有点像牯岭的洋房一样;远望从茅顶房屋中烘托出来,真是好看,近看却发现建筑不很结实。在城中近西头的一所洋房,是现任土司一位叔叔的产业,目下租做车站用。这房是一所三层楼的小洋房,二层楼上,向前有一座平台;站在上面,可以向远处眺望。房后一片空地,布置成了一所中国旧式的小花园,中间开着一个水池,池内靠墙堆成了一座小型的假石山,上面安着有小型的亭阁作为点缀。在这车站的对面新开着几家小馆子,专做过路客人的生意,馆子的主人都是汉人。

　　过了西门外的草地,在这里向西转,过了一座上面有顶的跨河大木桥,就到了方代办的别墅"裕丰园",那处对面隔桥,另有一座洋楼,就是土司的五叔的房子……土司衙门里虽说预备着土司的住宅,但是那旧式的中国房子究竟不大舒服,不很合他们的口味;所以近来滇边的土司,大都各人自己盖了别墅。①

　　裕丰园的筑成,大约在 1930 年左右。这座别墅的建筑和布置,是兼有中西建筑的长处,而且有完美的调和,所以是非常的美术化。房子是一所用青砖盖成的西式洋楼(外墙所用的砖,却全是直立着砌起),可是很聪明地,顶上盖着厚厚的中国式茅草顶,门前却又停着一部新式小汽车,房屋的外面,在园内有草地,有喷泉,有花枝缠绕的园门,有打鸡毛球的球场,有各种花草,有成列的芭蕉树。房子里面,进门就到大客厅,隔壁是一间

---

① 曾昭抡:《缅边日记》,云南人民出版社 2019 年版,第 78—81 页。

餐室。客厅里面陈设着有一张写字台，一张大菜桌（上面放着很多零碎东西），还有一张大坑（疑应是"炕"字，本书作者注），上面铺着大红色起图案华的毛织毡毯。墙上满挂中国字画。①

在芒市城内街上，逼近西门的地方，有两座庙。一座叫菩提寺，一座是无名寺庙。后一座寺庙大门口没有表示庙名的匾额，只用汉文和傣文写出住持僧侣的法号。这庙门口的台阶不低。进到殿里一看，殿却不高，比普通中国房子的房间还要低去不少。殿内铺着木的地板。它的布置分为两段。进门口往前走，最初三分之一的地方，没有佛像，这段内可以任意坐立。中间开着一个四方形火坑。走完这段，前去靠墙（在前进路的右手）满供着大小佛像多尊。到这段去，需要将鞋脱掉……佛像台前，柱子上挂着几副刻在木头上的金字对联。那些对联全是用汉文写成，可是上下款却大半是用缅甸文。记得当中一副对联，上面写着"宗教文明，愿世界彼此无争安净土；神权广大，问菩萨有何法力救生民"。菩提寺就在这座庙的旁边。这庙的殿，相当的高大，有中国内地庙宇的气概。但是里面供的佛像却有缅甸风味。庙门的前面竖着几竿佛幡，竿子是用的竹竿，插在地上，耸起很高。竿的上端，挂着佛幡。②

从芒市前行，至遮放。遮放土司所驻的城市是一处只有一条街的镇市。那条街是一条非常宽的砂石马路。街的前半段，方向由东北向西南，是通畹町的公路的一部分。走完这段之后公路向西转，走过一座跨在小溪上的木桥，向畹町去。街的后半段，差不多是向正南，比较窄些；往这处附近的温泉，就是循这段路前去。两段街一起，凑起来不过900米左右的长短。两头还全是住宅区域，在那种区域里，路的两旁只看见极其简陋的茅顶篾棚。土司衙门是位在前半段街的路南，它的建筑是坐南朝北。由这处起，到两段街交接点的200米，及由那点起顺后段街向南的100

---

① 曾昭抡：《缅边日记》，云南人民出版社2019年版，第82—83页。
② 曾昭抡：《缅边日记》，云南人民出版社2019年版，第88—89页。

米，组成了遮放的市面。遮放仅有的店铺，全是在这段路上。店铺方面，以小饭馆占多数，另外是有几家杂货店，一家理发店，两家咖啡店（其中一家是印度人开的）。因为遮放是位于中缅边境，并且以前这处和缅甸的交通，比它和中国别处的交通来得方便，普通在市面上通用印度货币（缅甸境内并没有自己的货币，而是用印度卢比），标价也多半是拿印币来说（可是现在就在印度人所开的商店，国币也能够通行无阻，不过按照一定的比率计算罢了）……在公路转弯的地方，路西有一座破旧的寺庙（原文为喇嘛庙，本文作者注）。①

  遮放的土司衙门也是坐东朝西，规模没有芒市土司衙门大，主要的部分是用木头筑成，但是建筑已经破败不堪。衙门后面靠着一座多树山的山脚，前面对着大街，有一扇巨大的照壁，上面彩画着一只麒麟，出进是走东西辕门。进辕门后，位在正中的大门上高挂着一块直匾，上面刻着"遮放宣抚司副使"等字……衙门内外，很贴得有几张告示，其中有专用摆夷文字的，有摆夷文和汉文并用的；但是所盖的关防，全是"遮放宣抚副使"的汉文官印。

  衙门的二门上，挂着有"宜门"二字的匾，门上用彩色画着两尊门神，年底封印的封条残迹还可以看得见……三门之内，当中是土司的大堂。堂上土司的座位像一张大床。座上铺着一条红色起花的羊毛毡毯，靠后有一只红缎的小垫子。这座的上头，挂着有一块牌匾，上面写的是"赏延于世"四个大字，落款是"光绪五年三月七日钦加盐运使衔署永昌府正堂邹为钦赐三品赏戴花翎宣抚副使多立德立"。座的背后，横匾之上挂着一幅红的单条，上面写的是一个大喜字。单条两旁挂了好几副喜联，细看还是现任土司结婚时的礼物。座的两旁，一边立着一扇大的、没有上漆的木屏风，把中间一块地方隔成一间小房似的。

---

① 曾昭抡：《缅边日记》，云南人民出版社2019年版，第96—97页。

第一章 傣族地区的城市与土司制度

多土司也有别墅，但是他平常住在衙门里的日子还不少。在衙门里，土司住宅是在大堂后面的一座院子。这处本地人把它叫作"洋房"，可是事实上却是中国式的建筑，不过带有一点洋式装潢。这院子的左厢房是两层楼的建筑；那处楼上的房间，就是土司的书房和卧室。这一条房子一共五开间。中间三间打通，做成书房。两房两间，一间是土司的卧室，另外一间是他的秘书的卧室，全套房子，左右前三面围着有一条很宽的廊檐。土司的书房是平常招待第一等贵宾的地方。这房朝前面的窗子是用的红绿玻璃。房内陈设有两口挂钟，一只书柜和两只小炕（参见图1-3）。①

图1-3 遮放土司衙门残迹②

沿着滇缅公路，到当时的英属缅甸北部，也是掸人居住区，可以看到这些地方的城市风貌。新维（即现在的兴威）"是英缅统治的一个北方掸邦，生产大米，而且柑橘也很有名。景观开始有点英国的风格，房屋都是那种英国式样的平顶房带有皱纹金属的红色屋顶。这里的宣慰使是一个中国征服者的后裔，他愿把500年前明朝皇帝授予他

---

① 曾昭抡：《缅边日记》，云南人民出版社2019年版，第99—100页。
② 云南省潞西县志编纂委员会编：《潞西县志》，云南教育出版社1993年版，第471页。

祖先的金属印章拿来向所有的客人炫耀。他……虽然拥有这块土地的统治权，却仍然受到英缅政府北方掸邦监督官的监督。最后我们终于到达了腊戍，滇缅公路的终点，这里距离畹町180公里。过去腊戍是个沉睡的土著村庄，现在已经发出繁荣的喧闹声。它分为两个区域。一个是给人深刻印象的新城，这里有政府建筑物、电灯、自来水、旅店、饭馆、办公室、大的市集和英式商店。住宅区的环境是令人愉快的，房子坐落在宽敞平坦的绿草地上，周围是开着红花的大树。而老腊戍城仍是一座没有任何改善的落后乡村，那是掸人、印度人和缅人杂居，由新维的宣慰使统治。那时，中国人的办公室和一个大的转运中心就设在老城，负责管理从仰光运输到这里的铁路终点站的货物，再组织卡车运到昆明"①。

南甸土司的衙门同样为中式建筑，共一进、四堂、五院和南北厢房，加上胭脂楼、戏台，共计百余间，占地9380平方米，建筑面积7360平方米。建筑形式为木结构土坯墙筒瓦顶，八方砖铺地，雕梁画栋，透明彩色玻璃门窗。二堂建有遇重大节日或钦差大臣到来才开启的圆形太阳门。第四进为土司印官住所。南甸四代土司在此居住99年。现已列为国家重点文物保护单位。②

在腾龙沿边诸城市中，勐卯城是城墙保留较好的一个。民国时期虽有破损，仍有城墙和城门留存。城中央原建有四进的土司衙门大院。清末，由于土司之间冲突，城内多数房屋被毁。城四周为居民区，多数房屋为干栏式竹结构茅草顶建筑。城内建有4座佛寺。20世纪50年代初期，东门、北门尚存。③ 20世纪50年代末60年代初，遗留的两门被拆除。

---

① 谭伯英：《修筑滇缅公路纪实》，戈叔亚译，云南人民出版社2016年版，第162—163页。
② 德宏州史志办编纂：《德宏州志·经济卷》（下），德宏民族出版社1999年版，第501页。
③ 德宏州史志办编纂：《德宏州志·经济卷》（下），德宏民族出版社1999年版，第479—480页。

三 耿马、孟定的土司与城市

耿马与孟定是除普思沿边和腾龙沿边之外，傣族土司政治体系影响较大、人口分布较为集中的地区。民国时期云南西南部边疆地区相关研究文献也多涉及耿马、孟定两地。两地的土司衙署和城市，与腾龙沿边有更多近似之处。

民国时期的耿马城在坝子中央，城周四五里，开七门，不整方，土墙厚二尺余，高丈许，覆以草，年圮年修……城内唯东门至土署前道宽广，昔为街子，今街子已迁出东门外也。路基垫石铺沙，水道亦修理，乃近数年所为。①

耿马土司署在城西南，东向，照壁外宽街，两旁有门，门内外石狮，入门广场，大门颜额曰耿马宣抚司，三进始至内层，土司居此，四合房，如内地，而雕刻彩画最工，亦内地工人所为，修建已十余年。②

　　今土司罕富廷，乃前任罕富国之四弟也，富国死二年，以富廷代办，为人愚而好自用，不惜民力，刮削无微不至，家中陈设多购自缅甸，其阔绰甚过内地上等人家也。闻前年至昆明，不数月，用去现金十万元云。土署中无所事事，日惟麻雀牌聚赌，时与往赌者有数汉人，行为亦鬼祟，群居终日，言不及义，治理一区政事，与之言善，扞格不如耳也。③

土司同族呼为太爷，皆得为官，然生息不繁，自明朝至今，同族不过十余户。官位最高者，其叔长太爷罕华文会堂、及具三

---

① 方国瑜：《滇西边区考察记》第六篇《摆夷地琐记》，云南大学西南文化研究室1943年版，第22页。
② 方国瑜：《滇西边区考察记》第六篇《摆夷地琐记》，云南大学西南文化研究室1943年版，第23页。
③ 方国瑜：《滇西边区考察记》第六篇《摆夷地琐记》，云南大学西南文化研究室1943年版，第23页。

兄某，各为区长，尤以罕会堂最专横，所管河外四乡，人民畏而怨，余在途中访问人民疾苦，有以述罕会堂之苛虐至流泣者。已故土司罕富国，夫人景珍桂，字馥秋，年四十余，湾甸土司之女也，别居一院，新建，陈设亦华丽名贵。夫人颇知书，桌上有英文读本，询知伊以授其女者，谈吐文雅，边地女子能如此，亦仅见也。国富卒无子，遗一女，夫人将以其女配罕贵德，贵德今在昆明富春中学读书，富国之胞侄也，将继承富国土司职。①

孟定土司与耿马土司相距不远。孟定土司署在孟定坝中隆起之小山上，南公河流其下，以竹桥通至街子。土司署有围墙，广约八亩，瓦屋仅三间，余则草舍。入门广场，牛马粪堆积，场旁监库称黑房子，犯罪者加铁索于颈而系之柱。从黑房子旁入即至瓦屋，土司居之。其东则另成一院，虽草舍，特高大，土司妇居之。闻衙门以高大草舍为正房，土司当常居此。以今任土司罕中兴，庸懦无能而好色，与某姓少女私通，土俗凡贵族不能与平民结婚，且土司已娶妇，即今耿马土司罕富廷之姊也，颇有才华，中兴畏之如虎，唯命是听，而私通民女则屡戒不从，土司妇用计捉奸，聚众痛责某女，中兴犹不知悔，平民女亦以高攀贵族为荣，土司妇无可如何，乃誓与绝交，斥之不得居正房，中兴亦处之自若。余自南大至孟定，与耿马罕富廷同路，中兴妇炊饭款待，以中兴无耻相告，并谓伊已用尽千方百计亦无可如何也。土司署甚简，大小头目时来应公差，至则阶前聚谈，入暮而散。有李师爷者，剑川人，以与余临封，认同乡，旅居边境二十余年，为土司办理文案已六年，后以案解往镇康。②

孟定街子，土司署附近居民有数十户，多旱摆夷，亦间有水摆夷，以旱摆夷居平房，水摆夷楼居，故易辨之。然而貌则难分

---

① 方国瑜：《滇西边区考察记》第六篇《摆夷地琐记》，云南大学西南文化研究室1943年版，第23页。
② 方国瑜：《滇西边区考察记》第六篇《摆夷地琐记》，云南大学西南文化研究室1943年版，第12页。

第一章 傣族地区的城市与土司制度

别。自土司署过河数百步即为街子,有广东商民七八户,闻初至二十余户,逐年死亡,户口减少,自孟定赴南腊途中,有广东墓地,不过六七年而土坟累累也。广人沿街而居,亦草舍,惟其式如内地。街子五日一集市,四方来者千余人,以食品交易为大宗,洋广杂货亦七八家,盖此去户板约百里,出工隆渡即缅甸境,内地与缅甸贸易,有过孟定者,故杂货运至。前无海关,商客较多,今则已设腾越分卡于此,道路四达,且以麻栗坝商人走私,海关缉私队不能遍巡,收入无几,故每有货少税多,一货数税,以此边民,维持海关人员生活。① 广人建财神庙一所于街之南,与其北之缅寺相对。又在街旁设一小学校,学生二十余名。教员席君,四川人,生徒多广人子弟,亦有摆夷,采用商务印书馆教科书,课程亦大致与教育部颁布者同。孟定全境学校,惟此与土司署所设者而已。土司署仅贵族子弟三四人,此则平民学校也。余等初至之日,小学生提灯欢迎,游街唱歌,在边境睹此,亦饶有意味也。闻清末李子畅先生办边民小学,孟定亦设一校,余屡遇年将四十之上人,曰曾入校肄业,不久停办,未识一汉字也。席君经商至此,受聘教学,不能操摆夷语,亦不识粤语,惟小学生都已学汉语,教授不感困难云。②

小结

普思沿边和腾龙沿边的城市,作为以勐为代表的地方政治体系的核心,代表着一种从具象空间到抽象秩序的原点存在,其象征意义与实际意义同样重要。因而,在看似外在形制不突出的背景下,由于土司和衙署,城市成为与普通村社相比异质化的空间。理想状态下,在土司衙署担任高级职位的官员,拱卫在土司周围,再外围是护卫和仆

---

① 方国瑜:《滇西边区考察记》第六篇《摆夷地琐记》,云南大学西南文化研究室1943年版,第13页。
② 方国瑜:《滇西边区考察记》第六篇《摆夷地琐记》,云南大学西南文化研究室1943年版,第14页。

役。以土司为核心的政治秩序和居住格局，构成一幅同心圆圈层结构。这种圈层结构，与东南亚南亚政治体系中的曼荼罗结构有相似之处。但事实上，这种同心圆居住结构尚未得到证实，文献中仅能看到的是土司、衙署官员、护卫和仆役构成城市的主要居民，但城市的具体形态，与所在的地理环境、居住历史有密切的关系，并不拘于一格。

当然，傣族社会城市相对简单的形制，除其主要扮演着政治及象征意义上的核心角色，对规模并无明确要求之外，现实层面确有其限制，即两地以坝子为主的居住环境和总体上较小的人口规模。普思沿边面积最大、人口最多的坝子为勐遮，截至20世纪50年代初仅百余村寨，人口不足2万人。在交通尚难以克服自然地理区隔的传统社会，城市的人口聚集规模自然也相对有限。

普思沿边和腾龙沿边城市形制同时还受到两地传统的建筑形式，和与内地交流程度的影响。普思沿边传统上为干栏式建筑，无论土司、衙署官员还是平民，均使用此建筑形式，所差别者在房屋规模的大小、木制或竹制、草顶或瓦顶、有无装饰等。但在腾龙沿边，民国时期土司衙署已多采用内地官衙建筑形式，与平民建筑形式简单的草房有了截然的区别。同时，腾龙沿边受明清两代两次大规模战争的影响，部分城市曾筑有城墙，但到民国时期多已坍颓。

第二章　城市与农耕社会

在傣族地方政治体系中，由血缘决定的贵族与平民界限清晰，城市与傣族土司（召片领、召勐等）关联比较紧密，通常是一个地区的政治中心。居住在城市中的人除贵族外，通常还有贵族的护卫、仆役和部分平民。从形态而言，傣族地区城市规模较小，与农村分化不明显。在傣族土司间因承袭、土地争夺等原因爆发战争时，城市往往成为战争冲突的中心。同时，傣族地区是一个典型的农耕社会，土地公有，不可买卖。村社内部以户为单位平均分配土地，并定期调整。分配有土地的家庭承担相应的地租和劳役。这种土地分配方式造成的后果是傣族村社中贫富分化较小。城市中的贵族不承担农业劳动，依靠地租和平民提供的各种劳役生活。依照民国时期阶级分析的观点来看傣族社会，可发现傣族社会有两个经济状况不同的阶级，一是大富的土司，另一便是小康的人民。在土地共有，也可以说，全部是自耕小农或者全部是力量相等的佃户的纯农耕社会中，实不可能发生贫富悬殊的事项。[①]

第一节　傣族的身份等级与城市—村社二元居住格局

由血缘决定身份等级的傣族传统社会，其来源已不可考。《泐史》

---

① 江应樑：《摆彝的生活文化》，骆小所主编：《中国西南文献丛书》第4辑《西南民俗文献》第18卷，兰州大学出版社2003年版，第192页。

以及据信记载腾龙沿边傣族早期历史的《银云瑞雾的勐果占壁简史》显示,贵族(或国王)与平民的两分是历史的天然开端。在不同地区的人类历史上,血缘身份等级曾是普遍存在的现象,但多数在经历了相应社会变革之后,血缘身份等级被其他社会组织和分类方式所取代,如唐宋之后以儒家知识为基础的官僚选拔与任用体系,而在普思沿边和腾龙沿边傣族社会,血缘身份等级及在此基础上的贵族—平民二分一直延续到20世纪中期。延续数百年或者更久的血缘身份等级,深刻影响了普思沿边和腾龙沿边社会的婚姻结构、居住格局以及行为规范。

一 傣族的身份等级与等级内婚

普思沿边和腾龙沿边傣族社会,概而言之分为世袭土司和平民两个等级,但这两个大略划分的等级内部,还可细分为若干等级。

普思沿边社会的等级划分更为细致。在贵族这一等级内部,地位最高的无疑是车里宣慰使即召片领一族,其下为各勐召勐,这些都是世袭。召片领和召勐的亲属往往成为车里宣慰司署和各勐司署的大臣,其构成贵族的主体。平民阶层,通常又分为两大类,一类是平民,典型如傣勐;另一类是贵族的仆从或奴仆,如滚很召等级。车里宣慰司署直辖的景洪坝子等级体系最为完整,各勐基本沿袭车里宣慰司署,划分各自管辖范围内不同人群的身份等级。

依20世纪50年代调查发现,景洪坝子共89个村寨,共分为6个等级。从高到低分别是:"孟""翁""鲁朗道叭""傣勐""领囡""卡召"。第一等级孟,又称"萨都",是召片领的血亲,多住在宣慰街。只有孟级的人,才能继承召片领的职位,此外还可以充任一切重要职务。第二等级翁,意为"亲属"。召片领的家臣称为翁。这等人也住在宣慰街,户口比第一等多。只有翁级的人才能充当"波郎"①,凡属

---

① 指召片领和召勐派出兼管各勐各寨的大臣。"波"意为"父","朗"是指将牛马用一根绳子拴在一个桩上。

翁级的人，成年后都封以官职。孟级和翁级都是贵族。① 第三等级鲁朗道叭，译义是"波郎的亲戚"，以前多住在宣慰街，后来人口增多，才从宣慰街搬到附近村寨居住。他们中有机会的，也可以到宣慰街任职。这一等级的人是贵族的后裔，他们如果当上村寨头人，从鲊开始做起，如果是第四、五、六等级的人开始当村寨头人，则需要从最低一级的"线"开始做起。② 第四等级傣勐，又称"滚本勐"，译义是"本地人"，是来得最早的人。第五等级领图，又称傣领图、滚领图。分内外两种，其中直属召片领的成为领图乃（内领图），属于召片领总管召竜帕萨管辖的称为领图诺（外领图）。第六等级卡召，又称"卡很""洪海竜"③，译义为"召片领的奴隶"。他们有一部分住在宣慰街，大部分住在其他村寨。住在宣慰街的要住在召片领家附近，专供召片领和孟这一等级的人使唤。

第三等至第六等，虽然身份等级有差别，但他们都需要参加劳动生产。④

普思沿边各勐的身份等级，大体如车里坝子。以勐海为例，勐海范围的人群等级大体分为：（1）召庄，包括召勐（即各级土司）及其远近亲属，都属贵族。（2）"滚很召"，包括"领图""冒宰""滚

---

① 《西双版纳宣慰使司署及勐景洪政治情况概述》，国家民委《民族问题五种丛书》编辑委员会、《中国民族问题资料·档案集成》编辑委员会编：《中国民族问题资料·档案集成》第5辑《中国少数民族社会历史调查资料丛刊》第86卷，中央民族大学出版社2005年版，第434—435页。
② 《西双版纳宣慰使司署及勐景洪政治情况概述》，国家民委《民族问题五种丛书》编辑委员会、《中国民族问题资料·档案集成》编辑委员会编：《中国民族问题资料·档案集成》第5辑《中国少数民族社会历史调查资料丛刊》第86卷，中央民族大学出版社2005年版，第435页。
③ 此处第435页记载卡召又称洪海竜，而不论何等级的人，在寨内不种田也称"洪海"。第436页讲述各等级来源时，又称卡召为洪海。第437页记载各等级土地占有及负担情况，也用洪海代替卡召。
④ 《西双版纳宣慰使司署及勐景洪政治情况概述》，国家民委《民族问题五种丛书》编辑委员会、《中国民族问题资料·档案集成》编辑委员会编：《中国民族问题资料·档案集成》第5辑《中国少数民族社会历史调查资料丛刊》第86卷，中央民族大学出版社2005年版，第435页。

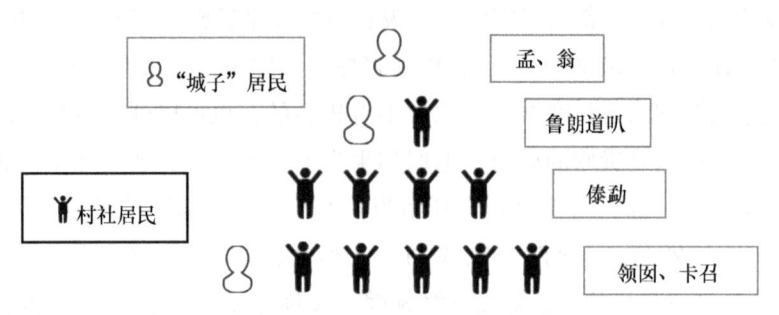

图 2-1　历史上景洪地区居民身份等级与居住图

乃""朗目乃"（又包括"孟麻""孟奥""孟贺"）。这些原来都是召勐的仆从或家奴，分出建寨之后，大部分已变成领土地耕种的农民。（3）傣勐，各村社农民。①

所谓滚很召等级，就是"主子家的人"，但因提供的劳役类型不同，相互又有区别。滚乃，即召勐的亲信、亲随。冒宰，即召勐的侍从，在召勐家保管东西、端茶、送饭、跟随召勐。领囡，即召勐的警卫，负责牵马、抬枪、挑东西等。朗目乃因都是召片领一族，即孟这一级安插到勐海一带的，因此等级中都有孟字，都直接为召片领一族服务，其中孟麻是为召片领养马的人；孟奥是跟召片领扛矛的人；孟贺是为召片领扛大刀的人。②

传统上，不同等级之间有相互区隔的居住范围。召庄、滚乃、冒宰、领囡最初都在城市居住，其中，滚乃不需要承担耕种劳动，冒宰、领囡需要种田。后来户数人口增多，滚乃、冒宰、领囡相继分出一部分建寨。再之后，召庄等级人口增多，也分出去一部分

---

① 《勐海的封建政权与等级》，国家民委《民族问题五种丛书》编辑委员会、《中国民族问题资料·档案集成》编辑委员会编：《中国民族问题资料·档案集成》第 5 辑《中国少数民族社会历史调查资料丛刊》第 87 卷，中央民族大学出版社 2005 年版，第 33 页。
② 《勐海的封建政权与等级》，国家民委《民族问题五种丛书》编辑委员会、《中国民族问题资料·档案集成》编辑委员会编：《中国民族问题资料·档案集成》第 5 辑《中国少数民族社会历史调查资料丛刊》第 87 卷，中央民族大学出版社 2005 年版，第 34 页。

建寨。①

  到了20世纪50年代前后，各等级之间仍在名称、所能担任的官阶、社会地位上有明显差别。其中，召庄按照生活在城市内外，分为城内的召庄和城外的召庄。城内的召庄是指勐海召勐的家庭及较近的亲属，包括召先（及勐海召勐）、召冒（召勐的儿子）、召嫡（召勐的女儿）和翁（当过和尚的召庄）等。城外的召庄，地位远不如城内召庄，如城外的召庄称"召"不称"翁"，城外召庄虽然没有劳役摊派，不编入火西，但是如果种一挑种的田，还是需要缴给召勐一箩谷子，称为"考干纳"。城里的召庄虽然不是所有的都能当头人，有需要种田的，但城外的召庄就更明显，即种田的比例更高。有些城外的召庄，内部又分为召和"卡派"，卡派即百姓。②

  召庄与其他等级相比，差别就更加明显。称呼上，召庄从小就称召或翁，其他等级的人均不能称召或翁。召庄等级的人当头人时，最低一级即鲊，且要加一个召字，称为"召鲊"。其他等级当头人，只能从最低一级"线"开始，然后升任鲊、叭，不能越级升任。议事庭庭长只能由召庄来担任。其他还有一系列差别，如各个等级的人在一起，召庄不论是否担任头人，都必须上座；传统上只有召庄才能戴金饰；召庄跟随召勐外出只须吃和玩，不用服役；等等。③

  傣勐和滚很召两个身份等级也有诸多差别。通常情况下，由于傣勐是当地居住时间更久的平民，滚很召是召勐的仆从，因此傣勐比滚很召等级要稍微高一些，但这种高低之别并不绝对（参见图2-2）。行政机

---

  ① 《勐海的封建政权与等级》，国家民委《民族问题五种丛书》编辑委员会、《中国民族问题资料·档案集成》编辑委员会编：《中国民族问题资料·档案集成》第5辑《中国少数民族社会历史调查资料丛刊》第87卷，中央民族大学出版社2005年版，第34页。

  ② 《勐海的封建政权与等级》，国家民委《民族问题五种丛书》编辑委员会、《中国民族问题资料·档案集成》编辑委员会编：《中国民族问题资料·档案集成》第5辑《中国少数民族社会历史调查资料丛刊》第87卷，中央民族大学出版社2005年版，第35页。

  ③ 《勐海的封建政权与等级》，国家民委《民族问题五种丛书》编辑委员会、《中国民族问题资料·档案集成》编辑委员会编：《中国民族问题资料·档案集成》第5辑《中国少数民族社会历史调查资料丛刊》第87卷，中央民族大学出版社2005年版，第36页。

构中，傣勐等级村寨的波郎只能由召庄担任。而召庄如果担任滚很召等级村寨的波郎，则会认为降低了自己的身份。傣勐的村寨，每寨都封有叭；其他等级村寨就不一定。此外还存在一些差别，如滚很召不能把自己所服的劳役转嫁于傣勐，而傣勐却能把劳役转嫁给滚很召等。①

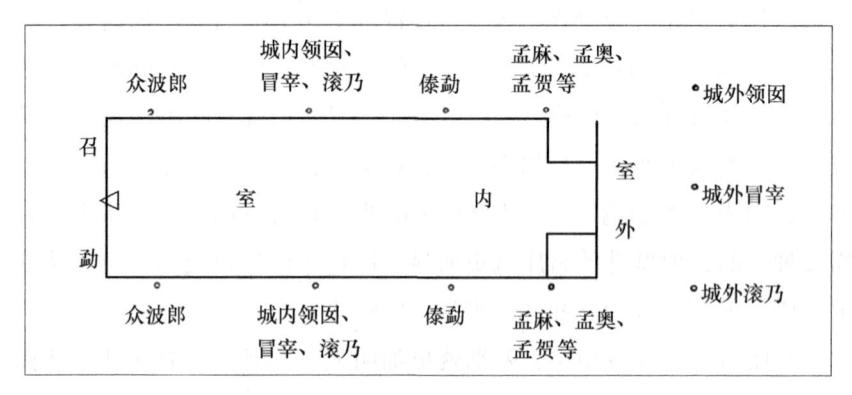

图 2-2　全勐村寨头人会议席位②

滚很召等级内部也存在差别，且其差别多与居住城内外有关。住在城内的滚乃、领图、冒宰，称呼上加"乃"，意思是"内"，也含有"大""上""头"的意思。城外的滚乃、领图、冒宰，称呼上加"诺"，意思是"外"或"小"。城内的滚乃、领图，冒宰可以当波郎，管理城外的人；而城外的滚乃、领图、冒宰不能当波郎。城内的滚乃、领图、冒宰不编入火西，直属召勐，民国及以前不用承担田赋和劳役。③

---

① 《勐海的封建政权与等级》，国家民委《民族问题五种丛书》编辑委员会、《中国民族问题资料·档案集成》编辑委员会编：《中国民族问题资料·档案集成》第5辑《中国少数民族社会历史调查资料丛刊》第87卷，中央民族大学出版社2005年版，第37—38页。
② 《勐海的封建政权与等级》，国家民委《民族问题五种丛书》编辑委员会、《中国民族问题资料·档案集成》编辑委员会编：《中国民族问题资料·档案集成》第5辑《中国少数民族社会历史调查资料丛刊》第87卷，中央民族大学出版社2005年版，第37页。
③ 《勐海的封建政权与等级》，国家民委《民族问题五种丛书》编辑委员会、《中国民族问题资料·档案集成》编辑委员会编：《中国民族问题资料·档案集成》第5辑《中国少数民族社会历史调查资料丛刊》第87卷，中央民族大学出版社2005年版，第39页。

腾龙沿边贵族与平民两个等级内部虽也有划分，但不似普思沿边复杂。总体而言，土司的叔伯和兄弟都为贵族属官，并由土司授予孟级和准级爵位，按年岁进行授爵，青壮年授予准级，年老授予孟级。印级一般授予非贵族属官。① 在南甸土司辖境，孟级贵族担任土司司署高级官员，在上房、库房轮流值班。准级贵族主管土司司署的书房、门房工作。孟、准两级贵族同时又经管村寨，担任村寨召朗（管爷）。在土司司署中，非贵族血统的一般办事人员都是印一级。②

在普思沿边和腾龙沿边的身份等级中，贵族通常担任土司衙署的重要官员，土司的血亲或男性近亲更是其中占优最大者。平民基本没有机会担任土司衙署高级官员，其上限是土司衙署低级官员和村寨一级头人。土司、贵族常居城内，贵族后裔、照顾土司的仆役也有一部分居住在城中。平民，其他的贵族后裔和大多数土司仆役居住在普通村寨。身份等级、政治职掌分工与居住格局的明确关联，是普思沿边和腾龙沿边城市与村社分布格局的重要决定因素。

身份等级不仅影响居住格局，也决定了普思沿边和腾龙沿边社会的婚姻状态。摆夷两性间的结合，行阶级婚制。土司贵族只能与土司贵族互婚，平民绝对不能与土司发生婚姻关系。因此，各土司之间虽远距数百里程，甚至在政治上有着明争暗斗的仇怨，但常是互有姻亲关系的。③ 此外，土司之间通婚并不重辈分，④ 此为合适通婚对象较

---

① 《德宏傣族土司制度调查》，国家民委《民族问题五种丛书》编辑委员会、《中国民族问题资料·档案集成》编辑委员会编：《中国民族问题资料·档案集成》第5辑《中国少数民族社会历史调查资料丛刊》第97卷，中央民族大学出版社2005年版，第107页。

② 《德宏傣族土司制度调查》，国家民委《民族问题五种丛书》编辑委员会、《中国民族问题资料·档案集成》编辑委员会编：《中国民族问题资料·档案集成》第5辑《中国少数民族社会历史调查资料丛刊》第97卷，中央民族大学出版社2005年版，第111页。

③ 江应樑：《摆彝的生活文化》，骆小所主编：《中国西南文献丛书》第4辑《西南民俗文献》第18卷，兰州大学出版社2003年版，第219页。

④ 《德宏傣族土司制度调查》，国家民委《民族问题五种丛书》编辑委员会、《中国民族问题资料·档案集成》编辑委员会编：《中国民族问题资料·档案集成》第5辑《中国少数民族社会历史调查资料丛刊》第97卷，中央民族大学出版社2005年版，第108页。

少的缘故。历史上，普思沿边"大猛龙、猛罕、小猛养、猛海、打洛、猛混、猛满、猛腊、猛伴、猛仑、整基、六顺各土司，统受车里宣慰统辖，互为亲眷"。腾龙沿边"芒市、遮放、猛卯、陇川、南甸、干崖、盏达、潞江、耿马、孟定各土司，各有一独立不相统属之政权，但亦互结姻亲"。①

普思沿边各勐土司间的婚配关系，最早的记载是出自第四世召片领陶龙建宰时期，陶龙建宰有"一女名媥倭敏凯法，稍长，更名媥倭燕，至适景海酋时，又更名曰媥钪锴"。② 在《泐史》中，不乏历任召片领后代嫁于各地土司的记载。车里宣慰使本人，也常与孟连、景栋等地土司联姻。

腾龙沿边各土司间的联姻，因土司之女嫁与另一土司为妻后，负责土司的官印，民间称之为"印太"，具有相当的政治影响力，因而土司之间的联姻具有重要的政治联盟功能。同时，土司出嫁女儿，往往还需陪嫁土地，作为土司印太的私有村寨。腾龙沿边一带因土司间婚姻产生的嫁妆地，成为近代边疆地区划界的重要影响因素③，因而腾龙沿边土司间的联姻更加复杂且频繁。如南甸第二十七代土司龚绶有5个女儿分别嫁给陇川、勐卯、芒市、遮放和干崖土司，从而取得所嫁土司的印太身份。龚绶俨然以"十司领袖"自居。干崖土司女儿出嫁情况亦与南甸土司女儿相似，第二十二代土司刀安仁妹妹，嫁与勐卯衍土司。刀安仁另一妹妹嫁给盏达土司；刀安仁女儿嫁给南甸土司龚绶。刀京版大女儿嫁给耿马土司，二女嫁给芒市土司方玉龙。

有关贵族间的婚配，不同等级间亦有差别。在普思沿边，孟级只能和孟级结婚。第二等级翁级如果要娶孟级女子为妻，需缴纳相当数

---

① 江应樑:《摆彝的生活文化》，骆小所主编:《中国西南文献丛书》第4辑《西南民俗文献》第18卷，兰州大学出版社2003年版，第138—139页。
② 李拂一:《车里宣慰世系考订》，云南大学西南文化研究室1947年版，第6—7页。
③ 马健雄:《明清时期掸傣土司区域的非中心化政体与联姻政治》，《思想战线》2020年第2期。

量的"买等级银"。①

摆夷的土司贵族阶级又实行多妻制。这一婚制特点在明清两代的地方志中即已多有记载。《云南通志》载:"僰夷、头目之妻百数,婢亦数百,少者数十。"这一记载值得商榷,以民国时期的记载和相关研究来看,多数土司头目虽然是不止一位配偶,但多数只有一位是妻子,其余为妾,总数通常是2—5人,多于10人的已属罕见,如民国时期在位的车里宣慰使刀承恩,即有妻妾8人。

关于结婚的仪式,贵族阶级与平民阶级截然不同,尤其是土司的婚姻仪式,实际已经充分汉化而非摆夷原有的礼俗。贵族间男女的结合只能由父母代为办理,不能如平民之自由恋爱而结婚。婚礼一如内地,有纳聘、迎亲等仪节。若是正印土司结婚,仪式更为隆重而且排场也很大,妆奁、仪仗、銮驾,摆到数里路长。若两家土司相距数百里,则迎娶期中,几百里地内的人民都得动员起来。聘礼是婚娶中的一大事,一个贵族女子往往以接受聘礼金额的多少来定身价的高低,娶亲之家也往往以能出若干礼金来表示自己的阔绰。富有的土司,一妇之聘可达白银数万两。结婚时也须大宴宾客,亲戚朋友必群来道贺,并致送礼物。这些仪节,都无殊于内地。所不同者有两事,一是民间须家家派款以作贺礼,款数多少由土司决定;二是来贺的亲朋例须由主人回送礼物,礼物是被盖枕头和布料,视亲族关系之深浅而回礼有厚薄。最亲的回酬被枕全套,次则枕头一对,再次枕头一个,疏远的便只布料一方。因有此一风俗,所以每遇土司结婚,男女两家事前得制备枕头数百个。②

关于土司婚礼,也有记载差异很大的版本。据芒市末代土司方御

---

① 《西双版纳宣慰使司署及勐景洪政治情况概述》,国家民委《民族问题五种丛书》编辑委员会、《中国民族问题资料·档案集成》编辑委员会编:《中国民族问题资料·档案集成》第5辑《中国少数民族社会历史调查资料丛刊》第86卷,中央民族大学出版社2005年版,第435页。

② 江应樑:《摆彝的生活文化》,骆小所主编:《中国西南文献丛书》第4辑《西南民俗文献》第18卷,兰州大学出版社2003年版,第220页。

龙自述，其于1946年26岁时袭职，1948年到干崖迎娶曾任勐卯代办的刀京版之二女儿刀碧鸾为妻，准备的礼物是：五彩绸子，红、黄、蓝、绿、白各1匹；然后是用"麦当罕"竹子做成的4个盛礼品的竹筒，竹筒有碗口粗，一筒有两节，两头开口，中间有竹节隔开；每筒"麦当罕"竹子的两节，一节装新茶（春茶），一节装上好的草烟，再用红绿纸花或彩绸布将竹筒两头塞紧。备好4筒礼品竹、5匹彩绸，就是司官家迎亲的大礼。当然，还可以带上一些新的美国罐头、水果糖等东西。方御龙还特别提醒，有人认为土司家迎亲都要出八百上千的钱，还要送猪肉、送米酒，土司家迎亲肯定要送很多钱财礼品，其实并不是。土司家的规矩是：生肉不过礼。至于钱，也不一定要送；送了，对方会以为你嫌他家穷。①

虽然礼物并不多，但宴请过程确实工程浩大。方御龙与刀碧鸾的婚礼，宴请共持续了一个月零七天。在此期间，整个芒市镇的人都来帮忙，男女老少都来吃喜酒，一家的屋顶都不冒烟。事后据管家统计，共用去净猪肉一万零八百砣②，鸡、鸭、鱼、鹅、酒无算。以至于昆明的《朝报》登文报道，并认为"芒市小土司的婚礼盛况空前，其场面超过了英国女王伊丽莎白的婚礼"。甚至还被拍了一部《少数民族领袖完婚庆典》的纪录片在香港放映。③

除了婚礼准备的礼物不一定丰富之外，土司婚配也有私奔的情况。在日军占领勐卯期间，勐卯末代土司衎景泰，即在勐卯代办方克胜的建议下，趁到腾冲开会之际，以生病需找人照顾为借口，派两名职官到勐底将南甸土司龚绥之六女儿接到腾冲，旋到勐卯成亲，之后

---

① 施长根记录整理：《芒市末代土司方御龙自述》，潞西县政协文史委员会：《潞西县文史资料选辑》（第1辑），德宏民族出版社1987年版，第76页

② 1砣等于10冗，1冗等于4两，1斤等于16两。则1砣等于40两，2斤多一些。关于砣、两、斤的单位换算，参见李景汉《摆夷人民之生活程度与社会组织》，《西南边疆》1940年第11期。

③ 施长根记录整理：《芒市末代土司方御龙自述》，潞西县政协文史委员会：《潞西县文史资料选辑》（第1辑），德宏民族出版社1987年版，第78—79页。

才由方克胜派人携带礼品前去勐底土司衙署向龚绶赔礼认错。①

以材料可信度来看，土司自述或当事人的回忆应具有更高的可信度。但腾龙沿边诸土司地，婚俗也许有简有繁，同时，普思沿边土司与贵族的婚礼比平民的婚礼要更为隆重，也应属实。

二 傣族村社的不均衡双系继嗣家庭与财产继承制度

普思沿边和腾龙沿边的傣族村落，多建在大平原中近水之处，小溪之畔，大河两岸，湖沼四周，凡翠竹围绕，绿树葱茵的处所，必定有摆夷村寨。大的寨子集居到三二百家人，小的村落只有十数家人。房子都是单幢的，四周有空地，各人家自成院落。腾龙沿边的住宅多土墙平房，每一家屋内亦间隔为三间，分卧室、客堂，这显见是受汉人影响，已非摆夷固有的住宅形式。普思沿边，则完全是竹楼木架，上以住人，下栖牲畜，式样皆近似一帐篷，这与《淮南子》所记"南越巢居"的情形完全符合，这算是摆夷固有的典型建筑。②

傣族的家庭组织具有典型的不均衡双系继嗣的特点，男性虽有一定的优势，但并不明显。无论是在恋爱、家族组成、性别分工、财产继承，还是离婚等方面，相对于民国时期来自内地的学者熟悉的汉人家庭，傣族家庭的女性都具有明显的优势，以至于给人留下傣族社会是女权社会或有母权社会遗风的印象。③ 此说虽不确，但傣族社会女性的相对优势应是无疑。

在傣族村寨中，一个女子在社会上的地位，从任何角度看都并不弱于男子。傣族是单纯的小家庭制，男女的结合纯基于两性的自由恋爱。④ 凡男子心目中有爱好之女子，或女子心目中有爱好之男子，则

---

① 洛印：《勐卯司署见闻》，瑞丽市政协编：《瑞丽文史资料选辑》第1辑，德宏民族出版社1994年版，第52—53页。
② 江应樑：《摆彝的生活文化》，骆小所主编：《中国西南文献丛书》第4辑《西南民俗文献》第18卷，兰州大学出版社2003年版，第203—204页。
③ 陈才：《滇南摆夷》，《风土什志》1940年第1卷第2期。
④ 江应樑：《摆夷的经济文化生活》，云南大学出版社2008年版，第46页。

于捞苔捕蝉捉蛙采茶沐浴之际，两相酬唱订定之，或于月夜纺纱之时，各抒情愫，倾谈衷曲，迨两情相惬，然后议聘者。亦有须经长时间之恋爱生活，然后方能结合者。①

从他们两性的接触交际上，已可以看出双方同立于主动地位，女性绝不致有所委屈。一经结婚，原则上都离开父母而另立家庭，但有一点，如果子女婚后不离开父母而与之共居的，那十之九不是子媳与翁姑共居而是女婿居于岳家……男女的结合成家，不以男性为中心，而是以女系家庭为主，男方反而嫁到女家去，一似内地之招赘制度。在这样的家庭里，一切家务乃至家庭财产便自然掌握到女子手中，形成了女子在家庭中的重要地位。②

傣族家庭内部的经济来源，与当时内地家庭由男子负全责而女子只居于寄生地位有很大不同。傣族社会男女同为家庭经济生产者，且有时女方的经济能力还可能超过男方。一般情形下，男女是就能力之所长而分工合作各司其职的，如犁田、锄地、开山、伐木、打猎、建筑房屋、制造家具、赶牛运输等，皆由男子去做；插秧、除草、种菜、织布、绣花、赶集、饲养牲畜，则皆由女子完成。许多男子承担的工作，女子也同样可以完成，如种植、整理沟渠、撑船、负重、担水、管理家务、照看小孩等，而且男女在效果和经济报酬上是相等的。征召伕役时，男伕如果是每天2银元的报酬，则女伕也得同样的报酬。在这种情形下，一个家庭的财产是由夫妻双方共同创造、共同享有。

在西双版纳一带，傣族家庭虽然在经济上是共同生产共同消费，但家庭财产却各有所属，在习惯上是互不能侵夺的。如房屋，若是夫妇独立门户不与父母共居，则房屋即为夫妇所有。家里的农具、工具、用具及丈夫的衣服等是属男方所有，织机、女子的衣服首饰，则属女方所有。由两人合作生产的谷米、饲养的家畜，除供家庭使用

---

① 李拂一：《车里》，商务印书馆1933年版，第92页。
② 江应樑：《摆夷的经济文化生活》，云南大学出版社2008年版，第46页。

外，凡有剩余，则谷米和牛马属丈夫所有，猪、鸡、鸭则属妻子所有，妻子不必负担杂项支出，丈夫则要负担缴纳土司的租赋、宣慰的赡养费、政府的行政费，及一切门摊户派款项。同时，在通常的社会规范和生活习惯下，丈夫的经济花费事项往往较多。妻子可在赶集日期，或宗教及其他集会日摆一个小摊，卖点蔬菜、水果、花生、煮米粉之类，所得收入完全是妻子私产。在这种分工下，家庭中妻子的经济积蓄往往较丈夫丰裕。傣族地区有一句俗话："男无女，三年必为丐；女无男，三年可做摆。"这话可以描述出傣族家庭间夫妇经济合作的微妙关系。①在大部分情况下，傣族家庭里面，丈夫的生活或多或少是靠着妻子的，虽然严格衡量起来，丈夫的生产能力并不弱于妻子，但决定夫妻双方经济剩余水平的标准，更大程度上是双方的支出渠道和技巧。

摆夷离婚的手续非常简单。若女方欲与男方离异，只须回归母家，不再返回夫处，经过一段时间，做丈夫的想着妻子既不相爱，势不可勉强，便会自动地履行离异手续。如果离异的主动者是男方，那只须约集亲邻头人，用新木一块，刻上缺口，当众交给其妻，这便等于古人打上脚模手印的休书。妻子得了木刻，便可执为凭据而改嫁他人。在这种场合里，女方是绝对没有不愿意离异的。因为经济既不依赖男子供给，而再嫁又非困难之事，所以为离婚而发生争执的事情便少见。如果真有争执，那所争执者非离与不离，而是这一个木块所刻的缺痕多寡问题。原来摆夷的风俗，离婚木块上刻上一个缺口的，是表示虽然男方已休弃了女方，但原夫仍保留要求赔偿结婚时用去聘金之权，被离弃的妻若不再嫁人，则一切不可论；若再嫁人时，则新夫须负担偿还原夫娶该妇时所用去聘金之义务。要是木刻上刻着三个缺口，是表示本夫已决绝地和妻断绝一切关系，不论离异之妻改嫁与否，本夫一概不过问，亦不追索原聘金。在妻方，当然希望取得三个缺口的木刻，俾可减轻未来丈夫的负担。②

---

① 江应樑：《摆夷的经济文化生活》，云南人民出版社2008年版，第47—48页。
② 江应樑：《摆彝的生活文化》，骆小所主编：《中国西南文献丛书》第4辑《西南民俗文献》第18卷，兰州大学出版社2003年版，第225—226页。

离婚时，夫妻所生子女归男方或女方抚养，由当事人商决办理。多数是离婚后子女全归女方领育，在摆夷社会中，女子是可以堂堂正正地带着前夫的子女从嫁的，后父对于这种子女也少有歧视，甚至很多为后父的，把子女养育大后无条件地归还其生父。社会上对于再嫁的女子也并不歧视，纵然这种离婚是因为女方的不贞或放荡而被丈夫休弃，人们对之也无讥议。不仅是离婚的女子可以再嫁，就是死了丈夫的寡妇，再醮也是当然的正途。只是寡妇再醮，须得翁姑做主，因为翁姑要从再嫁的聘金上，取还原日娶妇时的金钱损失。①

普思沿边的传统法规中关于婚姻和财产的相关条款，有大量针对从妻居设计的内容。如第60条，"订婚后，若不按期来结婚，可另找对象，原未婚夫不能有什么话说"。第67条，"百姓与百姓通婚，男方不论有多少银钱财产，带去与女方同居生活，后来离婚，不能让女方偿还"。第68条，"岳父岳母将女婿赶走，或因妻子与人通奸而造成离婚，女婿带来的财产要全部赔还"。第69条，"两个相好的朋友，子女互相通婚，双方都有财产……后来离婚，个人带来的归个人带走"。第70条，"招入的女婿不满一年，没有子女，种的田也未收，姑娘就病死了，岳父岳母应分给女婿适当的劳动报酬；女婿送给姑娘的聘礼，如金银首饰要送还"。第71条，"招入的女婿满一年，已收了一季庄稼，而姑娘病故，又无子女，岳父岳母应将他夫妻俩共同劳动所得的财产分一半给女婿"。第72条，"夫妻结婚立户时，双方亲属曾支援，之后死了丈夫，夫方亲属要分财产，只能根据死者遗言及妻子的心意办，先死了妻子也同"。第73条，"已立户的夫妻双双死了，又无子女，其财产应归双方父母；若无父母，应归双方的家族亲属；若无家族亲属，应分一半给叭召勐及'西纳'（大臣），另一半赕佛超度死者"。②

傣族民间对遗产的继承，在民国时期江应樑的记载中，依照下列

---

① 江应樑：《摆彝的生活文化》，骆小所主编：《中国西南文献丛书》第4辑《西南民俗文献》第18卷，兰州大学出版社2003年版，第226页。
② 高力士：《西双版纳傣族的历史与文化》，云南民族出版社1992年版，第223—224页。

规则完成。第一，父母遗产由诸子均分，父母遗宅归长子承住。第二，未嫁女有承受遗产权，但其数不能与子相等，已嫁者即不能分享遗产。第三，女婿无承受遗产权，唯赘婿可以分受遗产，数目也不能和诸子所得者相比。第四，养子有承受全部财产之权，若领异姓养子后又有亲生子，则将来遗产由养子与亲子平分。此外，民间对于遗产的处理还有一项特殊风俗，一个家庭的私有财产，若在父母未死以前分给诸子，则父母有自由处理之权；若父母死而未分家，则子女便无权自己分配，须由亲属出来共同处理。处理的原则是：一部分分给死者子女，另一部分则归各亲属分享。①

摆夷是小家庭制，据沿边各县局政府的户口统计数字，平均每户丁口只得4人，这便说明在摆夷区域内，每一对夫妇的育儿数平均只得2个。表2-1是车里县一百对健康的夫妇及其生育子女的数量表。

表2-1　　　　　　车里县一百对夫妇生育子女数量表②

调查配偶数	100家	
夫妇年龄	29—45岁	
结婚年龄	10—29岁	
家庭子女数 （死亡者不计入）	子女4人者	6家
	子女3人者	24家
	子女2人者	38家
	曾经生育但现无存者	10家
	从未生育者	5家
	平均每家子女数	1.89人

摆夷民间无宗祠，无宗族团体，行小家庭制，无族谱记录。摆夷

---

① 江应樑：《摆彝的生活文化》，骆小所主编：《中国西南文献丛书》第4辑《西南民俗文献》第18卷，兰州大学出版社2003年版，第265页。
② 江应樑：《摆彝的生活文化》，骆小所主编：《中国西南文献丛书》第4辑《西南民俗文献》第18卷，兰州大学出版社2003年版，第227页。

对于宗族观念的不重视是有原因的,他们没有祖宗崇拜制度,家庭中不供奉祖宗神主或类似之物,对祖宗坟墓无祭扫之礼,在此种习俗下,休说旁系宗亲,就是直系本支祖父以上的宗亲,也便少有能记忆及者。摆夷没有宗族观念,却有亲属意识,且重视亲戚关系,为摆夷社会上的一种习尚。他们之所谓亲戚,也包括父族、母族、妻族。①

摆夷对于亲属意识有两个特点:第一,亲疏关系之辨别不似汉人之严格,兄弟、表兄弟、内兄弟,在汉人的血族观念中,亲疏的相距是很远的,而摆夷则称呼相同,这表示他们对于血缘亲疏的辨别不严格。第二,父族与母族亲属,在摆夷的意识中"血缘关系是平等的……摆夷对祖父和外祖父,祖母与外祖母,同一称呼;而姑父、姨夫、舅父,竟与伯父称呼相同,足见摆夷对父系亲属与母系亲属实无轻重之分。更有一点重要的事象,摆夷对于亲戚的关切与重视,实远胜内地的汉人"。②

三 傣族贵族阶层的父系家庭及其渊源

傣族贵族阶层采取与平民差异极大的父系家庭形式。"摆夷不仅重视亲属,且有很严格的宗法制度,这在土司贵族间,最为显著易见。"③《泐史》系统记载西双版纳召片领世系,从宋代一直到民国,延绵700多年,虽然其中不乏后世补充的成分。车里境内多个较大的勐,如勐龙、勐腊,也有土司的个人家谱。此外,滇西陇川、芒市、南甸等土司,也都有土司家谱和世系记载并流传。

土司职位的传袭,依照制度,必定严格遵守着下面的原则:嫡长为当然承袭人;倘嫡长未袭职而死亡,则传嫡长孙;嫡长死亡无嗣,

---

① 江应樑:《摆彝的生活文化》,骆小所主编:《中国西南文献丛书》第4辑《西南民俗文献》第18卷,兰州大学出版社2003年版,第260—261页。
② 江应樑:《摆彝的生活文化》,骆小所主编:《中国西南文献丛书》第4辑《西南民俗文献》第18卷,兰州大学出版社2003年版,第262—263页。
③ 江应樑:《摆彝的生活文化》,骆小所主编:《中国西南文献丛书》第4辑《西南民俗文献》第18卷,兰州大学出版社2003年版,第263页。

则以次子之子,过继于长子而承袭之;土司本人倘无出,可过继兄弟之子为嗣而使袭位,弟袭兄职的情形是特殊的变例。① 但实际上的情形更为复杂。清嘉庆年间,车里宣慰刀绳武与其叔刀太康构衅,刀绳武携印逃缅。依照乾隆年间刀维屏带印潜逃,其子不准承袭的先例,刀绳武的后嗣也失去承袭资格,最后以刀绳武之叔刀太康之子刀正综承袭。② 又如清乾隆年间,勐龙第五世召勐召坦姆因车里宣慰使召哈孟涛外逃勐永(缅境)至勐奔,曾路经勐龙而有放行之罪,被拘往昆明并撤职。召勐无人继承。勐龙人数十年后得知召坦姆之五弟召囡当年逃脱至勐捧安家,并有一子名召厅。召囡虽已死,但召厅尚在,就派人至勐捧迎接召厅回来继位,是为勐龙第六世召勐。从召坦姆被拘至召厅继位,中间已间隔34年。③

由土司袭职的制度上,便可看出他们有与内地相同的宗法制度,且其信守之严格与含义之广泛,已为汉地习俗所不及。例如土司贵族间从兄弟之名分,并不依年岁长幼而定顺序,却是大宗之子为兄、小宗之子为弟。正印土司的子女,不论年纪之大小,在从兄弟与从姊妹一律被呼之为兄或姐;反之,土司的弟兄的子女,不论年纪如何长,都只能算是土司子女的弟妹辈。这种制度,不仅在直系宗亲中如此,且推而广之,姑表或姨表兄弟姊妹,也依大宗小宗来定长幼的次序。江应樑曾亲见四十余岁的芒市代办称呼一个十余岁的孩子为表兄,询其故,始知这孩子的母亲是代办的亲姑母,嫁给南甸土司做正印夫人,故这个小孩在宗法上是属大宗,代办虽然权重一时,但论宗法却

---

① 江应樑:《摆彝的生活文化》,骆小所主编:《中国西南文献丛书》第4辑《西南民俗文献》第18卷,兰州大学出版社2003年版,第263页。
② 《奏车里外域情形折》《奏车里土司承袭折子》,(清)阮元:《研经室续集》(二),载王云五主编《丛书集成初编》,商务印书馆1935年版,第102—106页。
③ 高力士:《〈勐龙地方志〉译注》,国家民委《民族问题五种丛书》编辑委员会、《中国民族问题资料·档案集成》编辑委员会:《中国民族问题资料·档案集成》第5辑《中国少数民族社会历史调查资料丛刊》第88卷,中央民族大学出版社2005年版,第160—161页。

是小宗，所以只好以四十余岁的长者，对一个孩子称长兄。①

贵族阶层的父系家庭与平民的不均衡双系继嗣家庭在财产继承上也有明显的差别。土司重血缘，厚嫡长，这一份不许分裂只能传袭的大家产——土司职位与全境土地人民管理大权，只能传给嫡生长子。余子所得，只不过父母的一些私蓄与土地管理上的部分特权而已。若无嗣，只能由最近血缘的亲属中过继承嗣，抱养异姓或旁支顶替是绝对不可以的。②

根据前面的材料可知，普思沿边的傣族村社家庭为不均衡双系继嗣的家庭结构，传统上从妻居比例高于从夫居，女性在家庭组建及离析、财产继承方面均享有与男性差别不大的权力。为何在这样的社会中能生长出或者移植入长期稳定传承的单系继嗣领袖家族？

从文献及20世纪以后的调查报告、民族学人类学社会学相关学科的研究来看，傣族社会，尤其是平民社会的不均衡双系继嗣家庭结构应该具有更悠久的历史，且更可能是傣族社会原生的家庭结构形式，贵族家庭的单系继嗣，尤其是嫡长子继嗣，更像是后期出现或从其他社会文化中移植过来的。

关于这一点，汉文史学界和英文学界的常见解释是，元明清以来傣族社会持续受中原王朝国家的影响，尤其是土司制度所确立的嫡长子继承原则，为傣族社会贵族层级的单系继嗣系确立存在依据。更细致一点的论证，还可能涉及傣族贵族阶层有意识迎合元明清中央乃至唐宋时期南诏大理政权对他们的册封，利用更高一级或更强大政权的政治赋权来增强他们在傣族地区的统治合法性。这一点或者这两点在很大程度上都确实存在。明清两代土司制度下对土司后代继承人的选择和认定，以及待继承土司申请承袭文书中详细的亲供，各相邻土司的邻封具结，都在反复强调嫡子的重要性，甚至明清两代中央都曾以

---

① 江应樑：《摆彝的生活文化》，骆小所主编：《中国西南文献丛书》第4辑《西南民俗文献》第18卷，兰州大学出版社2003年版，第264页。
② 江应樑：《摆彝的生活文化》，骆小所主编：《中国西南文献丛书》第4辑《西南民俗文献》第18卷，兰州大学出版社2003年版，第264—265页。

非嫡为由拒封过待袭土司。中央王朝2000多年的嫡长子继承传统及相关支持性论著，在东亚社会都具有强大的影响力，辐射到云南边地的傣族社会当然也是顺理成章，但中央政权对傣族社会贵族继嗣制度的影响，仍有细节可究。一是元明清三代在西南地区的土司制度，分布广泛且处于不断的流变、争夺中。即使在经过多轮次的战争、改流之后，到清代中期，云南、贵州、四川一带仍存在大量中央施加影响非常有限的宣慰司、宣抚司、安抚司以及中央施加影响较强的土知州、土知县。普思沿边和腾龙沿边只是其中些许部分。假使傣族社会贵族阶层的单系继嗣受中央影响，但又是如何在明代跨越从湖南、贵州、云南的大量土司辖地，深入中央实际力量难以涉及的边地。事实上，学界已有关于湖南、贵州等地土司逐渐纳入国家政权并成为熟识的中华民族一部分的研究，但从贵州到云南东部、中部，再到西南部的研究还欠缺研究上的连续性。二是土司制度有调整空间与弹性，与中央王朝对边地的控制力强弱直接相关。土司制度下，明清两代既有尊重边地社会传统、默认地方土司政权推举结果的事例，也有发文斥责乃至不予以承袭的事例，而以前者更为常见。这种情况下，傣族社会受中央政权影响建立与传统不一致的单系继嗣家庭这一观点的有效度也相应地降低。

站在边地社会主体性或以边地社会为世界核心的维度，强调边地政权利用周边更强大政权的博弈缝隙，合纵连横，实现统治和利益的最优化，这种思路当然也有其合理性。概而言之，南诏政权在唐与吐蕃之间，大体就是如此局面。普思沿边车里宣慰司和腾龙沿边各土司，虽然相较于南诏大理显得地域狭小、政治上辗转空间有限，但始终夹在中缅泰之间。"清朝一直在云南西南部与它的对手，缅甸贡榜王朝（1752—1885）争夺边境……清朝的西南边缘地域通过多样性的自然和文化优势抵抗了中央集权的统治，迫使国家权力诉诸于更不可持续的调适措施。人类身体、蚊子和血虫（血液寄生虫）之间的联系使得文化与自然之间的关联变得复杂。它们之间的确切关系不仅是模糊的，而且在某种关键程度上是看不见的，除了作为区域性常见疾病根源存在的'瘴气'。"① 普思沿边勐泐政权通过对明清的朝贡以及向缅甸输送的"花马礼",提升政权的合法性与稳定性,也是合理之举,以至于《泐史》开篇记载勐泐政权一世叭真,即有"时天朝皇帝为共主"② 这一背景,到二世甸钪冷时,又有"归顺天朝,称'寡景泰元年',天朝皇帝规定其进贡之礼为:九年大贡一次,又五年小贡一次,封之为九江王云"③ 之句。边地政权对中央政权合法性的借用,不但体现在观念上,在实践中也是如此。清末民初遮顶之乱,召片领多次向普洱道尹及云南省府请求援助,在普洱道尹屡次派兵征伐未果的情况下,才有柯树勋带兵进入景真平叛一事。

明清中央政权影响与边地社会主体性两个角度,均能为解释傣族社会贵族的单系继嗣的长期存在提供依据。此外,人类社会已存在和发现的政治体系,为稳定传承多采用单系继嗣;傣族社会与汉人社会的地理隔绝及自然障碍,明清两代政权与土司间的不信任与文化差异,均使傣族贵族层级处在明清中央政权与所统治山地民族地位之间。以上观点相结合,看似已能解决傣族社会贵族层级实行单系继嗣这一问题,但疑问仍然存在。明清两代政权的嫡长子继承,与民间社会的继承制度原则一致,傣族社会实行的是贵族单系继嗣和平民不均衡双系继嗣,即傣族社会在经历了数百年来自中央政权的持续影响之后,单系继嗣却始终停留在贵族阶层。如果扩大视野,则可发现,中国自夏商周以来绝大部分地区是上下一贯的单系继嗣家庭结构,而从云南南部(可能还有贵州、广西部分地区)到老挝、泰国、缅甸,近代以前一直是贵族实行单系继嗣、平民实行不均衡双系继嗣的家庭结构。普思沿边和腾龙沿边仍是以上两个更大区域的交接地带。

---

① David A. Bello, *Across Forest, Steppe, and Mountain: Environment, Identity, and Empire in Qing China's Borderlands*, Cambridge: Cambridge University Press, 2016, p. 169.
② 李拂一编译:《泐史》,云南大学西南文化研究室1947年版,第1页。
③ 李拂一编译:《泐史》,云南大学西南文化研究室1947年版,第2页。

第二节 傣族村社相对均质化的农耕生活方式

普思沿边和腾龙沿边的傣族社会，贵族与平民在身份、居住格局上存在天然差别。此外，贵族不事农业生产，平民承担生产和对贵族的田租服役，这种与血缘身份绑定的社会角色与职业分工，曾经在人类社会不同地区及历史时段都曾存在，但其中大部分已被推翻，继之以另一套政治体系与治理制度。傣族社会历经数百年乃至千多年贵族—平民二分结构，直至20世纪50年代方告结束。贵族相对于平民数百年的优势，在漫长的历史时期，经历各种人群的往来、贸易与征战，而岿然不动。许是普思沿边和腾龙沿边村社土地公有、平均分配的土地制度与小家庭横向联合生产方式结合形成的相对均衡且宽裕的日常生活，为社会提供了应对冲击的稳定剂，与这一土地制度和生产方式相伴随的是傣族平民须为贵族提供日常生活所必需的各项服务。

一 土地公有、平均分配的土地制度

20世纪上半期直至20世纪末，以社会进化论或人类社会五个发展阶段论分析傣族社会土地制度成为主流，并诞生了一系列重要成果。而从20世纪末开始，伴随整个人文社会科学界对社会进化论的反思及中国史学界新的研究方法和视野的引入，关于傣族土地制度的讨论逐渐沉寂。但回顾20世纪学界关于傣族土地制度的研究，剖开进化论的外壳，可以发现很多学者发现了傣族土地制度的内核，只是在当时给它套上了一些不太合适的外衣。因此，有必要重新回到傣族土地制度本身，了解傣族土地制度运行与长期存在的逻辑基础。

关于普思沿边和腾龙沿边村社的土地制度，最令人印象深刻的，一言以蔽之，即"田土公有，不能买卖，凡属人民，非自耕自食不

可。而耕者即有其田,盖一自由共产社会也"①。依照江应樑的观察,用"土地共有"这一名词来说明傣族聚居区中现实的土地制度,大体上是正确的。在十二版纳或腾龙沿边的傣族,除少数人口外,都是有田地可供耕种的,但他们所耕种的土地,在耕者都没有私有权,即是说,全境的土地在私人方面没有买卖让与这回事,在普思沿边,土地——包括耕地、宅地、山地、荒地,是分属于每个村寨的,即每一个村寨各有固定的区域,合并若干村寨的区域,成为一个土司辖境。②

土地村寨公有,合并若干村寨成为一个土司辖境,这在结构上来说当然是无误的,但在民国时期,或者之前更早一段时间就已如此,土司成为名义上土地的所有权主。土司辖境,山川水泽,理论上都归土司所有;平民种地、渔猎,都要缴纳田赋或一定收获量的野物。车里宣慰使又称召片领,意为广大土地之主,车里宣慰使在车里境内各地有田地,此外还将田地分给有功的大臣和照顾他的奴仆。

土地的村寨公有和土司占有之间,按照生产力与社会发展的一般脉络分析,村寨公有应在土司占有之前。在普思沿边地区,"寨田为村寨所有,不纳官谷。考其源流系本地人居住年代久远,溯载代以前即从事耕耘。宣慰司制度成于刀姓攻击九龙城子之后。宣慰司制度既定,未便变更,此项已经先民耕耘之田,遂承认其不上纳官谷也。寨田现存于九龙江坝子之蛮东泐、蛮达、蛮昧、蛮柳诸寨。具有寨田之村寨,仅对官家上纳门户捐"③。

村寨公有与土司占有两种土地所有方式遭遇的结果,理论上应是土司占有土地面积逐渐扩大。这是由于村寨公有土地的拓展动机与机会,逊于土司对土地的占有动机。但在普思沿边和腾龙沿边,土司虽名义为土地之主,且辖境内所有百姓有缴纳田租的义务,但土司直属

---

① 李拂一:《车里》,商务印书馆1933年版,第140页。
② 江应樑:《摆夷的经济文化生活》,云南人民出版社2008年版,第28—29页。
③ 佚名:《云南边地之民族与民族性》,骆小所主编:《中国西南文献丛书》第4辑《西南民俗文献》第18卷,兰州大学出版社2003年版,第16页。

的土地数量有限。总的来看,普思沿边和腾龙沿边各村社普遍存在多种土地并存的情况,其中以普思沿边更为突出。

民国时期的调查已经发现普思沿边村社的多种土地占有类型。以车里坝子南方的橄榄坝为例,其田可分为下列三种。"(1)寨公田。此项公田,系僰人先祖,勤耕所得,代代相传,分为寨中人民耕耘。全寨每年合共上纳土司官谷,大概每户种谷种二挑至三挑,则上纳一挑谷作为臣服土司供其服役之义。此非土司之土地所有权之应用也,乃户民服役于土司也。例如蛮捣一寨,人户二十,种稻田者十五户,种旱地者五户,水田在蛮海寨附近,因户民既属土司所辖,故全寨纳土司谷十五挑,旱地则不纳官谷。(2)开垦田。系寨中户民自动砍伐竹林,自己劳动开垦而获之田。一切收益,自归耕者所有,然人民既属土司管治,则亦须纳官谷,例如蛮降一寨,计人户十一,系开垦之寨田,仍须纳土司官谷百挑。又蛮戞寨仅有人户自开辟水田七邱,年种谷种半挑,得三十挑至八十挑,开辟已五载,并不上纳土司官谷,此又一变例也。(3)租耕田。每寨因开辟所得田地,可归全寨所有,转而租贷给与他寨使用,租耕条件为租户年纳现金一元,酒一罐,鸡一只,槟榔一串,作为租价。此亦聊作形式上之表示而已,实则橄榄坝人民,较九龙江坝子尤稀,土地既不能买卖,人民谋生又易,故土地不值价。"①

对傣族地区村社土地更加详细的调查,是在20世纪50年代。这一时期的民族调查,覆盖面广,资料详细。以景洪地区的土地情况为例,根据调查,当地土地大体可以分为四类,即有世袭权的"纳召片领"(宣慰田);召片领赐予其家臣经营,带有薪俸性质的"纳波郎";"不上官租"而要承担各项负担的寨田"纳曼"或"纳火尾";以及极少的被视为"非法"的"私田"。②

---

① 佚名:《云南边地之民族与民族性》,骆小所主编:《中国西南文献丛书》第4辑《西南民俗文献》第18卷,兰州大学出版社2003年版,第16页。

② 《勐景洪的土地情况调查》,国家民委《民族问题五种丛书》编辑委员会、《中国民族问题资料·档案集成》编辑委员会:《中国民族问题资料·档案集成》第5辑《中国少数民族社会历史调查资料丛刊》第86卷,中央民族大学出版社2005年版,第453页。

勐景洪范围内召片领的直属土地，据不完全统计，分散在从宣慰街到其余的15个村寨中，每个村寨多的1200纳①，少的200纳，共计11950纳。召片领将其直属土地以两种方式分予农民耕种，第一种，须偿付劳役地租，即将土地分为两份，一份农民自种自得；另一份由农民为召片领代耕，所收获谷物全部无偿交付召片领。第二种，农民缴纳实物地租。农民耕种的召片领田，通常是100纳缴租谷30挑。

带有薪俸性质的官田事实上有波郎田和头人田两种。波郎田认官不认人，谁当波郎谁占有，波郎卸职后，田地归新任波郎占有。波郎田多是从寨田中抽出，约占勐景洪土地总数的40%。头人田为村寨头人的薪俸田，也是从寨田中抽出。头人田同样跟着官职走，认职不认人。

关于寨田的数量，各寨多少不一。大体上来说，傣勐寨寨田较多，领囡寨寨田较少。凡是有寨田的村寨，必须为召片领服一项专业劳役。凡占有使用寨田的人，所承担的负担永久不变。在村寨内部，为平均分配负担而平均分配寨田。

私田，傣语称为"纳很"（家田）、"纳多好"（我的田）、"纳朱波朱咩"（祖辈的田）。私田数量较少，多是在田边小块荒地上开出来。部分地界较宽的傣勐寨，可能有较大块的私田。私田不列入寨田，世代继承使用，可租可典。②

除勐景洪以外，其余各勐的土地分类情况大体相似。现以勐遮为例，勐遮是普思沿边面积最大的坝子，土地面积也最多，是普思沿边主要的稻米产区之一。勐遮的土地分类情况是：领主所占土地面积较小，全勐领主占有土地509.2亩，占面积的0.97%。农民所占土地51644.2亩，占总面积98.9%。不同等级、村寨之间占有土地较平

---

① 纳为西双版纳不等量土地计量单位，约4—8纳为1亩。
② 《勐景洪的土地情况调查》，国家民委《民族问题五种丛书》编辑委员会、《中国民族问题资料·档案集成》编辑委员编：《中国民族问题资料·档案集成》第5辑《中国少数民族社会历史调查资料丛刊》第86卷，中央民族大学出版社2005年版，第454—457页。

衡，等级界限不突出。傣勐和滚很召相比，前者每户占有土地19.8亩；后者每户占有18.5亩，相差不大。①

整个普思沿边，20世纪50年代，根据对8个版纳（19个勐）的调查，共有574寨18586户，93473人，占有耕地272532亩。其中领主②直属领地占耕地面积13%，农民份地占86%，宗教土地占0.2%。每户农民平均占有土地14亩。各等级农民占有土地的情况如下：

  傣勐等级，共283寨，10455户，53525人，占总人口57%；占有份地162311亩，每户平均16亩多。滚很召等级，250寨，7122户，34680人，占总人口37%；共占土地88531亩，每户平均11亩。召庄等级，32寨，1009户，占总人口5%多；占有土地10535亩，每户平均10亩。大小领主共2048人，占总人口2%，占有土地37353.7亩，占全部耕地13%。若除去村寨头人1903人，只算波郎以上的领主仅145人，占总人口0.15%，占有土地29613亩。以上等级及所占土地，傣勐和召庄将部分土地出租给滚很召寨。所有户口中，约有占总户数13%的家庭没有占有土地，其主要原因不是土地缺乏，而是这些家庭缺乏耕种土地用的牲畜。③

腾龙沿边的土地占有情况，虽大体上也可说是公有制，但已与普思沿边有所不同。以境内汉人比例最高的南甸为例，历史上南甸土司所辖境内的土地，来者就种，去者就辞，禁止买卖。每户每年除杂派

---

  ① 《勐遮傣族社会经济调查》，国家民委《民族问题五种丛书》编辑委员会、《中国民族问题资料·档案集成》编辑委员会编：《中国民族问题资料·档案集成》第5辑《中国少数民族社会历史调查资料丛刊》第87卷，中央民族大学出版社2005年版，第182页。
  ② 包括土司、衙署官员、村寨头人等。
  ③ 《西双版纳傣族社会经济调查总结报告》，国家民委《民族问题五种丛书》编辑委员会、《中国民族问题资料·档案集成》编辑委员会编：《中国民族问题资料·档案集成》第5辑《中国少数民族社会历史调查资料丛刊》第86卷，中央民族大学出版社2005年版，第154—155页。

外，要交铜钱八十文，种田户每户交谷一箩，种地户每户交杂粮一升。之后由于汉族陆续迁入，土地开始抵押买卖。① 至 20 世纪 50 年代进行民族调查时，南甸土司所辖土地已按照服役的类型，直接划分为与服役直接对应的田地，其中大致可分为：门户田（司署十里内的田，不交官租，但要服兵役）、兵练田（不交官租，要服兵役）、坐马枪田（军事行动或操练时骑马，负责扛司旗）、霜降田（秋操或霜降节操练）、护印田（土司次弟的封田）、城子公田（名为公众，实为土司个人享受）、祭寨勐田（祭山川用）、守坟田（守寨坟用）、香火田（供佛用）、抬夫田（抬轿或杂役用）、脂粉田（供土司家妇女用）、吹手田（供吹唢呐用）、号手田（供吹号人生活用）、炮手田（鸣炮用）、茶房田（茶、柴费用）、司薪田（土司零用）和火把田（火把节祭祀用）。②

干崖土司辖地，大部分土地归村社所有，作为份田分为农民耕种并交租，另有一部分土地由土司直接占有作为私庄，以派劳役的形式由农民完成犁、栽、收、打等工作。村社除将水田以份田形式分给村寨各户外，还保留一部分公田（"纳当来"或"纳荒曼"）和公地（"雷曼"），作为机动田和机动地。布兀有布兀田，布幸有布幸田，作为头人职田。各寨未婚青年有男青年田（"菩毛"田）和女青年田（"菩少"田），收入作为他们的集体开支。随着人口增加，开始出现水田占有的不平衡现象，在村社内外产生租佃和抵押水田现象。③

陇川土司辖地，土地仍属土司占有，在村社中以份地的形式，一

---

① 《德宏傣族土司制度调查》，国家民委《民族问题五种丛书》编辑委员会、《中国民族问题资料·档案集成》编辑委员会编：《中国民族问题资料·档案集成》第 5 辑《中国少数民族社会历史调查资料丛刊》第 97 卷，中央民族大学出版社 2005 年版，第 112 页。

② 《德宏傣族土司制度调查》，国家民委《民族问题五种丛书》编辑委员会、《中国民族问题资料·档案集成》编辑委员会编：《中国民族问题资料·档案集成》第 5 辑《中国少数民族社会历史调查资料丛刊》第 97 卷，中央民族大学出版社 2005 年版，第 112 页。

③ 《德宏傣族土司制度调查》，国家民委《民族问题五种丛书》编辑委员会、《中国民族问题资料·档案集成》编辑委员会编：《中国民族问题资料·档案集成》第 5 辑《中国少数民族社会历史调查资料丛刊》第 97 卷，中央民族大学出版社 2005 年版，第 114—115 页。

户一份，每年二三月间春耕前领田或交田。禁止抵押和买卖。①

芒市傣族农村，无田户可向村头人要田。对农民占有的村落水田，头人虽有权收租，但无权收田。水田禁止买卖，仅限于抵押。②布亢、布幸、布皆和布朋等村寨头人，都有职田。各村还有公众田"拉令响"，作为村寨招待上级头人和客人用。③

民国中期以前，勐卯的农村地区，土地归土司所有，农民以份地形式租种，由村落头人布亢，布幸代为收租和管理。在干崖土司刀京版担任勐卯土司代办期间，开始允许土地买卖。不过，土地买卖仅发生在勐卯城周围。④ 遮放土司辖区，农村土地情况与勐卯土地买卖开始之前的情况基本相同。⑤

勐卯是腾龙沿边内地人进入最晚的地区，村社的传统土地制度保存也最为完整。依在姐东、芒林两地共18寨678户的调查，两地共有水田2932箩。⑥ 土地类型包括：（1）领地。农民领用村社的一块土地，每年向土司缴纳一定数量的官租。此类土地共2480箩（约9920亩），占两地耕地面积的71.69%。（2）薪俸田，即土司留给各村寨头人和为土司衙门服役的士兵的薪禄田。这类田两地共有394.4箩（约1777亩），占两地总耕地面积的12.1%。（3）封赐田，即土

---

① 《德宏傣族土司制度调查》，国家民委《民族问题五种丛书》编辑委员会、《中国民族问题资料·档案集成》编辑委员会编：《中国民族问题资料·档案集成》第5辑《中国少数民族社会历史调查资料丛刊》第97卷，中央民族大学出版社2005年版，第117页。

② 《德宏傣族土司制度调查》，国家民委《民族问题五种丛书》编辑委员会、《中国民族问题资料·档案集成》编辑委员会编：《中国民族问题资料·档案集成》第5辑《中国少数民族社会历史调查资料丛刊》第97卷，中央民族大学出版社2005年版，第120页。

③ 《德宏傣族土司制度调查》，国家民委《民族问题五种丛书》编辑委员会、《中国民族问题资料·档案集成》编辑委员会编：《中国民族问题资料·档案集成》第5辑《中国少数民族社会历史调查资料丛刊》第97卷，中央民族大学出版社2005年版，第119页。

④ 《德宏傣族土司制度调查》，国家民委《民族问题五种丛书》编辑委员会、《中国民族问题资料·档案集成》编辑委员会编：《中国民族问题资料·档案集成》第5辑《中国少数民族社会历史调查资料丛刊》第97卷，中央民族大学出版社2005年版，第123页。

⑤ 参见《德宏傣族土司制度调查》，国家民委《民族问题五种丛书》编辑委员会、《中国民族问题资料·档案集成》编辑委员会编：《中国民族问题资料·档案集成》第5辑《中国少数民族社会历史调查资料丛刊》第97卷，中央民族大学出版社2005年版，第125页。

⑥ 箩是普思沿边和腾龙沿边水田面积计算单位之一，1箩田即1箩谷种所播种面积的田。

司封给其家族亲信和属官的土地，归受封者所有。两地共有70笋，占总耕地面积的2.15%。此类土地全部租给农民耕种，由属官收租，租额高于对土司领地的负担。(4) 寨公田。原系土地留给村寨头人和士卒的报酬田，头人和士卒期满后未报土司而隐瞒下的田，或是迁出户留下来的田。两地共24笋，作为村寨公有，租给农民耕种，所收田租作为村寨公共事业支出。(5) 荒地、牧场。两地共有658笋（2630余亩），为村寨公共放牧地。①

在总体上可算土地共有的背景下，傣族地区土地的分配依不同地区土地的多寡而有所不同。第一种，在人口稀少、可耕土地尚有多余的区域，人民可尽所需要地分配田地，但人民也并不过分地多取，因为：(1) 没有私有的意识、企图、制度，所以便无人想及占有超过自己耕种能力以外的土地。(2) 领有耕地，须按面积多少负担土司租赋及门户捐税，所以便无耕人愿意多领土地。(3) 傣族地区尚没有佣工制度，因为人人有田耕，便无须为人做佣，没有佣工，所以便只能就本家人口可能工作之数量领地。有些地方，在目前虽也有了佣工制，但佣工的报酬很厚，雇佣者实不可能从佣工身上剥削剩余价值。第二种，在人口与已垦土地面积大略足够分配的区域，则土地自必有一个限制，不能任意多领取。在这种区域内，若干人家所领得的耕地，常常是少于自己能力可能耕种的面积。第三种，在耕地面积已经不够分配村民需要的区域，已垦的熟田便显得贵重，自然更应慎重分配而不能多取。具有此种情形的地方并不多，只在芒市、南甸等地见之。这并不是由于人口过密，而是境内一部分耕地为特权阶级（贵族头人）所占有。大概第一种情形在普思沿边较多，第二种情形思普和腾龙边区均有，第三种情形只腾龙沿边之二三土司地有之。②

---

① 《姐东、芒林两乡农村社会经济情况初步调查》，国家民委《民族问题五种丛书》编辑委员会、《中国民族问题资料·档案集成》编辑委员会编：《中国民族问题资料·档案集成》第5辑《中国少数民族社会历史调查资料丛刊》第97卷，中央民族大学出版社2005年版，第226—227页。

② 江应樑：《摆夷的经济文化生活》，云南人民出版社2008年版，第31页。

第二章 城市与农耕社会

　　普思沿边和腾龙沿边土地的分配，以村寨内定期分配为常见。每年由土司官署委令各村寨的土人头目，以村寨作单位，由头目召集全体村民按土地的肥瘠优劣与丁口的多寡壮弱，将土地作一次合理的分配。每个村寨中居住的摆夷人民，照例都可以领到相当面积的土地，自耕自食，不相侵扰。此外有所谓"公有地"，是指各村寨的牧地、森林地或轮耕地，属于村寨人民所共有，不在分配之列。至土司及土司亲族，另外还有所谓"私有地"或称之为"私庄田"，这是留给他们的私产，有时称之为"官田"，是集中在几处地方，就由附近的百姓，每家派一个工人，通力合作共耕，这种耕田完全是义务，没有一丁点报酬，把所有的收获都要送给土司官署。①

　　请领土地的手续非常简单，若是本村中的人需要（如人口增加，原有耕地不够请求加拨；或儿子成婚，分出另立门户，请求拨给耕地宅地），那只须向头人商量，宅地山地的领取是绝无问题的，若是耕地，只要有，一定拨给。若是外村人新迁入本村请求领地，那便得事先求得土司允准迁往，然后经所欲迁往村落中全体村民的同意——在某种情形下，村寨人民是可以拒绝请求者入住的，例如违反了宗教上的禁条，为原住村人所不容，不得不移居，此移居原因若让拟迁往之村寨人民知道，也必同样拒绝其迁入……"来收去丢"是边地的一句常语，意思就是凡耕种宅地，来时向头人领得后，可以任随自己的意思使用，倘一旦离开本村，便须无条件地丢弃。②

　　而在芒市等地，至民国时期已有土地私有意识。这一带的土地，虽无买卖事实，却有个人转让手续，甲家原领耕地，因人口减少耕地有多余，或因迁往他村土地势必被抛弃，若乙家来接手耕种，则甲家必向接耕者索取一份报酬。这份报酬并不是土地值或顶费，可以说是一种土地上附加的私人劳力费。傣族人称这种报酬为"码埂吐退钱"，意思是这块土地虽非我所有，但当我领种此土地时，曾为此土

---

① 赵纯孝：《摆夷社会的农业经济》，《经济汇报》1944 年第 10 卷第 2 期。
② 江应樑：《摆夷的经济文化生活》，云南人民出版社 2008 年版，第 32—33 页。

地起造堤埂，这是属诸个人的劳动。现在你接去用，土地固然可无代价，但土地上有我个人的劳动，这是要求得代价的。①

普思沿边和腾龙沿边的土地制度，尤其是腾龙沿边，在民国时期已经有了相对于传统村社共有、各领份田制度的变形。如按照从村社到城邦再到国家的发展形态来考虑，村寨内部的土地共有制，到一定阶段就会向土地集中转变。1891—1892年穿越北越、琅勃拉邦和暹罗的埃尔佐·奥里昂，关于黑泰人（黑水河）写了一段话："每年村民代表会议根据农户情况，即人力多少，水牛头数，在村民中间分配土地。倘若发生争执，由三个为此推选出来的调解法官加以解决。土地分配后，收成不分配，每个家庭自由支配自己的劳动果实……村社首领得到较多的土地，并且使用村社居民来耕种这些土地。他们把大量稻米集中在自己手里，贷给村社成员，从而奴役他们。"②

傣族地区的土地公有制能够长期保存的原因，首先是土地相对过剩。傣族地区的人口，平均每平方里不到10人，而这10人所分配到的1平方里土地，大部分是可耕种的平原。以普思沿边言，据云南省建设厅1943年的调查，全境可耕的荒地约1000余万亩，即以1人5亩地计，尚可增加人口300万。③ 以芒市为例，至少有耕地20万亩，荒废约十分之六，现耕土地在8万亩之谱。1939年据方克胜奉命编办保甲潜力所得，计5100户，平均以每户5人计算，共26000人（外来者未计入）。但实际绝不止此数，若一并加以统计，当系35000人左右。④

其次是傣族人对财产的欲望尚停滞于一种私有意识不太发达的状

---

① 江应樑：《摆夷的经济文化生活》，云南人民出版社2008年版，第33页。
② ［苏］尼·瓦·烈勃里科娃：《泰国近代史纲（1768—1917）》（上册），王易今、裘辉、康春林译，商务印书馆1974年版，第108—109页。
③ 江应樑：《摆夷的经济文化生活》，云南人民出版社2008年版，第34页。
④ 娄樵生：《芒市——边疆的重镇》，德宏州史志编委会办公室：《德宏史志资料》（第13集），德宏民族出版社1990年版，第168—169页。

态。由于生活资料的获得比较容易，而在一种节欲的信仰中，易于满足而无过分的要求。同时，傣族人普遍信奉南传佛教，佛教的教义是要信仰者消灭物质的欲望。当普通人工作到足够他们住一间茅屋、吃一碗米饭、穿一件布衣的程度时，便停下来不再工作。倘若真有多余的积蓄，也大多花在信仰上，以获取精神的享乐。

再次是交通的闭塞。内地人口不能大量涌入，使边区土地始终保持过剩的状态，边区物产也不能顺利地售卖。对此状态，清末穿越傣族的英法人和民国时期以边政开发为目的的政府官员和学者均有清醒的认识。

最后，土司制度的存在也是土地共有制度延续的重要因素。土司的生活全凭平民供应，其中最重要的支撑即土司占有土地所有权。一旦土地私有，土司势必要更换一种财物及利益的获取方式。而由于交通和商业的不发达，土司也难以将土地变现，因而维护土地所有权，以此获得平民的供养，便成为土司的选择。①

需要指出的是，土司在傣族地区土地制度中扮演的角色，从民国时期开始，已有研究者采用阶级分析的视角，将土司视为傣族地区与平民相对的封建诸侯与剥削者。如赵纯孝在针对摆夷地区农业经济的报告中所说："封建诸侯渐渐把统治地域内人民的土地财产兼并，而形成所谓有条件的土地占有形式，而以土地租他人，以收取各种赋税，对于租种其土地的农奴，实行着特殊的剥削，此种社会，可名之为封建大地主社会……在这个社会里，人民无私有土地，所有土地归封建大地主——土司一家私有，全社会人民系成为土司私人的佃户。土司之亲族相当于大诸侯下之小诸侯，各领有固定之小采邑，而直接受制于大诸侯——土司。由此可知摆夷社会之经济生产全部建筑在农业上，所以为土司一家之私产，则社会经济也就成一种畸形的组织，或者竟可以说除土司之外，社会上无有私有财产制，故从社会的组织上看，可以截然分为统治或贵族与平民或佃农两个阶级。前者包括土

---

① 江应樑：《摆夷的经济文化生活》，云南人民出版社2008年版，第34页。

司及土司亲属，后者包括全部平民。"①

二 小家庭横向配合的农耕生产

傣族社会历史上以小家庭为主，这在前述江应樑民国时期针对普思沿边傣族社会的调查统计中已得知。同时，小家庭在腾龙沿边也非常普遍。以 1937 年统计数据为例，芒市土司辖境平均每户 4.8 人，南甸平均每户 4 人，陇川平均每户 3.6 人，遮放平均每户 2.6 人，勐卯平均每户仅 2 人。② 在勐卯、遮放这两个汉人大规模进入较晚的地区，小家庭的比例相对于汉人较早进入的南甸、芒市要高得多。

傣族社会小家庭的普遍存在，与平民不均衡双系继嗣的家庭结构有关。子女一旦成年，除承担养老任务的子女及配偶有可能与老人一起生活外，其余成年子女均另建房屋单独居住。即使是承担养老任务的子女，也有在老人住宅旁另建房屋居住的。这一家庭结构与分家体系，配合傣族社会不发达的家族组织和祖先崇拜观念，均在一定程度上限制了母系或父系大家庭的存在。

但是，傣族社会的小家庭制，在生产方式上还受土地公有和份地制耕作方式的影响。普思沿边和腾龙沿边的村社层面定期分配田地，均以家庭为单位分一份份田。份田的面积通常以村寨公田总面积除以家庭户数，不拘家庭人口多少而一律平等。村寨之间也许因寨公田总面积的多少而导致份田面积有差，但同一村寨内部，通常不存在面积上的差别。在这种情况下，人口较多的家庭，人均占有田地面积反而较少。虽然普思沿边和腾龙沿边大体上可算是地广人稀，不至于有饥馑之苦，人口较多的家庭还可通过自己新开辟田地、租种别人家土地而获得足够的口粮，但这些权宜之计往往不能长久。因此，在人口与占有田地的博弈与再平衡中，小家庭制成为主流。

小家庭制的农业生产，通常面临农业生产周期性劳动力过剩与不

---

① 赵纯孝：《摆夷社会的农业经济》，《经济汇报》1944 年第 10 卷第 2 期。
② 江应樑：《傣族史》，四川民族出版社 1983 年版，第 493 页。

足的问题。在插秧、收获等劳动过程密集的时节，单个小家庭难以在短时间内完成大面积的田地生产任务。而在农闲时节，劳动力又显得过剩。针对这一问题，传统农业社会多采取换工的方式解决。只是在家族组织相对发达的社会，换工也通常以家族为单位或在家族内部完成。但在傣族社会，家庭间的互助合作所沿用的脉络更为多样，既可以沿着父、母、姻亲等几条亲属脉络拓展，也可以沿着地缘、友缘的脉络拓展。又因傣族社会血缘、地缘、业缘等连接纽带，通常以村社为基本单元，因此，傣族社会家庭间的横向配合也往往表现为村寨内家庭间的频繁联系与配合。

上述过程，简而言之即由傣族家庭中男女的经济平等，产生了家庭生活的互助合作，由于村寨中各人的生产能力和消费需要大体相等，村寨生活互助合作，并进而产生村寨间生活上的联系，于此结成一定范围内傣族人民经济生活上的互助合作，这是构成傣族经济生活方式的主要结构式特点。[1] 傣族社会经济生活中的互助合作，在农业生产中主要表现为耕种及收割时的换工与帮扶。一村之中各家皆有同样多的田，有田而人力不够的人家，可请人来帮种，人多而田不够种的，就得去帮人家的忙。除了完纳官租以外，两家可以平分所剩下的收获。[2] 换工与帮扶的顺序往往以田地中的水和秧苗是否备好为标准。

除农业生产需要家庭间的横向联系外，由于工匠或手工业尚未从农业中独立出来，因而像建房等劳动力、劳动量非常集中的劳动，往往也依靠全体村民的集体合作。

在小家庭间横向连接、自由组合互助的农业生产方式之下，普思沿边和腾龙沿边也存在雇工的现象。雇工的存在，大概基于以下几种情况：若干土司辖区人口增多，已垦耕地不敷分配；村寨可耕之田过少；部分贵族或头人领地较多，不得不雇工耕种；遇有役伕征派，人

---

[1] 江应樑：《摆夷的经济文化生活》，云南人民出版社2008年版，第49页。
[2] 赵纯孝：《摆夷社会的农业经济》，《经济汇报》1944年第10卷第2期。

丁少的人家不得不雇人。雇工的分类存在长工、短工、伕役三种，长工以年计酬，短工以日计酬，伕役以路程远近计酬。长工的工作，事实上已不限于农业生产，家务、伕役也可包括在内。长工一年的报酬一般是给谷 100—150 箩，衣服两套、鞋两双、包头布两块，挂袋一个。短工每日工资可得谷 1 箩。傣族社会的雇工，生活过得不算苦。靠佣工为生者，大约只须做 7 个月的短工，便不愁一年的衣食。① 因此，佣工有时反较种田者更易解决日常所需。傣族社会因地租以及与份地直接关联的劳役制度，对雇工反而有所限制。外地迁入的无地户，村民往往乐于分给他们一份份地，而不愿使之成为自由的雇工。

三 以种植业为核心的经济结构

土地公有与小家庭间横向联合的生产方式相结合，在普思沿边和腾龙沿边相对丰富的土地使用面积下，产生了以种植业为核心的经济结构和一种相对均质化的物质生活。

在腾龙沿边物质消耗简单的社会中，平常一人每年 30 箩谷可足食用，加上简单穿用开支等费，百箩谷之收入足够小家庭之生活。② 这里每年收获的总量在六七十万担左右，除掉二三十万担食粮以外，平均每年每户总还有十余担的余粮，故在摆夷社会内，维持平常生活并非难事。单就芒市一带而言，摆夷也有三万人以上，数目虽然这么多，而与土地比较，还算是地广人稀。③

腾龙边地田多土肥，每年总有余粮。每年都有若干的谷子驮运到内地来，因为交通不便，边地的米价低得可怜，只要二角五分就可换得一箩谷子（每箩谷约合 20 斤，此系民国二十九年，即 1940 年边地与内地币值兑换折合数目）。有些地方竟积存两三年的粮食无法卖脱，拿稻米喂猪养马之外还要焚烧一部分；许多可耕水田任

---

① 江应樑：《傣族史》，四川民族出版社 1983 年版，第 484—485 页。
② 赵纯孝：《摆夷社会的农业经济》，《经济汇报》1944 年第 10 卷第 2 期。
③ 陈才：《滇南摆夷》，《风土什志》1940 年第 1 卷第 2 期。

凭荒闲。①

民国时期进入边地的调查人员,已对边地社会这种经济生活方式有极大的注意,并视为边地人民生活的重要特点。下面三个表格,即对腾龙沿边普通农家收入与支出的大略统计。

表2-2　　摆夷六土司地180农家作业收入之分配②　　　　（元;%）

收入类别	180农家总计	百分比	平均每家
作物收入			
米谷	112500.00		625.00
杂粮	13410.00		74.50
作物收入总计	125910.00	88.50	699.50③
畜产收入总计	9036.00	6.50	50.20
农家副业及手工业	7290.00	5.00	40.20
总计	142236.00	100.00	789.90

表2-3　　摆夷六土司地180农家农场支出之分配④　　　　（元;%）

作物费用	180农家总计	百分比	平均每家
种子	1530.00	0.60	8.50
雇工	7200.00	3.00	40.00
饲料	1800.00	0.70	10.00
农具	1710.00	0.70	9.50
作物费用总计	12240.00	5.00	68.00
租税			
官租	1080.00	0.50	6.00
地租	221000.00	92.30	325.00

---

① 赵纯孝:《摆夷社会的农业经济》,《经济汇报》1944年第10卷第2期。
② 赵纯孝:《摆夷社会的农业经济》,《经济汇报》1944年第10卷第2期。
③ 此处原文数字为99.50,漏了百分位的6。
④ 赵纯孝:《摆夷社会的农业经济》,《经济汇报》1944年第10卷第2期。

续表

作物费用	180农家总计	百分比	平均每家
摊派	5400.00	2.20	30.00
租税总计	227480.00	95.00	361.00
总计	239720.00	100.00	429.00

表2-4　　　　　摆夷六土司地180家庭支出之分配①　　　　　（元；%）

食品	180农家总计	百分比	平均每家
米谷	32490.00	55.00	180.50
菜	1890.00	3.10	10.50
肉	3600.00	7.00	20.00
食油	2790.00	5.00	15.50
盐	1800.00	3.00	10.00
食品总计	43570.00	73.10	236.50
衣服总计	2700.00	5.00	15.00
燃料			
灯油	1800.00	3.00	10.00
煤炭	4320.00	7.20	24.00
燃料总计	6120.00	10.20	34.00
杂用支出			
供佛费	3600.00	6.00	20.00
慈善捐	720.00	1.00	4.00
过年费	1800.00	3.00	10.50
家应用具	810.00	1.30	4.50
杂用总计	6930.00	11.70	39.00
总计	59320.00	100.00	324.50

---

① 赵纯孝：《摆夷社会的农业经济》，《经济汇报》1944年第10卷第2期。此表原数字有些许错误，为尊重原文，此处引用不做修改。

此六土司地 180 农家平均结果，计周年收入总数为 789.90 元，支出总数为 753.50 元，其中农场支出为 420.00 元，家庭消费为 324.50 元，结算收支相抵，计净余 36.40 元。按此 180 农家平均每家标准人口为 4.5 人，则每标准人口之盈余约为 8.10 元。① 以上一系列计算结果，大体可证腾龙沿边普通农民所过的是一种收支相抵略有盈余的生活，但也缺乏财富积累的明显机会。

腾龙沿边既已如此，那么土地分配更加平均的普思沿边，农民谷物产出与物质生活的相对盈余程度，应更加突出。

在农业产出相对盈余的傣族村社，家庭间的物质财富积累程度也大体相似。这有如下的原因：（1）土地不能私有，所以便不能兼并；自耕自食不可能有过多的剩余。（2）不兼营工商业，故财富不可能集中。（3）对土司及政府，有着双重的经济负担，因此便不能有多余的积蓄。（4）对信仰上花费过巨，出于民间习惯，只要略有余蓄，便全部使用于宗教场合，且多有因信仰的花用而负债终身不能偿清者。

因此之故，在傣族民间，便不可能称得起富有的人家；反之，在边区中，也就看不到贫至不能生活的人，这个事实的造成也有着几个原因：（1）摆夷住地皆平原肥沃之区，气候温热，农作果物生长极易，谋求个人的温饱，实在并非难事。（2）土地共有而且过剩，只要向土司头人请领，不愁无田可种，就是人口繁密的地方，纵领不到熟田，也有荒田可供垦殖。（3）佣工的生活也可以维持衣食，在边地中，佣工劳力并不过剩。（4）摆夷重视亲眷，亲眷中倘有为某种原因——疾病或灾害而贫至不能生活者，其亲族必尽力资助，若有贫至求乞的人，则凡与之有关系的亲族，必遭村寨邻里讥议耻笑。（5）果有穷至无亲戚邻里相助的人，也可以至佛寺中，替和尚洒扫、担水、看门，或竟一事不做，寺内也必给予一份饮

---

① 赵纯孝：《摆夷社会的农业经济》，《经济汇报》1944 年第 10 卷第 2 期。

食的。①

在摆夷民间，所谓某家富有、某家贫穷，相差的程度也不过多有几头牛，多养一匹马，每年的谷子多收得几挑而已。衣食住行，家家户户相同，没有多大的差别……因为贫富的不悬殊，因为土地共有，因为日常生活的平等，所以，摆夷家庭的财产确可以说是极端单纯的。因此边地有句俗话说："摆夷搬家，不过三挑。"②

但是，傣族村社的这种简单盈余的均质生活，对于民国时期战争灾荒不断的内地人而言，已不亚于天堂。以致时人感叹，"无农食不足之患，而有生产过剩之叹。每见平坝粳人以米饲猪，以猪油作燃料；又见山间溪旁，山居阿卡族广置米仓，一任野鼠虫食而不之恤……夷民足食足衣终生度其乐天安命之生活"③。

普思沿边和腾龙沿边普通农民的生活，与近代以前泰国农村农民的经济生活相仿。在泰国东北部的蒙村，也很少有租房或出租土地的，土地占有者的地主在村落经济中的作用并不多。房屋的形式虽然不同，但是蒙村的生活水平仍然十分相同，毫无疑问，都是处在低的水平上。④

第三节　等级化的土地占有与劳役制度

在普思沿边和腾龙沿边贵族—平民二分的等级制度下，两个等级的人群在婚姻家庭、居住地域、土地占有方式上有明显的区别。平民以土地耕作为主要劳动，以所获农产品为主要生活资料来源，并承担

---

① 江应樑：《摆彝的生活文化》，骆小所主编：《中国西南文献丛书》第4辑《西南民俗文献》第18卷，兰州大学出版社2003年版，第192—193页。
② 江应樑：《摆彝的生活文化》，骆小所主编：《中国西南文献丛书》第4辑《西南民俗文献》第18卷，兰州大学出版社2003年版，第193—194页。
③ 佚名：《云南边地之民族与民族性》，骆小所主编：《中国西南文献丛书》第4辑《西南民俗文献》第18卷，兰州大学出版社2003年版，第17页。
④ [英] S.J.坦比阿：《泰东北班潘蒙村的社会组织》，载宋恩常编译《泰国农村调查研究译文》，云南大学历史研究所民族组1976年版，第85页。

田租和劳役。与同一期内地农民所不同者，普思沿边和腾龙沿边农民过着一种相对均质化简单又略显宽裕的生活，显然为内地多数农民所不及。但同时，民国时期已有学者注意到边地土司（贵族）与平民两阶级在生活方式上的巨大差别，土司不事生产，纯以政治权威下土地之主的名义享受平民提供的租赋和劳役，并将其中部分按等级分配给官员。土司与平民之间政治权威的向下渗透和经济财富的向上传递，按照传统史学的分析视角，是一种典型的剥削与被剥削。晚近以来，也有研究者比之为早期国家形态，或在东南亚政治体系中广泛存在的"庇护"。

一 官员等级化的土地占有制度

普思沿边车里宣慰司在20世纪50年代以前基本保持了传统的土司衙署和官员体制。民国年间，车里宣慰司政治结构，从高到低可分为：车里宣慰署、九龙江宣慰署、各勐土司署、村寨头人老叭。车里宣慰司包括："（一）行政元首——宣慰司①并八大头目——叭竜即内阁成员；（二）议会——名议事厅即夷名司廊；（三）内阁——三十二叭目合八大叭目在内行政与立法机关沟通，为宣慰署之特点。行政元首，以宣慰司为代表……现任刀栋梁，治九龙江宣慰署辖地。刀宣慰司之子弟，则分管各猛属……宣慰司为十二版纳夷族之最高行政元首，抑且为夷地军事政治经济文化道德之最高权威……宣慰司政治之特征有五：（1）宣慰司掌全区政事，缅寺大佛爷（九龙江城子内）掌全区宗教，各不相犯，政教分立，此特征之一。（2）宣慰司土署以八大叭竜辅佐政治，而此八大叭竜又系中央议事厅之最重要议员，其在土署内之职权，为禀承宣慰司执行政务，性质属行政的，其在议会则创议法律，监督元首，弹劾官吏，性质属立法的，颇具现代内阁制之精神焉，此特征之二。（3）宣慰司署内之重要叭竜——内阁阁

---

① 原文为宣慰司，应为宣慰使。

员，均系宣慰司之亲兄弟辈，且有以之兼领猛属土司职者，显又系以亲属关系兼中央地方行政长官，具有封建政治制之精神，此特征之三。(4) 宣慰司掌全夷区土地分配之权，而夷民每年须纳谷租有服工役之义务，各叭竜大臣之年秩，亦以谷租为秩，颇具我国古代专制政体意味。(5) 中央议事厅采合议委员制，凡议案既经付决，即交呈宣慰司照案施行，少有阻碍留难者，然间有交付重议，惟为例甚少，此具民主政治精神特征之五。"①

宣慰司内八大臣，其名称及职责分别是："(1) 召金哈，为四大头人之领袖头人，兼议事厅议长，决议之事由彼领导四大头人秉陈宣慰执行，召金哈又为行政之领袖，职掌同于内阁总理。(2) 叭竜告，职掌如下：祭宣慰祖坟年一次，兼猛混代办职同土司，惟因系中央官，故称代办，因土司不能兼职故也。(3) 叭竜回兰蛮空，职掌：分封一寨。(4) 叭竜回兰蛮纲，职掌：分封一寨，掌各寨摊派捐款。(5) 叭竜帕萨，职掌：空收支财库事宜，封领三十余寨。(6) 叭竜那干，职掌：掌拿剑射猎之事，分封猛宋蛮金寨，交际应酬汉官……汉人交涉员，应对一切。(7) 叭竜乃花，职掌：十二版纳军政及兵事，分封南糯山阿卡诸寨。(8) 叭竜藏，职掌土署内之象，为不管部阁员。"②

车里宣慰司辖地，实行按照官阶品秩的授田制。宣慰使及以下八大臣、三十二叭目，直至村寨头人，各享有面积不等的薪俸田。关于车里宣慰司各级官员所授的薪俸田数量，20 世纪 50 年代的调查报告中有两个互为补充的版本，其中数字有较大差距。其一为关于车里宣慰使司署各级官员采邑与爵位的报告（见图 2-3），其二为召片领及各级官员薪俸田和所享官租总数的报告（见表 2-5）。

---

① 佚名：《云南边地之民族与民族性》，骆小所主编：《中国西南文献丛书》第 4 辑《西南民俗文献》第 18 卷，兰州大学出版社 2003 年版，第 10 页。
② 佚名：《云南边地之民族与民族性》，骆小所主编：《中国西南文献丛书》第 4 辑《西南民俗文献》第 18 卷，兰州大学出版社 2003 年版，第 11 页。

```
                    召片领 2309
                         ↓
                  纳怀郎 共5451
    ┌──────┬──────┬──────┬──────┐
    │召孟  │怀郎  │怀郎  │怀郎  │
    │景哈  │庄往  │曼轰  │曼窟  │
    │450   │500   │1800  │2727  │
    └──────┴──────┴──────┴──────┘
              纳扫竜（大20田）  共4079
  ┌────┬────┬────┬────┬────┬────┬────┐
  │召竜│召竜│召竜│召竜│召竜│召竜│召竜│
  │帕萨│纳贺│纳过│纳干│纳掌│纳扁│纳花│纳甍│
  │690 │420 │590 │370 │724 │410 │425 │424 │
```

图 2-3　车里宣慰使司署各级官员采邑爵位　单位：挑（稻谷）①

———

① 《西双版纳宣慰使司署及勐景洪政治情况概述》，国家民委《民族问题五种丛书》编辑委员会、《中国民族问题资料·档案集成》编辑委员会编：《中国民族问题资料·档案集成》第5辑《中国少数民族社会历史调查资料丛刊》第86卷，中央民族大学出版社2005年版，第427页。

表 2-5　　召片领及各级官员薪俸田及官租总数

(面积：纳　官租：挑)①

官职名称	薪俸田面积	官租	备注
召片领	5220	700	
召景哈			
都龙诰	12040	2770	在总数内已给陇达239挑和165纳
怀郎曼轰	6432	1911	
怀郎庄往	1700	510	还有勐养□120纳得50挑不在内②
召竜纳花	2000	300	
召龙帕萨	4620		分给其他头人890纳
召戛	1000	150	还有勐养500纳15挑
召孟囡	100	30	外勐不在内
召竜纳贺	2184	420	
召竜纳扁	3000		在勐养150纳勐罕814纳勐竜□千纳
召竜纳掌	2800	540	勐养有1000纳
召竜纳过	3470		
召竜纳麻	250	60	
召竜纳黄	800	240	
召竜纳欠	680	180	
召竜谢难	520		
召竜庄扁	630	180	
召竜纳干	1280	360	
召竜真悍	1000	320	
召竜纳囡	1400	50	
召竜纳窝	600	240	
召竜谢养	920	290	
召竜康坎	490	140	

① 《西双版纳召片领及议事庭官员俸禄田和官租情况》，国家民委《民族问题五种丛书》编辑委员会、《中国民族问题资料·档案集成》编辑委员会编：《中国民族问题资料·档案集成》第5辑《中国少数民族社会历史调查资料丛刊》第88卷，中央民族大学出版社2005年版，第111—112页。

② "□"代表原文已残缺。

续表

官职名称	薪俸田面积	官租	备注
波勐莽	270	80	后了解应为 400 纳
都竜欠	940	280	
召竜纳冕	470		
召竜纳慕	140		
召竜纳广	600	300	
召竜叭顶	610	180	
召竜纳香	1130	350	
波勐贺	270	80	后来了解应为 400 纳
召竜谢往	1050	310	
班非	490		
叭章欠	600	150	
叭纳非	350		
叭顶	200		有 100 纳被水淹了
火怀		得米 100 斤	

召片领和议事庭高级官员的薪俸田，主要散布在勐景洪范围不同的村寨。其他勐虽也有召片领的直属田，但面积较小。在其他勐范围内，则又有召勐及其勐级衙署官员的薪俸田。

官员所授之薪俸田，通常远高于普通农民所领之份田。以勐景洪17个寨子的调查来看，平均每户所耕土地为74纳多，约18亩。[①] 而宣慰司署各官员所领份田，多在数百纳至千多纳之间。加之官员的薪俸田不用上缴官租，由农民代为无偿耕种，因此所收获要比普通村民额外优厚。其中尤其值得注意的是，召片领虽为普思沿边最高首领，名义上系所有土地的主人，但所占官田反倒少于都龙诰。造成这一局

---

① 《版纳景洪戛东、戛洒两行政村十七个寨子社会经济初步调查》，国家民委《民族问题五种丛书》编辑委员会、《中国民族问题资料·档案集成》编辑委员会编：《中国民族问题资料·档案集成》第5辑《中国少数民族社会历史调查资料丛刊》第86卷，中央民族大学出版社2005年版，第388页。

面的原因，在于民国年间设局改县之后，召片领受到诸多限制，直接占有土地的面积大大缩减。

腾龙沿边各土司衙署，各级官员也享有面积不等的薪俸田，只是欠缺官员等级与薪俸田面积的相关资料。

车里宣慰司的官员等级授田制，可与泰国历史上授田制相比。"暹罗的最高土地所有者被认为是国家，而国王就是国家的人格化。封建主拥有土地是以政治形式出现的：表面上暹罗封建主从国王那里得到的不是土司，而是作为行政机构的官吏——有权从一定数量的，往往不是紧密相连，而是分布于国家各省的农民份地（莱）上攫取封建地租。这个制度形成于15世纪下半期以前，并在施行国家中央集权化、取消封建采邑政策的波隆摩戴莱洛迦纳王（1448—1488）制定的法律中固定下来。"①

封建土地所有制的法权特点也反映在等级制度——授田制度（土地数目表现出来的贵族身份）上。泰族封建关系发展的早期阶段，授田等级制准确地按级授给一定数目的份地，给封建主收租。波隆摩戴莱洛迦纳王在位时期，授田制度已由礼法规定：它在法律上固定了暹罗封建主官吏的职位等级以及暹罗社会的财产关系。国王本人任命担任职务的封建主，授田的数目从400莱到5万莱，到18世纪中叶，授田制度曾普及于整个封建贵族和农村行政机构，这反映了村社上层封建化的过程。村社的这些上层占有25莱到400莱土地。②

二 分工繁复的直接劳役制度

普思沿边和腾龙沿边的土司政权，除按照官员级别分给一定面积的薪俸田外，还规定了各项由平民和仆从完成的直接劳役。这些直接劳役，事无巨细，覆盖土司生活的方方面面。平民和仆役通常以村寨

---

① ［苏］尼·瓦·烈勃里科娃：《泰国近代史纲（1768—1917）》（上册），王易今、裘辉、康春林译，商务印书馆1974年版，第15页。
② ［苏］尼·瓦·烈勃里科娃：《泰国近代史纲（1768—1917）》（上册），王易今、裘辉、康春林译，商务印书馆1974年版，第16页。

为单位提供某种固定劳役。在村寨内部，通常又按照一定的顺序，定期由一定数量的家庭轮流负责完成劳役任务。

以勐景洪为例，全勐数十个村寨，各自负担召片领家庭日常生活的某一块工作，如专门有一个寨子轮流派人来为宣慰宫做饭。① 各寨承担的劳役类型多至 101 种，详见表 2-6。

表 2-6　　　　　　　　勐景洪负担类型②

劳役项目 村寨等级	滚很召		傣勐
	领因	洪海	
养马	曼醒、曼岛、曼丢		
养黄母牛	曼广竜		
养水牛	曼弄卖	曼广卖	
养象	曼养、曼列	曼广卖	
榨糖	曼别、曼洒		
熬糖	曼底		
熬盐	曼底	曼依坎	
织布	曼蚌囡	曼广卖	
纺纱、染布	曼贯	曼依坎、曼广卖	
搓绳	曼纳板		
编竹箩			曼卖龙
打草排	曼勉		
打柴	曼广竜		
割草	曼养		
铲草			曼难

---

① 刀世勋口述，陈湘采访整理：《从末代傣王到民族学者》，云南省社会科学院历史研究所编、杨福泉主编：《中国西南文化研究·民族调查资料选辑》，云南人民出版社 2015 年版，第 259 页。

② 《勐景洪傣族社会经济情况调查》，国家民委《民族问题五种丛书》编辑委员会、《中国民族问题资料·档案集成》编辑委员会编：《中国民族问题资料·档案集成》第 5 辑《中国少数民族社会历史调查资料丛刊》第 86 卷，中央民族大学出版社 2005 年版，第 499—503 页。

续表

劳役项目 村寨等级	滚很召		傣勐
	领因	洪海	
舂米	曼勐、曼红、曼真、曼广		
煮饭	曼洒、曼别、曼红		
煮糖饭	曼厅		
摆饭	曼陇匡		曼卖龙、曼达
买菜	曼景兰		
炒菜	曼沙、曼令		
挑水	曼景傣		
烧茶	曼广		
送茶水	曼菲龙	曼英	
架火			曼东夏、曼难
点灯	曼弄卖		
勤杂	曼夏、曼拉	曼海达莫	
听差	曼则、曼英		
扇扇	曼夏		
端洗脸洗脚水	曼则		
领娃娃		曼栋因	曼卖龙
侍候召片领妻	曼则		
侍候召片领母	曼磨锡、曼回说	曼暖龙	曼莫龙
侍候大佛爷	曼广		
扫佛寺		曼景康、曼八角	
围篱笆	曼拉、曼磨锡	曼暖龙	
盖房子	曼拉、曼纳能	曼孝	曼弯
盖仓	曼岛、曼陇匡、曼厅、曼景蚌、曼共、曼真、曼醒、曼弄枫、曼广卖、曼洒、曼真门、曼广竜、曼红、曼广瓦		曼东老

续表

劳役项目\村寨等级	滚很召		傣勐
	领因	洪海	
补房子			曼达
盖厕所	曼底、曼莫囡	曼景栋	曼东老、曼莫竜、曼德、曼卖龙
盖晒谷	曼纳能	曼栋囡	曼达、曼贺、曼火勐
盖马圈	曼柯松		
盖洗澡台			曼德
修盖议事庭	曼陇匡		曼达、曼卖龙
守"丢拉"神			曼卖龙
守家	曼真、曼景坎、曼咖	曼暖龙	曼卖龙
守仓	曼景蚌、曼共、曼洒、曼英、曼别、曼戛、曼沙、曼广	曼孝、曼广卖	曼格、曼占宰、曼难、曼达、曼纽、曼卖龙
守花园菜园	曼厅		
守犯人	曼勐、曼勉、曼柯松		
守私庄田	曼景兰		
守鱼塘	曼拉		
代召片领经商			曼卖龙
买黄牛	曼红		
赶驮牛	曼弄卖		
当马夫	曼陇匡		
挑夫	曼弄卖		
运全勐官租	曼弄卖	曼英	
驮送官租	曼贯		
送信	曼戛、曼咖、曼广注、曼共、曼真门、曼贯、曼景坎		

续表

劳役项目 村寨等级	滚很召		傣勐
	领因	洪海	
送米	曼报、曼厅、曼别、曼景蚌、曼共、曼景门、曼醒、曼侬枫、曼洒、曼卖、曼广竜、曼红、曼广洼		
送舍烤①	曼广竜、曼共、曼景门、曼咖、曼广洼、曼景坎、曼戛、曼景傣		
缴船绳	曼底		
缴挑水扁担			曼达纠
缴竹子	曼养		曼卖龙
缴笋子	曼底		
缴箴子	曼底		
缴棕叶	曼侬枫、曼回索		
缴槟榔	曼厅		
缴水果	曼纳板		
缴活鱼	曼景傣	曼孝	
缴酸鱼	曼阁	曼暖龙	
缴鸡	曼景傣	曼孝	曼弯
缴芭蕉树		曼注	
杀人			曼格
抬枪	曼醒、曼广	曼注	
抬金刀		曼注	曼难
背银刀	曼广		
背大印	曼则	曼蚌囡、曼英	
背口袋	曼海		
管金包	曼侬坎	曼蚌囡	

① 即在宣慰使的家里煮饭送给大佛寺佛爷吃。

续表

劳役项目 村寨等级	滚很召		傣勐
	领囡	洪海	
抬金盘		曼忠海	
抬金伞		曼洼	
抬桌子		曼英	
抬"办宛"①	曼景兰		
抬"版保"	曼侬枫、曼陇匡、曼洒		曼达、曼卖龙
抬"卖乃"	曼真		
抬大刀	曼陇匡		曼达、曼卖龙
抬矛枪			曼贺、陇会曼东贺
抬旗子	曼景兰、曼陇匡		
抬孔雀尾	曼广	曼暖龙	
敲锣	曼景兰、曼柯松		
敲铓	曼勐、曼勉		
敲"戛拉沙"			曼卖龙
敲鼓			曼报
放炮	曼陇匡		
做火花	曼勉		
吹号	曼养里		
吹竿			曼红
唱调子	曼陇匡		
划船	曼戛、曼阁、曼蚌囡		
照看小孩		曼莫囡	曼莫竜

从表 2-6 来看，勐景洪各寨承担的劳役，具有很明显的家内劳役的特点，同时，与农业生产、日常管理有关的劳役，需要承担的村寨

---

① "办宛""版保""卖乃"均是仪仗的名称。

数量也最多。

召片领之下的各勐召勐，也在辖区各村寨安排了劳役。以勐龙为例，不同等级村寨的服役安排如下：曼帕掌、曼坑，须派一人为土司守夜；如土司外出，为土司打金伞。曼火哄，须派一人为土司家守夜，给土司的佛爷送饭，为土司种田100纳。曼菲龙，须派一人，轮流为土司守夜；招待来客，并在晚上服侍土司，如端槟榔盘等。曼孙、曼董、曼鞋三寨，专为土司看马、养马、做拴马桩、盖马厩。曼椿，负责打铁、烧炭，供给土司所用的铁器。以上各寨，钱粮和官租都只负担一半。其余各寨，承担的杂役还有：曼拌，交给土司马桑果（一种甜果）一挑，给波郎一箩。曼抗，交给土司"龙抗东列"（一种果子）5头。曼左、曼庄尖、曼庄侧等寨，也同样交纳。曼帕扎，闸水捉鱼，所得的鱼缴给土司一份；如土司的家奴死后，曼抗、曼帕扎负责去抬埋；此两寨还要替土司打金伞、抬凳子、拿雨帽，每天为土司家打扫楼下一次。曼火哄、曼那，每天为土司家打扫楼上及外室，点外室的灯。"傣宰"每天打扫土司内室，点内室的灯。曼景洪，供奉全勐大神。曼景勐，祭竜时，跟随"波勐"① 到宣慰司处拿祭竜的衣服，并扛花枪；祭竜完毕，由他们送还；祭景法神时，他们要派两人跟随土司背包袱。曼菲龙，土司办丧事或请客时，他们要去泡米、煮饭、剁肉、打酒、炒菜、支锅、洗碗、摆桌子及跑腿；土司盖新房、赕佛、祭竜时，要去替土司做米粑，替土司煮饭等。②

山区村寨也承担相应负担。如曼偿，是召勐的家奴寨，替土司挑行李、割马草、砍柴；经常派人到土司家服役，如挑水、烧火、煮饭；每年给土司女人染红布、青布各两件；交纳给土司棉花20斤，黄蜡2斤，土蜂20斤；交纳给波郎棉花10斤、黄蜡6两、土蜂5

---

① "波勐"即勐的巫师或祭司。
② 《西双版纳傣族人民的各项负担》，国家民委《民族问题五种丛书》编辑委员会、《中国民族问题资料·档案集成》编辑委员会编：《中国民族问题资料·档案集成》第5辑《中国少数民族社会历史调查资料丛刊》第86卷，中央民族大学出版社2005年版，第308—310页。

斤。曼播,每年交给土司黄蜡6斤,土蜂20斤,大藤席1床,交给波郎黄蜡5斤,土蜂2斤,小藤席1床。曼诺,每年交纳给土司棉花20斤,"麻空"(苦果)一挑,橘子100个;并派佚割草、挑柴、砍柴和烧炭,每天替土司舂米一次;缴纳给波郎棉花10斤,"麻空"半挑,橘子50个。此外,曼老、帕仑、曼暮、汉勐囥、曼聋、曼添、曼过见、曼丢、曼那等村寨,也都承担各类负担和劳役,兹不赘述。召勐分派给各寨的负担,都经过宣慰使的批准。①

部分由土司的仆从建成的村寨,所承担的劳役更为多样,如"猛混代办的私庄,景乃寨二十户,帮代办做事,随叫随到"②。

普思沿边的直接劳役又被称为指定服役,其出现及长期存在的原因,有研究者分析是这一地区商品经济尚未发展及血缘共同体还未被打破,于是便决定了这种社会不可能像制度健全的国家那样,针对地区和单个人摊派税役。因此原有共同体内部的社会分工被赋予了国家强制力,并通过征服,将其拓展国家的各个领域。③ 但是,普思沿边下迄至清雍正年间开始,就已有针对清廷承担税赋的清晰记载,车里宣慰司将这些税赋按版纳划分至每个勐,规定每个版纳缴纳的税赋银数额。至于各版纳和各勐,再将这些税赋银分派至所辖村寨。这一面向清廷和民国政府的税赋银系统,与召片领、召勐分派至每个村寨的直接劳役系统,在普思沿边并行不悖。而在腾龙沿边,各土司从明代开始,就已有向中央缴纳税赋的记载。因此,认为普思沿边长期存在的直接劳役是由于这些地区不像制度健全的国家那样针对地区和个人摊派税役的分析,值得商榷。

---

① 《西双版纳傣族人民的各项负担》,国家民委《民族问题五种丛书》编辑委员会、《中国民族问题资料·档案集成》编辑委员会编:《中国民族问题资料·档案集成》第5辑《中国少数民族社会历史调查资料丛刊》第86卷,中央民族大学出版社2005年版,第310—312页。

② 佚名:《云南边地之民族与民族性》,骆小所主编:《中国西南文献丛书》第4辑《西南民俗文献》第18卷,兰州大学出版社2003年版,第18页。

③ 卢中阳:《西双版纳指定服役制度研究》,《思想战线》2019年第2期。

三 依托于平民之上的生活方式

普思沿边和腾龙沿边社会的贵族，与平民有血缘、婚姻上的天然分隔，享有面积不等的薪俸田和平民提供的各项劳役，进入地方政治体系与晋升的机会也更为优厚，在很大程度上，两地的贵族过着一种依托平民又超越平民的生活。

细究起来，边地土司和贵族又有所不同。为数不多的土司，所享受平民的贡献也更为多样且集中。在边地这种纯封建社会里，土司的权力很大，每年要完纳收获的百分之十五的税以外，凡遇贵族们的婚丧喜庆都有很重的现金摊派，每次每户总要摊派十两至百两不等的银子，有时候一年就有好几次……芒市土地代办方裕之，住着一座高大的洋房，过着舒服的生活，并且有两部流线型的小汽车往来滇缅之间，这都是摆夷供给他的。曾经有个人问到他的经济来源，他坦白地说，我们的老百姓，对于土司都有一定的供给，并且还有种种摊派，如土司近族的生死嫁娶，朝官大吏的招待供奉，自然不会没有钱的。

土司的经济收入，完全是由人民身上剥取的，在摆夷境内，人民没有私有土地，一切耕地，名义上是公有，实际不啻是土司一家所独有，因为人民的耕地皆从土司处领来，领得土地做了土司的人民，便须负着如下的义务：

（1）依领种土地的多少，按年纳谷租给土司——腾龙沿边的情形如此。

（2）按户口年出赡养费于土司——普思沿边的情形如此。

（3）土司有庄园私田，由人民无报酬代为耕种。

（4）土司署和土司家庭中的经常食用，由人民分派担负，例如每天需用的蔬菜、肉食、柴炭，皆由全境人民供给，有的地方，土司署的伙食是由各寨轮流承办的。

（5）土司署的差役、厨房、茶房、使女，皆由各村寨派来服役，每十日或半个月轮换一班，不给薪酬，在较大的土司署，这些差役经常在百人之数。

（6）若遇土司袭职、死亡、婚嫁和其他重大事件，都必向人民派款，这种派款的数目，常常超过事件本身需用的数量，所以边地有句民谣："若要土司富，死人要媳妇。"

土司之外的其他贵族，虽不如土司生活优越，也有下面几种生财之道：

（1）被任为重要职员或分管了几个寨子，可以向人民收取一份俸禄，例如车里宣慰司的大头人，可从人民征取的宣慰赡养费中分得一部分；土司署的四大叭，每年可以得到地方公谷一百二十挑，大助理可得八十挑至一百挑；这是根据各大叭自己所说的数目，实际恐不止此，因为每一亲贵派管几个村寨，便不啻是这区域内的小主子，每年由人民所得到的收入，不止百十挑谷子之数。

（2）新贵头人所领种的田地，均可不必向土司缴纳租赋。

（3）凡政府征收的政费、税款，土司署的摊派，均只派在老百姓身上，亲贵头人可以一概邀免。

（4）遇有征派，皆由各头人经手，在上下转手间，好处可就不少，所以边地中凡遇到县政府派款，或土司家有所摊派，便是头人们发财的机会。

（5）边地因语言民情的不同，政府的税收，如牲屠税、烟酒税、牌照税，皆不能依照规章派员征收，一般情形都让土司头人承包，头人再把税款摊派村寨人家负担，所盈余之数，便归土司和头人们分享。

因为有以上种种生财之道，边区的土司，都莫不富甲一方，就是亲贵头目，也远较人民为富有。[1]

土司与贵族所享受平民的各种奉献，不仅在普思沿边和腾龙沿边，凡具有与傣族相似贵族与平民二分社会结构的地区，情形也大体相似。在暹罗北部旅行过的博克写道："到达后过了几天，我发现我

---

[1] 江应樑：《摆彝的生活文化》，骆小所主编：《中国西南文献丛书》第4辑《西南民俗文献》第18卷，兰州大学出版社2003年版，第154—155页。

只是表面上昭的客人。实际上我靠'团的开支'生活。我的主人的女仆，每天早晨到附近村庄居民那里去，征收家禽、蛋类、水果和其他食品。百姓习以为常，不敢拒绝这些要求。"①

作为土司和贵族优越生活基础的平民，需要承担以下经济负担：

（1）赡养费。在普思沿边境内，摆夷对于车里宣慰及各大头目并直属的土司，均须按年上纳赡养费。抽收办法是不论贫富及人口多寡，只按户纳银。这办法起源很早，可以说自有土司便有此制度。民国元年十二版纳改设行政区，经政府核准每户摆夷年纳赡养费银币二角于车里宣慰，继后逐渐增加。民国三十六年为每户年纳赡养费银币一元。此数是公开的，宣慰、土司、人民均不讳言，其他各人民对土司头人的负担，则多秘而不宣，大概在十二版纳境，每户人民对土司之负担，每年在银币一元至三元之间，腾龙沿边则征收缅币卢比，每户年纳二至六卢比。②

（2）谷租。数量多少及征纳方式，各地不尽同。……大概西部各地，是依据人民种地多少而定纳粮数量的。上纳数较重，约及收获总数20%—50%，如芒市平原中的村寨，上好田每年播下谷种一箩（该地量谷米皆以箩计，一箩约重20斤），可收获70—80箩新谷，缴纳土司署者约为20箩。陇川与遮放，每户收获100箩谷，均须缴纳40箩。有的地方如猛卯，人民纳租的办法是以村寨为单位来计算，例如某村有耕地若干，由土司署规定该村年须纳谷若干，然后再由头人向全村人户摊派，这样上下手间，经手人难免中饱些，所以人民的负担便愈加重了……南部各地则纳赋较轻。

（3）差役。土司署中之执事、差役、厨师、茶房、使女，都由各村寨人民分别前往承值，每10日或5日一班，这是一种无报酬的服役。有集中特殊工役是由几个专门的寨子住民永远负责轮值的，如厨

---

① ［德］博克：《在白象之国》，转引自 ［苏］尼·瓦·烈勃里科娃《泰国近代史纲（1768—1917）》（上册），王易今、裴辉、康春林译，商务印书馆1974年版，第124页。

② 江应樑：《摆彝的生活文化》，骆小所主编：《中国西南文献丛书》第4辑《西南民俗文献》第18卷，兰州大学出版社2003年版，第172页。

师、婢女之类。

（4）供应。即实物的献纳，例如逢年过节，人民必向土司献酒肉，平时屠一头猪，必须送点肉给土司，地方上特殊的出产，必须经常献给土司，在十二版纳境内，这种献纳是否足够土司食用，人民不负责。腾龙沿边则多近似包办性质，例如土司署及土司家庭中的膳食，皆由各业人民轮流承办，或者由头人包办，每三月或一月结算一次，该银若干，由各村寨人民分摊。土司膳食很丰厚，这不似人民之简单，每天午晚夜三餐（南部各土司习惯较好，西部各土司则起身极迟，故皆不用早餐，唯夜间十一二时开一次夜餐，为一日三餐中之最丰盛的一顿），均有酒有肴，以芒市土司署言，每餐约开十桌，其中两桌为土司及家属食用，经常均鱼肉十数味，余八桌较简单，这样每天约需膳食费50银元，以此计之，全境人民对土司署中供应膳食一项的负担，每年便须银币1.8万元。这是经常负担，此外还有特殊负担，例如专供应柴炭的村寨，称曰柴炭寨，供应土司眷属所用脂粉的村寨，称曰脂粉寨。

（5）特殊征纳。常见者有下列项目：嫁娶费、丧葬费、生育费、袭职费、祝寿费、年节费、修建费等。①

正因边地土司和贵族所过着完全享受平民各种奉献的生活，因此，进入20世纪之后，不断有学者采用阶级分析的视角，将边地土司和贵族视作完全依附在平民之上的剥削阶级，其原因也在于此。

20世纪三四十年代，作为民国政府教育部边疆教育考察团成员之一的赵纯孝，对腾龙沿边的阶级差别有较细致的分析："滇西边地之摆夷社会，极明显的分为两个阶级。一为在政治上及经济上占绝对（支）配权的贵族阶级，地主阶级和封建领主阶级；一为一切隶属于土司的毫无所有的平民阶级，佃户阶级或农奴阶级。因此阶级之对立表现于经济方面者：第一为贵族占有一切土地，人民则为隶属于土地

---

① 江应樑：《摆彝的生活文化》，骆小所主编：《中国西南文献丛书》第4辑《西南民俗文献》第18卷，兰州大学出版社2003年版，第173—174页。

之佃户；第二贵族可以任意征发人民之财富与劳力，而无需任何代价；第三贵族之一切居住食用装饰游戏享乐交际婚丧等生活费用，全部归人民负担；第四贵族对于人民为共产，人民对于贵族为负债；第五贵族将社会财富集于一身，人民则一身以外几无所有；第六贵族所过的为豪华生活，人民所过的为原始生活。按摆夷物质本极丰富，人民生计较内地为优裕，但在土司极端榨取之下，人民每年耕作所得，除维持其一家数口之最低限度之生活外，所余乃极有限，以故平民阶级绝少有积蓄财富改善生活之机会，即或少有积蓄，则上自土司亲贵，下至亢头老幸，均可用种种方式敲诈强取。平民阶级之财产权，既毫无保障。因此一般平民心理对于积蓄财富之观念，甚为淡薄，更不感何兴趣。一有剩余，即全部捐舍于冢房佛寺，以求超生，养成一般平民佞佛舍财之心理。"①

土司既已被视作剥削阶级，边地社会所产生的问题也可推到土司及维护土司权益的土司制度上，即所谓边地"经济危机，如是其严重，其主要成因，厥为土司制度是也。在此土司威权至高无上的现状下，假使有人办理移民垦殖事业，则新移来的人口，则非为中华国民，而为土司压迫下之奴隶；以劳力所生养之财富，非属之披荆斩棘之开发先驱者，而属之于坐享其成之特殊阶级。世上不合理之事无过于此。是故废除土司特权，扶植人民发展，实为今日挽救摆夷社会农业经济危机之急务。当前最彻底最有效之对策，愚意以不外实行土地国有及农事改良两途"②。

民国时期内地人士对土司群体的批判，不独见于赵纯孝。1941年，张笏考察腾越边地教育之后，著《腾越边地状况及殖边刍言》，为边地教育发展经费筹划，其最末一办法为从土司收入中分得一部分。"述记至此，客有自边地归来者，坐谈之间，论及此事，客云：'土司生活之优异，宫室之壮丽，出入之威武，内而旧时代之帝

---

① 赵纯孝：《摆夷社会的农业经济》，《经济汇报》1944年第10卷第2期。
② 赵纯孝：《摆夷社会的农业经济》，《经济汇报》1944年第10卷第2期。

王化，外而大强国之领事化，以日常生活言，每日上下餐不下三数十席，酒食异常丰盛，妻子衣服丽都，每年汽车之购置消耗，年以罗比数十万计，时而纵游缅甸南洋，腰缠巨万；时而驱骋田猎，仆马如云，俊童有小蒲蛮，姬妾有小蒲萨，珠玉炫耀，狗马好玩，犹其余事，天上神仙，人间土司，殆足并美。吾子言其每年派人民罗比二百四十万，系言者张大其词，实则此区区之数，尚不敷用。吾子不闻芒市土司负债数十万；干崖土司负债数百万乎。奈何以罗比陆十万，即可供各土司之挥霍也，总之，土司存在一日，边地一切均不能言改进一日，若能贯彻先总理之民权革命，则不惟吾子所主张之全部边教完全可以就地解决，即本篇改进边要一切交通建设等，亦无须国家或省担负，即可就地筹办，奚用连篇累牍，呶呶不休为也。'余闻客言，不禁欣然而起，继则悄然而思，终且喟然而叹，反复咏孔子龟山操之末二句'手无柯斧奈龟山何。'"①

但是，作为土司和土司体系批判者的民国政府官员，也忽略了民国改制之后，为边地政府建设所向平民征收的税赋，是导致边地平民经济生活进一步恶化的重要原因。前文述及民国政府改局设县所需经费时，已详述这一部分内容。但这一传统还可向前推延。从清代中期到民国时期，进驻傣族地区的军队就已经加剧了对平民的压迫。如南甸宣抚司地，"自光绪四、五年间便已受累日中，至十二年，又创令颁发采买防米，每年八九百石不等。所颁之银甚少，勒令缴米之数几多。十三年，又派建筑防营银二千两。十四年，厅官陈宗海代禀减免兵米二百石，令其五少爷来到司地摊派，使费每石需四两，共合派银捌百两；银派入手之后，复压令司官出具自其父到任直至交卸，所有采办均系照市发价，并无短少印结。其实每石只发银元七钱，届收缴时必折银一两八九；加以防军差官兵勇藉催采米谷为名，往来滋扰需索，尤为不纪其数，以致民力难支，多有举家逃入外域者……干崖宣

---

① 张笏：《腾越边地状况及殖边刍言》，昆华民众教育馆编：《云南边地问题研究》上卷，昆华民众教育馆1933年版，第387—388页。

抚司，自光绪四、五年以来，司地受累，较昔兵燹更甚。加有十二年创令领办每年防米八九百石或千余石，领价银少，缴米多……因此百姓受尽苦累，携家逃入野山及新街者甚多……盏达副宣抚使司境内，光绪十四年，伊代禀减免兵米二百石，又勒派使费银八百两，而每年尚须领防米四五百石，所费不赀，故百姓挈家去者不知几许……陇川宣抚司，百姓被逼不过，逃者甚伙云……勐卯安抚司，搕克如此，民何以堪？"①

小结

与城市在政治上的核心地位相伴随，普思沿边和腾龙沿边普遍实行以血缘为基础的身份等级制。土司及其家属在这一身份等级制中居于最高地位，随着血缘的逐渐疏远，等级也逐渐降低；平民和贵族的护卫、仆役构成这一个等级体系的基础。两类群体间形成统治与被统治的分野。

作为统治者的土司，除了在居住空间上划分出与平民间的距离之外，在婚姻家庭结构上也采取了与平民不一致的类型。土司实行男性单系继嗣，土司职位的承袭以嫡长子为核心原则，土司之间构成跨越距离的通婚圈，以保证血缘的纯粹。这一婚姻家庭结构在最大程度上保证了土司政治的顺利传承。与此相对应，平民实行不均衡双系继嗣制度，盛行从妻居和小家庭制，在此基础之上，平民所生活的村社往往构成一个双系拓展的庞大亲缘网络。

与以上身份等级和婚姻家庭结构相匹配，傣族社会的农耕经济生活方式也划分出两套不同的土地制度和生活方式。傣族社会名义上为土地公有，土司占有所有的土地，但在平民群体中实行以家庭为单位的份田制。每户农民领得一份同一村寨内面积大致相等的份田，并向土司缴纳一定比例的田租。土司和衙署官员则实行薪俸田制，按照官

---

① 黄诚沅：《滇南界务陈牍》下《西南陈牍》之《黄懋材腾越沿边疆索图说》，转引自古永继编《云南15种特有民族古代史料汇编》（上），云南大学出版社2018年版，第276—278页。

员等级高低领得面积不等的薪俸田。平民除按照份田缴纳田租外，还须向土司提供各类劳役。官员所领的薪俸田不用缴纳田租，高级官员也可享有平民提供的部分劳役。

傣族农耕社会中两类不同的人群在政治、家庭、经济生活方式上也有截然的区别，且很少能通过后天的努力加以改变。但这种二分的政治经济和社会体系，却能长时期保持稳定，其基础在于傣族地区地广人稀，平民所领份田，缴纳田租之后基本能保证温饱且有少量剩余。村社平民间形成一种相对均质化的生活模式，彼此间差异不甚悬殊。土司和贵族虽占有大量田地，但对平民的剥削不太严重，这一点在普思沿边表现得更为典型。因此，傣族社会虽然有截然的分层，但彼此间的对立并不突出。

第三章 城市与商业贸易

傣族农耕社会中，贵族的仆役是傣族社会中手工业的主要承担者。这些贵族仆役并不能完全脱离农业劳动，因此傣族地区手工业者多是农民兼手工业者的身份，并以手工业劳动产品代替部分上缴给土司的税（费）役。与居住格局相关，城市成为常见的手工业和农产品交换场所，即初级市场所在地。同时，农民与地方土司各组织不同类型的商队，从事盐、茶、稻米等大宗物品的交易活动，贸易路线连接我国普洱、大理、昆明和境外的缅甸、泰国等地。

第一节 傣族地区的手工业

普思沿边和腾龙沿边以谷物种植为主要营生，农民所纳田租也多为谷物。因此，历代关于普思沿边和腾龙沿边社会的研究，均注意到边地社会农业的发展和手工业、商业的欠发展。但晚近以来的研究已经表明，普思沿边和腾龙沿边是多民族交错居住、民族文化汇集之处，以纺织、竹器、陶器等为代表的手工产品均有长期的发展历史和较高的工艺水平。这些手工艺品和匠人，作为农耕业的重要补充，不仅满足边地社会日常生活的需要，也成为商业贸易的重要货源。

一　主要手工业类型

农业种植为傣族社会的核心，手工业虽地位稍逊，但也不可或缺。事实上，手工业在傣族社会不仅普遍，而且相当精巧。只是任何手工业者都是视手工业为耕种以外的副业,完全依赖手工业为生的人在普思沿边傣族社会中可谓极其罕见。傣族社会的手工业类型和产品,主要包括织锦、陶工、冶工、竹工等几类。

傣族织绣的技艺历史悠久。元明之际,以"兜罗锦""干崖锦"为代表的德宏织绣以及西双版纳等地的"丝幔帐"和"绒锦",都已具有高度的艺术水平。比较起来,普思沿边和腾龙沿边的织绣,在图案、风格上有一定差异。普思沿边的织绣,材料以棉为主,纹样除几何纹外,收入了许多反映地方风物的具体形象,如日、月、大象、孔雀、马、人物、花草等。腾龙沿边养蚕较早,织绣多以丝织,图案多用菱形几何纹样,在每个大的菱形单位中又由许多小的单个纹样组成,构成一种富于变化又严整的图案。①

织绣是傣族贵族和平民家庭普遍完成的一项工作。傣族地区的纺织机,与内地旧式木架织机相似,但体型较小,故纺织的布口面较窄。传统上,傣族人纺织时要先将自种的棉花纺成线,再将纱线理整齐后放上织机。所做者除白布外,还能织双色的花布或凹凸花纹布。最精美的一种布被称为织锦,用彩色丝线和金银线条交织成美丽的图案花纹。这种织锦,大多长5—6尺,耗时约1年之久,价值极昂贵。

傣族人所纺之白布通常染色之后,用作衣物,其余色彩花纹精美者,用作佛幡、衣物装饰、筒帕等用。佛幡在傣语中称"董",在普思沿边和腾龙沿边为常见的宗教活动用品。佛幡上的图案通常为佛寺或与宗教相关,如菩提树、释迦佛祖等。衣物装饰多用在女性筒裙或上装的领口、下摆等位置,图案多为几何纹样。傣族女性的服饰,与阶层有密切关系。平民服饰质地、颜色、花纹较为普通,贵族才可穿丝质衣物。筒帕即傣族社会常用的挎包,男女均有,女性使用的筒帕较男性更为小巧、华丽。

傣族家庭的女孩子长到十一二岁之后,便开始学习织布绣花技能。成年之后的傣族妇女,几乎人人能纺织,因此普通傣族家庭均有

---

① 李何林:《傣族织锦》,《云南民族学院学报》1984年第2期。

一织机。传统上还有棉花去籽用的绞车，以及纺纱车、绕线架等工具，可完成从去籽、弹花、纺纱、理纱到织布等整套工序。民国以来，因英国纱线输入较多，且较传统纱线为精细好用，因此傣族人多将自种棉花卖出后购入英国纱线用来纺织，自行纺纱的技术几乎消失。

有关陶工，普思沿边和腾龙沿边不产瓷器，民间使用亦少，日常所用多以陶器和银器替代，其中民间用陶居多，土司、贵族银器稍多。普思沿边和腾龙沿边均产陶，尤其是普思沿边的制陶技术，被认为保留了较多早期制陶技术的特点，因此在20世纪50年代以后受到较多关注。普思沿边的制陶技术多为女性传承，其中又以勐景洪、勐海等地受到关注、研究更多。

依照技术及工艺从相对简单到复杂的顺序，普思沿边的制陶工艺，在成形上有慢轮泥条盘筑成形和初级快轮提拉成形两种，在烧制上分为无窑和有窑两大类。慢轮泥条盘筑成形陶器的原料，与初级快轮提拉成形的原料有所不同。慢轮泥条盘筑的陶器，如勐海曼贺寨，原料陶土取自流沙河岸的台地，和泥时掺入砂料。陶土与砂料的比例为2:1，然后倒入木槽中，用锤捣细，就成为制坯的泥料。初级快轮提拉成形的陶器，如曼朗寨，原料是细腻的黑土，掺入十分之一的砂子。泥料先倒入槽中，用木桎捣烂，再放到生牛皮上，加砂后反复踩炼，以提高可塑性。

制作陶坯的技艺，不同地方也有所差异。曼贺、曼么勒寨是在静止木板上将泥条盘筑成形。曼各寨是用圆底木盘在地面上拨动塑坯。曼炸寨是在自由转动的慢轮盘塑。曼朗寨则用初级快轮提拉成形。而无论用何种塑形方法，都能得到相当端正的圆形器物。在塑形之后，都要用手指夹着湿布，包住陶坯的口沿，均匀地做平滑运动，得到平滑圆正的口沿。

在烧制阶段，无窑陶器的烧制方法是在平地铺垫碎柴，其上覆盖稻草，或用牛粪、稻草等多层覆盖烧成；有窑陶器是在双火道的灶式敞顶土窑中，用木柴烧成。无窑烧制的陶器，烧制的地点不固定，可在村寨旁选择一平地即可。有时火候不够、陶质夹生，甚至需要二次烧制。双火道的土窑，已经是固定的形制，可连续使用。①

陶罐是傣族地区常见的陶器和主要的盛水器皿。陶罐大小不一，从拳头大小至一米高的水瓮均有，通常为大肚细口。腾龙沿边傣族烧制的陶罐色暗黑，上有花纹。普思沿边的陶罐有红、黑两种。

傣族地区的贵族住宅和寺院顶部覆瓦，这些瓦通常由附近平民烧制。瓦为三寸许平方之青黑色小薄片，一端有钩，称为挂瓦。除瓦外，还有砖，砖为红色，较汉地的砖略小。烧制砖瓦的工人，都要农事完毕后才从事此工作。当某寨要建寺庙或某贵族要建房屋时，便请托或安排能烧制砖瓦之工人代为烧制。

关于冶工，傣族地区的冶工分为银器和铁器加工两种。银器多为装饰品，如手镯、耳环、戒指、项链等，样式均很精美。西双版纳地区还有银质槟榔盒和钵盂。土司承袭、土司和贵族婚嫁、丧葬等重要活动期间，银器是常见的祝贺或馈赠之礼。云南银矿资源丰富，明清两代，中国三大重要的白银来源，除日本白银和美洲白银外，另一个重要来源即云南的白银。有研究指出，明代后期至清代中期，云南白银课税，长期占全国白银课税的一半以上。②而云南较集中的银矿和产银地位于滇缅及滇越边疆一带，如茂隆银厂、波竜老厂等。这一地带距普思沿边与腾龙沿边路程不远，这为两地土司和贵族使用银质器具提供了条件。而在明末清初以前，云南长期使用贝币作交易货币③，银、铜均罕见。

铁器皆为农具和日用品，如铲、犁、锄、锅、刀等，制作较粗

---

① 《勐海傣族的制陶术》，国家民委《民族问题五种丛书》编辑委员会、《中国民族问题资料·档案集成》编辑委员会编：《中国民族问题资料·档案集成》第5辑《中国少数民族社会历史调查资料丛刊》第88卷，中央民族大学出版社2005年版，第559—563页。

② 杨斌：《流动的疆域：全球化视野下的云南与中国》，韩翔中译，台北：八旗文化2021年版；杨煜达、[德]金兰中：《明代云南银矿生产的空间格局研究》，中国地理学会历史地理专业委员会、《历史地理》编辑委员会编：《历史地理》（第38辑），复旦大学出版社2019年版，第107—124页。

③ 江应樑：《云南用贝考》，《新亚细亚》1937年第1期。

糙。南峤（即勐遮）等地产铁，傣族人以土法炼铁，制作铁器，只是土法炼制出的铁杂质多，用来制作的铁器质量也不甚让人满意。

关于竹器，傣族地区生活常用到竹子。平民的房屋以大竹为梁，以竹篾为墙、地板，还有竹制楼梯、门窗等。门窗上编成各种花样，表现着建筑者的艺术，楼板是大竹打通中间的竹节，直剖使之裂开，然后压平，便成为宽尺许长数丈的光滑楼板。家中的生活用具，也多为竹制，有竹制桌、椅、床、提篮、食盒等。竹器编织常见为男人所为，技巧的训练通常并不刻意，大约青少年在家中，多次观摩老人编制过程并被训练几次之后，即可习得。不同个体在编制技巧、美观或牢固与否上存在差异，偶有不欲自己编制的，也可方便地从别人手中购得。水桶是一节天然的大竹，水瓢也是刳大竹之一面而成的。走入摆夷家中，触目所见尽是竹制之物。

在摆夷地区，结构最宏大的竹制作品应算竹桥。在猛卯与缅甸交界的瑞丽江上，造有长及600多英尺、高出水面20余英尺的大竹桥。全桥以竹为支架，上用竹筒联系，中间铺上竹板，板上覆沙，竹与竹相连处，不用钉，仅用竹制成之篾绳扎拴，全桥除竹以外无他物。不仅人马可以行走，小汽车也可以从容通过，虽然当车行至桥上时，桥身被压吱吱作声，使车身左右摆动，看上去非常危险，但因竹性绵韧，虽被压至弯曲，亦不致折断，车过后又便伸直如故。不过，此种竹桥只能经过一个干季，到雨季江水涨时，便被冲毁，改年干天，又得重新搭造。①

除织绣、陶工、冶工、竹器外，普思沿边和腾龙沿边比较有代表性的手工业者群体还有纸匠、做伞、榨糖、石匠、茶庄等。尤其是制作普洱茶的茶庄，在普思沿边具有格外的影响。从清代至民国，尤其是"二战"期间的太平洋战争爆发之前，普洱茶产业是普思沿边率先实现从传统手工商业向近代工商资本业转型的产业，对普思沿边，尤其是佛海、南峤工商业地位的确立提供了最大的支持。关于此一部分内容，后

---

① 江应樑：《摆彝的生活文化》，骆小所主编：《中国西南文献丛书》第4辑《西南民俗文献》第18卷，兰州大学出版社2003年版，第184—185页。

文将有详述。

二 城市与手工业

普思沿边和腾龙沿边社会在生产方式上有几个核心特点，如土地共有、农耕为核心、小家庭横向互助生产、以户为单位承担直接劳役、生活方式相对均质化等。在这一社会与生产方式下，手工业也具有一些相应的特征，如手工业者多为兼职、手工业类型与该村所承担直接劳役类型有关、不同等级农民中手工业者比例不同，等等。

在普思沿边和腾龙沿边贵族—平民二分的等级社会中，城中除居住土司、关系较近的亲属外，其余多为奴仆、护卫。在普思沿边，由于召片领及衙署规模较大的车里宣慰司驻地景洪，勐景洪区域内，召片领直属田及官员薪俸田所占比例较高。而在其他勐，平民所占田地的比重明显高于勐景洪。在传统村社及等级划分体系中，傣勐等级的平民主要负担提供田租以及部分服务于地区公众生产事务的劳役，如修路、修水渠、架桥等。他们在地方社会扮演的角色，即作为土司统治最为广大且一般性的基础。而作为土司仆役的滚很召等级，核心身份及职能是为土司及其家庭提供生活服务相关的劳役。相对而言，仆役等级户均占有土地少于傣勐等级，尤其是仆役等级中部分由战俘、流民转化而来的，占有土地更少，主要依靠提供各种劳役弥补官租的不足。在勐景洪，傣勐和滚很召共占有份地12068.2亩，其中占总户数28%的傣勐等级占有72.5%的土地，而占有户数的63%的滚很召仅占有27.5%的土地。①

土司仆役等级的人群往往又以居住在城市内外划分成两个等级。居住在城外的仆役，往往聚居成寨，以寨为单位向土司提供某一类专业劳役。在勐景洪，曼沙和曼令这两个领困寨，即承担土司为召片领

---

① 《西双版纳傣族社会经济调查总结报告》，国家民委《民族问题五种丛书》编辑委员会、《中国民族问题资料·档案集成》编辑委员会编：《中国民族问题资料·档案集成》第5辑《中国少数民族社会历史调查资料丛刊》第86卷，中央民族大学出版社2005年版，第156页，原文数据如此。

做菜的劳役。曼列和曼养饲养大象。其余村寨，分别承担打伞、敲铓、吹号、抬孔雀尾、摇扇等。虽然仆役与傣勐等级一样无法脱离土地成为自由生产者，但仆役等级的人群更有可能转化为农民兼手工业者，尤其是那些承担与手工技艺相关劳役的村寨，如纺线、织布、染布。当然，承担专业劳役的村寨并不一定能培养出相应的比较发达的手工技艺，同时，一些手工技艺也存在寨与寨之间或人与人之间的传播现象。如位于景洪城东北约3公里的曼斗，是制陶技术较有代表性的村寨。而曼斗的制陶技术，是从专门负责向召片领提供制陶劳役的曼勒寨（意为土锅寨）传入。①

总体而言，普思沿边和腾龙沿边皆以农耕为社会运作最重要的基础，在此基础上建立的地方政治体系，也以谷物和服务于日常生活的直接劳役为农民最重要的产出，无论贵族与平民，在物质生活享受上尚处于不太发达的地步，因而各种手工技艺，虽与仆役和劳役有一定关联，但仍处于相对分散状态。直至20世纪50年代调查期间，西双版纳的农村手工业仍不甚发展，主要行业约15种，以打铁、织染、缝纫、造纸、制伞等较多。这些行业多带有农闲副业的形制，大部分不是经营不正常，便是缺乏资金，独立手工业者很少，只是在勐海、勐遮等地"城子"附近有很少几户，个别寨里有不脱离农业的铁匠、银匠、鞋匠、做纸伞和缝纫的。②

民国时期政府和商人依托县城在边地发展实业，也多以农业特产为主，如茶叶、紫梗、樟脑、棉花等，少部分涉及手工业，如染行。传统染布，分散在各家户；营业性质的染行，据20世纪50年代的调查，普思沿边共3家，一是勐海的合股染行，私营，规模较大，有股东40多

---

① 《景洪曼斗寨傣族的制陶术》，国家民委《民族问题五种丛书》编辑委员会、《中国民族问题资料·档案集成》编辑委员会编：《中国民族问题资料·档案集成》第5辑《中国少数民族社会历史调查资料丛刊》第88卷，中央民族大学出版社2005年版，第565页。

② 《西双版纳傣族自治区（州）农村副业、手工业及交通、水利情况》，国家民委《民族问题五种丛书》编辑委员会、《中国民族问题资料·档案集成》编辑委员会编：《中国民族问题资料·档案集成》第5辑《中国少数民族社会历史调查资料丛刊》第86卷，中央民族大学出版社2005年版，第93页。

个,全年染六千多件土布。此外,易武、景洪街子另各有一家。①

第二节 城市与商业贸易

普思沿边和腾龙沿边虽地处边疆,且过着一种相对均质化的农耕生活,由此限制了手工业的发展,但间处中国与缅甸、泰国等东南亚国家之间,又成为沟通云南、四川、贵州与东南亚贸易的重要中间地带。普思沿边和腾龙沿边各有贸易擅长,除此国家间贸易之外,由地方初级市场构成的区域性贸易网络也是两地商业贸易的重要构成部分。

一 傣族地区的城市与"街子"

施坚雅对中国古代不同城市类型进行区分时提出,治所的正规行政属性大部分是由它在相关经济中心地区域体系中所处的地位发展出来的,非正规政治体系的规模与强度是与官僚政府的强度呈逆变化关系——这是一种协变,它把"自然"经济区的结构也表现得至少与各省的排列一样清楚。② 在西南一带,无论是治所还是经济中心都受到自然环境的制约,即主要人口和经济活动围绕大小不一且相对封闭的山间坝子所进行,城市、经济中心与坝子三者构成明显的协变关系。

民国时期,云南全省的贸易及市场大致如下:"滇省一百县十六行政区一特别市,所属市场不下千数,大小不同,荣枯各异。昆明、蒙自、腾越、思茅,商埠也,每年出入货价,各千百万元,为对外贸易之市场。下关、昭通、开化、泸西、保山,地当孔道,不失为三迤

---

① 《西双版纳傣族自治区(州)农村副业、手工业及交通、水利情况》,国家民委《民族问题五种丛书》编辑委员会、《中国民族问题资料·档案集成》编辑委员会编:《中国民族问题资料·档案集成》第5辑《中国少数民族社会历史调查资料丛刊》第86卷,中央民族大学出版社2005年版,第94页。

② [美]施坚雅:《导言:中国社会的城乡》,《中华帝国晚期的城市》,叶光庭等译,中华书局2000年版,第302页。

之商业中心。个旧、会泽，重要矿区，亦居商业重要地位，井场各地及茶糖产区，贩运络绎。较大城市，人烟辐辏，商业较为繁盛。大理三月，丽江八月，远商云集，交易颇巨。永善、鲁甸虫会，盐津笋会，每年川商按期到来，满载出境。虫会二三月，笋会分春秋两季，昔皆繁盛。若穷乡僻壤，三日一集，六日一街，日中为市，犹有古风。"①

城市、市场与坝子所构成的协变关系，呈现几个明显特征，且多受边地自然环境（一定程度上可说是恶劣）的影响。首先是交通限制下的边地产业贸易的相对欠发展。十二版纳地居热带，"气候温暖，原野肥沃，有广大无垠之森林……惜于交通一道，因循苟且，极不讲求，道途梗阻，荆枳满地，顺至社会文明无由增进"。②其次是自然因素有时突破城市与市场的协变关系，最典型的情形之一是陇川。陇川城所在地区域狭窄，而章凤街背靠陇川面积最大的坝子，章凤街逐渐成为陇川最具规模的市场。"将抵虎踞关，张仪卫僰夷夹道聚观，并有杂鬻货物者，关路虽窄，而内外坦平，殊无设险之势……行二十里至章凤街，始见人家，野圃中油菜作花矣，缅人通贸易时，此地市集最盛。"③最后是边地贸易受瘟疫和瘴疠的影响颇大。如作为连接内地与普思沿边及东南亚最为重要市场之一的思茅，在遭受瘟疫打击后，在19世纪80年代已一片萧条。"我们没有看到大型贸易或者大型商业活动的痕迹，但正如云南其他地方一样，这里的贸易正在逐渐恢复，店铺寒酸狭小，不像店铺，更像一排沿城墙根排列的小贩摊位，几乎没有欧洲商品的影子，英国的针、线、火柴、纽扣一些零碎东西和印花布以及火柴最为多见，几乎可以说是仅有的外国商品……所有那些其重要性如雷贯耳的城镇呈现出的衰败气息，让人很难想象

---

① 云南地志编辑处编：《云南产业志》卷五，缪文远主编：《中国西南文献丛书》第3辑《西南史地文献》第29卷，兰州大学出版社2004年版，第97页。
② 李拂一：《车里》，商务印书馆1933年版，第48页。
③ 王昶：《征缅纪闻》，德宏州史志编委会办公室：《德宏史志资料》（第13集），德宏民族出版社1990年版，第79页。

能有什么大型贸易，但我们不要忘记在暴乱中人口骤减，然后又是一波又一波的瘟疫。"①

普思沿边和腾龙沿边的市场，在时间、货物与人群上，都有相应的特点。"普思沿边的街场皆自黎明赶起，至十时以后，则完全散尽。故相距稍远者，必于前一夜先到街场。如在夏秋瘴气发时，四山下坝场者，则前夜来至半途野宿，或预先盖有茅屋，做赶场往来宿处。每一赶场，必耗费一日夜之时间与精力。盖一入午时，则风起尘扬，此亦环境使然也。市民约可分为：销售英日货（多为装饰品与布匹）者，多系夷商；销售食盐用具者，多系石屏玉溪之行商；销售饮食与蔬菜者，多系四山之汉人与杂族；销售食米者多系摆夷妇女；华服多金，往来冲衢，专一买货购食者，则土司之戚属与缅寺之佛爷也。各市场均有赌场，赌具且完备，操其业者，多系招安后失业之广人，摆场赌博者，以摆夷为多。"②

街上不仅是百货杂陈，而且简直是一个边民人种展览会场。"在这市场中，某一类人售卖的是某一类物品，也几乎成了一个固定的公式：摆夷所卖的是自己农村里的产品和自己制作的工艺品，如谷米、土布、竹制用具、银制饰物、酒、糖、蔬菜、水果等；四山边民所卖的，则是山间的出产，如柴薪、药草、山果、野菜、棉、麻、茶叶、野兽、山禽等；汉人所卖的，便完全是自内地贩来的土产或洋货，如绸缎、布料、化妆品、毛巾、皮鞋、香烟、日用零星物品等。从这些不同性质的货品上，可以很显明地把市场上买卖货物的人大致为两类：一类是把自己农田里的生产品，或用自己的能力采集寻觅的物品，或以自己的技能制作成的工艺品，携来售卖后，把卖得的钱又转买了自己生活上所需要的物品。这一类的交易，就其本质上言，实在含有初民社会中'物物交易''以有易无'的迹象。""凡在街场上

---

① ［英］柯乐洪：《横穿克里塞：从广州到曼德勒》，张江南译，云南人民出版社2018年版，第330页。

② 李文林：《到普思边地去》，骆小所主编：《中国西南文献丛书》第4辑《西南民俗文献》第10卷，兰州大学出版社2003年版，第30—31页。

所见的摆夷即四山来的边民的交易,都属于这一类性质。另一类是用固定的资本,从事货物的贩运,由转换间取得赢利,靠这赢利来维持自己的生活,凡街场所见汉人的经营,都属于这一类。"①(参见图3-1、图3-2)

图 3-1 思茅的佤族女子在边境孟连的市场上(1894—1896)②

边地市场,通行5日一市。人们"择适中地点,建筑茅棚若干,以为陈列货品之所。车里、佛海两县,并建有新式市场。露天无篷者,曰'草皮街'。泐语(即傣泐语,西双版纳一带的傣语)谓市场曰'戛',译言'街子'……大都日出为集,日中而散,谓之赶街。交易买卖,多数由妇女出面主持。商品有饮食类、燃料类、衣饰化妆品类、五金竹木制器类、陶瓷类、建筑用材料类、乐器文具类、中西

---

① 江应樑:《摆彝的生活文化》,骆小所主编:《中国西南文献丛书》第4辑《西南民俗文献》第18卷,兰州大学出版社2003年版,第188—189页。
② 卞修跃主编:《西方的中国影像1793—1949:海达·莫理循卷》(1),黄山书社2015年版,第146页。

药品及山货等多种。偏僻小市，则货品寥寥。交易媒介，以云南半开银币为主，辅以铜圆。毗连运越南之处，兼行使越南币，俗称'法洋'，亦称'板椿'；毗连缅甸之地，则行使'卢比'，称曰'小钱'，亦曰'小洋'。亦有以物易物者。在清末民初半开银币尚未行使至边地以前，系以一种锅形薄银块，称为锅片银者，为交易之中准。锅片以前用贝子。"

图 3-2　思茅市场上的女性（1894—1896）①

街子所在的方位在特定情况下会有所转移。"若因旧市场发生不详事故，或经当地佛寺主教，卜得有须另辟新市场之必要时，一般居民，俱应至新择市场之地址，从事一应开辟新市场之工作，并掘取旧市场中之泥若干，移埋新市场之中心，以为奠基。新市场开幕之日，须屠一牛、一猪鸡一犬。摆夷最忌屠犬，唯新市开幕，则又以屠犬为

---

① 卞修跃主编：《西方的中国影像 1793—1949：海达·莫理循卷》（1），黄山书社 2015 年版，第 151 页。

敬神祭鬼唯一必备之礼数。然后请当地长官土司头目等，攀登场中高台，恭致祝词，并撒布铜圆。赶街之人，俱以能拾获一枚为幸运，亦以广招来之意也。”①

李拂一对民国时期普思沿边各县街子分布的记载最为详细。“十二版纳现区域之内，街子凡三十有六②：属车里县者十六，曰：景迈（即宣慰街）、戛洒、戛兰、景德、戛董、猛笼、蛮蚌、戛竜、戛竜灰、戛听、戛里、戛頼满、猛养、土锅寨、蛮迈及蛮芳；属南峤县者六，曰：猛遮、蛮洪、戛雁、戛珙、顶真和猛满；属佛海县者四，曰：猛滔、猛海、景洛及猛板；属镇越县者四，曰：猛腊、猛捧、猛仑及猛漭；属六顺县者二，曰：整奈及官房；属宁江设治局者二，曰：猛往及猛阿；属江城县者一，曰：整董；属思茅县者一，曰：普腾。”③（参见表3-1）“市场所在，一至街期，东西南北，四面八方，各式各样之人……都集中市场，售出其生产品，购入必需品。各民族各有其特异的服装，各有其特殊之言语，一如举行人种展览会一般，衣裳斑斓，光怪陆离。”④

表3-1　**普思沿边各地街子日期表⑤**

县别	土司	丙辛街	丁壬街	戊癸街	甲己街	乙庚街
车里县	车里宣慰使司	宣慰街	戛洒	戛兰	景德	戛董
	猛笼土把总司	猛笼城子			蛮蚌小街	
	橄榄坝土把总司	戛竜	戛竜灰		戛听	戛里
	景哈土目			戛頼满		
	猛养土目	土锅寨		猛养城子		
	猛崧土目		蛮芳			蛮迈

① 李拂一：《十二版纳志》，云南人民出版社2020年版，第126—127页。

② 李拂一在《车里》一书所载为37处，与《十二版纳志》相比多了1处。

③ 李拂一：《十二版纳志》，云南人民出版社2020年版，第127页。

④ 李拂一：《十二版纳志》，云南人民出版社2020年版，第128页。

⑤ 李拂一：《十二版纳志》，云南人民出版社2020年版，第129页。

续表

县别	土司	丙辛街	丁壬街	戊癸街	甲己街	乙庚街
佛海县	猛海土把总司			猛海城子		
	猛遮土便委司	猛遮城子				
	打洛土便委司	景洛城子				
	猛板土目			猛板城子		
南峤县	猛遮土千总司	猛遮城子		蛮洪	戛雁	戛琪
	顶真土便委司				顶真城子	
	猛满土使委司			猛满城子		
镇越镇	猛腊土把总司	猛腊城子				
	猛捧土便委司	猛捧城子				
	猛仑土便委司	猛仑城子				
	猛滂土目	猛滂土目				
六顺县	六顺土把总司	整奈坝			官房	
宁江设治局	猛往土便委司	猛往城子				
	猛阿土把总司			猛阿城子		
江城县	整董土把总司	整董				
思茅县	普腾土千总司	普腾城子				

注：带有下划线的街子，为现已停废，尚未恢复者。

从表 3-1 可看出，普思沿边的街子分为 5 类，数量从多到少依次为：（1）逢丙逢辛日的市场，傣语称为"戛竜"，意为"大街"，这类街子数量最多，且"大都位于重要酋长之所在"。（2）逢戊逢癸日的市场，傣语称为"戛白"或"戛雷"，意为"小街"，为数次于大街。（3）逢甲逢己日的市场，傣语称为"戛真"，意为"街三"。（4）乙庚街，傣语称为"木里"，意为"街四"。（5）丁壬街，数量最少，傣语为"木伦戛"或"戛里"，意为"街一"。[1]

除以上 5 类常规街子外，还有一些特别的街子。如每逢年节前的 1 日或数日，关门节和开门节中又有特别增加的街子。这些特别增加

---

[1] 李拂一：《十二版纳志》，云南人民出版社 2020 年版，第 127 页。

的街子被称为"赕街",主要交易的商品是宗教用品和肉食,与5天一轮的街子不相混淆。

街子作为初级市场,辐射的范围相对有限。那些村寨和人口较多、面积较大的坝子,如车里坝、橄榄坝、勐遮坝各有5个或4个街子不等。做买卖的人,担负货物或驱着驮马,今日赶此一街,明日又赶此一街,一年到头,走马灯一般,为他们的生活,奔波劳碌,周回不息。① 那些村寨和人口较少,面积又较小的坝子,有1个街子即可满足。

民国改局设县之后,车里宣慰使司政治中心在宣慰街之外又增加一景洪城。相应地,在景洪城中也增加了一个市场,即戛兰:"'戛'的意思是'街','兰'是'新'。这是民国以后车里改流后新建的街道,街上只有十几户店家,卖一些最普通的日用品,平日的生意非常清淡。街上有两座大棚,是为了赶街时小商人摆货摊而筑的。平时冷落得像最荒僻的乡间,只有在街期的清早,远近的人都聚拢在这里,形成暂时的热闹,九点钟以后逐渐归于死寂。"②

在普思沿边各街子中,土司均委派有负责管理街子的官员,部分官员由衙署官员兼任,部分是专设的街长。这些官员的主要职责是维持市场秩序,并征收税收,此外还负责主持祭祀街子的鬼神,埋葬死在街子上的外地流浪者等。傣语称街长为"召戛",召戛收税有两种类型,一种是委派村落代收;另一种是由召戛直接征收。民国时期,地方政府另设有专门的税务官,负责征收屠宰税、茶税、烟酒税等。街子同时承担颁布法令和通知的职能,譬如每年开始生产前,召戛就在街子上宣布,说召片领通知,生产季节已到,要进行插秧,为了保护庄稼,要围好田篱笆等。③

相较于普思沿边,腾龙沿边历代作为中缅交通要冲,有多条商贸

---

① 李拂一:《十二版纳志》,云南人民出版社2020年版,第127—128页。
② 姚荷生:《水摆夷风土记》,云南人民出版社2018年版,第82页。
③ 《景洪和勐海的傣族集市》,国家民委《民族问题五种丛书》编辑委员会、《中国民族问题资料·档案集成》编辑委员会编:《中国民族问题资料·档案集成》第5辑《中国少数民族社会历史调查资料丛刊》第88卷,中央民族大学出版社2005年版,第582—585页。

路线可供往来，缅甸朝贡，也经由腾龙沿边入境。"缅甸在腾越南一千七百余里，其道有五，或由茶山、或由木邦、或由镇康，皆险僻，商贩往来，多由南甸干崖盏达至蛮暮。而入贡正道，则自蛮暮，经铁壁关，由陇川以进腾越，计程九日。"①

腾龙沿边同样存在大量相对欠发展的基层市场（表3-2 提供了一个不完全的统计），但土司对市场的控制更为紧密，如芒市的城里，以前根本就没有店铺，因为这样是亵渎土司的尊严……以前土司出来的时候，路过的地方，夷民全都成排地跪在路旁迎接。赶街子的地方是设在西门外。② 这种情况，直至滇缅公路通车后才有明显改观。滇缅公路通车一段时间之后，芒市的老街出现数十家小商店，多为饭馆旅馆等。新街五日一值街期，商贾负贩以及附近数十里之村寨土民，麇集交易于此，通用货币，以半开及小制钱为主，国币、新滇币、卢比等亦皆掺杂使用。③

表3-2　　　　　　　　滇西南部分县区市场表④

地区	名称	位置	户口	日期	交易大宗
盏达行政区	城子街	/	200	/	/
	太平街	距城25里	/	/	/
陇川行政区	章凤	/	20	/	/
	陇川	/	200	/	/

曾昭抡沿滇缅公路旅行时，经过芒市，所见芒市市场情形：

---

① 彭崧毓：《缅述》，缪文远主编：《中国西南文献丛书》第3辑《西南史地文献》第27卷，兰州大学出版社2003年版，第531页。
② 曾昭抡：《缅边日记》，云南人民出版社2019年版，第77页。
③ 娄樵生：《芒市——边疆的重镇》，原文连载于《云南日报》1941年2月6日至2月9日，现转引自德宏州史志编委会办公室编《德宏史志资料》（第13集），德宏民族出版社1990年版，第166页。
④ 云南地志编辑处：《云南产业志》卷五，缪文远主编：《中国西南文献丛书》第3辑《西南史地文献》第29卷，兰州大学出版社2003年版，第134页。

在西门外，过草地以后，循着公路向北走，先后过两段街。这两段街，较近的叫作"新街子"，远一点的叫作"老街子"，就是每逢街子期商人买卖的地方。芒市也是五日一次街子，日期比保山晚一天……在逢街子的时候，这两段路非常的热闹，平时却是异常冷静。所看见的只是路的两旁各排着一列极简陋的篾棚，其中十个倒有九个是空的（全街只有三数家棚子，已经布置成为固定性的小饭铺）。新街子是近来新辟的。老街子的历史比较的久，那一段街子，路是很窄，并且铺的是老式的石子路。大约原来做买卖在老街子，后来嫌离城太远，所以增加了这段新街子。①

到了逢街子的日子，芒市新街挤满了人，挤满了东西，如同在开展览会似的，无数的摆夷男女们都穿得整整齐齐……街上到处都摆满了摊子，有白米、马铃薯、水果、蔬菜、烟叶以及外来的布匹，从这些丰饶的农产品可见摆夷人是不太穷的。②

陇川本地集市上交易的商品以谷米和盐巴为大宗。晚清到民国罂粟生产迅速发展，鸦片产量大增，鸦片一度成为重要商品。山区人民用以换取坝区的粮食和其他生产生活必需品，还可充当货币流通，或作为财富积累。③鸦片还是陇川的重要出口商品，年销千多驮。20世纪30年代后期，转件由外销转为内销。无论是外销还是内运，烟贩都由内地商人充任，他们收购生烟在章凤加工成烟膏坨，雇用傣族青年为脚力兼保镖，往返于陇川—八莫—瓦城间，绕道一趟1个月，工资为卢比70盾。④

二 土司与官办贸易

在普思沿边和腾龙沿边城市、街子与坝子的协变关系中，政治与

---

① 曾昭抡：《缅边日记》，云南人民出版社2019年版，第81页。
② 陈才：《滇南摆夷》，《风土什志》1940年第1卷第2期。
③ 陇川县商业局编：《陇川县商业志》，德宏民族出版社1993年版，第149页。
④ 陇川县商业局编：《陇川县商业志》，德宏民族出版社1993年版，第131页。

经济的相互结合，除表现为坝子内土司所居的"城子"往往还是举行街子的地方外，还表现为土司在一定程度上直接参与一些贸易行为。相对而言，普思沿边的村社特征更为明显，土司主导的贸易，仅为一些经济生活的补充。腾龙沿边因地处滇缅贸易通道要冲，商业较发达，土司、贵族参与贸易的比例较高。

针对普思沿边傣族土司头人的商业行为，有两个彼此略有歧义的文本。一个文本出自江应樑。他认为土司的（商业）行为不能算是纯粹的商业经营。"例如从思茅驮几驮食盐到该地转卖，或把该地的茶叶、樟脑带点到缅甸，卖后又转买了鹿茸象牙带回来，都不过是偶一为之，并非经常经营"。[1] 另一个文本出自20世纪50年代搜集翻译的召片领和土司制定的商队行为规则，其中详细规定了商队组织、行止过程需要注意的各种规矩，以及违背之后需要承担的责罚。据说这个规矩是很早由"叭桑目底"（傣族传说中权力、智慧的代表）定出来的，兹录如下：

> 以宣慰使和各勐土司组织经商牛队赴盐井运盐为例。商队设正领队1人，称"乃怀"，副领队1人，称"乃怀西"，伙食、账目管理者1人，称"乃租号"。在运盐队前面，派遣一个打前站的人，预先找好歇宿的地方，搭好草棚。草棚的中央有4根供神的神柱，1根是宣慰使的神柱，另外3根分别是领队、副领队和伙食、管账者的神柱。每两根神柱相距8寸，做神柱的树干须剥去树皮，神柱下端连接地面的3尺削做八面形，3尺以上作圆形。若是宣慰使的运盐队，神柱直径6寸，若不是宣慰使的运盐队，神柱直径只能是4寸。搭草棚的横梁，头向东，尾向西，下面支9根小柱。如不是宣慰使的运盐队，不能照此方向搭建。此外还要搭建一个草棚，里面的神柱较小较低，小柱也是9根，专

---

[1] 江应樑：《摆彝的生活文化》，骆小所主编：《中国西南文献丛书》第4辑《西南民俗文献》第18卷，兰州大学出版社2003年版，第187页。

住赶牛的人。

　　运盐队每天走半日，住半日。到歇宿地住下后，在当地购买做"神旗柱"的直木1根（宣慰使的商队还未出西双版纳，土司的商队还未出所辖勐时，不必出钱买神旗柱），柱上悬挂白色的神旗。升旗由正领队主持，日落时降旗（约在下午4点钟，降旗后吃晚饭）由副领队主持。如升旗时正领队不升旗，由副领队罚他出银10两3钱。降旗时副领队不降旗，由正领队罚他出银10两。但在神旗还没有降下来，有外人来摸着旗柱的，罚银3两3钱；如果是自己人，则罚银3两、酒1瓶。草棚里的四大神柱不能倚靠。如有外人来倚靠管账者的神柱，罚银6钱5分；倚靠副领队的神柱，罚银2两6钱5分；倚靠正领队的神柱，一样要罚钱（原材料罚钱数目已缺失）。

　　正领队、副领队、管账者三人，有3个随从专门搭草棚、收铺盖。

　　在放牛的时候，正领队在前，副领队在中间，管账者在后面。放牛的地方，由正领队划好目标范围，如果在范围外损失的牛，放牛的人应照价赔偿；在范围内损失的，则不用赔偿。倘若牛在范围内死了，大家应同吃牛肉，共赔牛价的三分之一，不吃牛肉者不出钱。在竜山或虎豹出入的地方住宿，每一个赶牛的小队，应拿火把3把，大树3根，集中到正领队、副领队住的地方，在夜间燃起火堆。正领队夜间要起来查看3次。如果大家已经拼凑了柴火，夜间仍失落了牛，正领队赔牛价的三分之一，副领队和管账者赔三分之一，赶牛的赔三分之一。如果没有拼凑柴火，夜间失落了牛，正领队、副领队、管账者就不负赔偿责任。如在白天牛丢失或被人偷走，由赶牛的人共同赔偿。牛在半路上跑回去，由正领队、副领队和管账者率领一部分人去追回。

　　商队在路上时，正领队在前面领队，遇有危险和岔路的地方，用树枝拦好，使牛不致失足。否则，跌死了牛，由正领队负责。赶牛的人每人负责管5头牛，前管3头，后管2头。如有牛失落跌伤等情况，由赶牛的人负责赔偿。牛头下的牛铃和"榜郎"等失落，由赶牛的人赔偿。至某勐某寨住宿时，要先派人问清某勐某寨的规矩。

有别的牛来跟着牛队走，应告诉走回头路的人把消息传回去，说明这牛由某某地跟着我们，叫人来清理回去。如遇不到走回头路的人，在歇宿的地方应贴出招领，连续贴7天，到第8天还无人来认领，就可以杀掉吃肉。如在第8天杀牛之后，牛主人赶来领取，就给他一半牛肉；如还未宰杀，牛主人应半价赎取牛。其他猪、马等，也同此例。

在歇宿地，有外人用雨伞、雨帽或所背东西放在马鞍或驮子上，罚银10两；外人带刀走入歇宿地，也罚银10两；骑牛马进入的，也罚银10两。赶牛的人将饭甑弄倒，罚银1钱5分，鸡5只，并给正领队拴线银1钱，鸡1对；给副领队拴线银3钱，鸡1只；给大家拴线银3钱，鸡1只；给牛拴线银3钱，鸡1只，还要举行送鬼仪式。副领队把饭甑弄倒，罚银10两，并举行送鬼仪式。大家杀牛、杀猪吃的时候，牛头、猪头要给正领队。①

这份文件，与西双版纳传统地方法规、礼仪规程等内容并列，是召片领颁布的正式文件，具有较强的约束力。但文件的正文主要是通过神判性条例及惩罚性规则，保障商队能平安往返。至于商队运盐能否获利，不是这份文件的主要目标，或无法在这份文件中有太多体现。目前为止尚未发现更多关于普思沿边土司主持商业活动的材料，仅就这一份材料而言，召片领和土司组织商队起码是一种定期或规律性行为，否则不会专门制定一份规矩，并以神启的方式增强其权威。

---

① 《宣慰使及各勐土司经商牛队的组织和旅途规矩》，国家民委《民族问题五种丛书》编辑委员会、《中国民族问题资料·档案集成》编辑委员会编：《中国民族问题资料·档案集成》第5辑《中国少数民族社会历史调查资料丛刊》第86卷，中央民族大学出版社2005年版，第285—287页。

三　主要商品与贸易路线

普思沿边和腾龙沿边的市场中常见的交换物品，除农民所产出大米、瓜果、蔬菜等农产品外，与外界最主要的交换商品是食盐。普思沿边民间的食盐大概率由宁洱磨黑盐井运往供给，此外，勐腊磨歇也产盐，但主要供应本地和老挝北部一带。由磨黑至佛海，用马匹驮运约10天路程，用牛则时间需加长一倍，因牛行动较迟缓，每日平均只能走二三十里路。不过，全程运费合计，牛较马低约一半，故边地商运食盐一般都雇傣族的牛驮运。而傣族人养牛较多的，在自己田里工作完毕时，都相约组织驮运队，赴汉地驮运食盐。这项经济所得，在家庭经济上也占一个重要的收入项目。①

以往研究多以马为边地最具代表性的运载工具，但这些马多为外地马帮所饲养和使用，普思沿边养马不易。在这一地区，马只限于贵族、僧侣、头人这类阶级蓄养，百姓是很少养马的。在普思沿边，通常一个佛寺里的大和尚是良好的马的训练者，往往被厚酬请往汉商或贵族家去代为训练马。养马是一种消费，好马的代价很高，平时的喂饲也要特别认真，且边地缺乏兽医和药物，每年雨季，马匹最易死亡，有时遇到流行病，全村寨的马可以在几天内死完，所以居住在傣族地区的汉商，凡蓄养较多马匹以供运输的，到雨季多将马匹驱赶到汉地避病，秋天后再入傣族地区。②

普思沿边的制造品以茶为大宗，樟脑、紫梗、烧酒、江苔饼次之。"茶的出产地，江内方向有倚邦、易武、曼撒、架布、蛮砖、莽芝、革登、蛮松、攸乐等处；江外方向主要有猛海、南糯、苏岖、猛崧、蛮芳、猛遮、顶真、猛混、猛阿、猛往、蛮软、猛亢等处"。普思沿边所产茶叶分为方茶、圆茶、紧茶、砖茶、散茶等数种。"佛海所制出之方圆形饼茶，多数运销暹罗缅甸及香港重庆等处。倚邦易武

---

① 江应樑：《摆夷的经济文化生活》，云南人民出版社2008年版，第42页。
② 江应樑：《摆夷的经济文化生活》，云南人民出版社2008年版，第42页。

方面所制出者，则概运销于越南河内以及思茅昆明。紧茶于冬春间以一部分运出思茅售与藏人；其大部分则运往缅甸印度由加仑埠销前后藏，每年平均在五千担以上。砖茶一种，现近佛海制造，专运由缅甸印度直达前后藏享受，但为数甚少。散茶自来运销思茅，经思茅茶商改制为方圆形茶饼，每七饼包作一包曰一筒，重四斤十二两，一驮二十四筒，一担一百三十筒。然后运至省垣分销各地，是为普洱茶。其实普洱思茅并无一株茶树地。今日佛海茶商，对于散茶，大都自行直接运至云南省垣，佛海方面之制茶专业，将来必夺思茅茶市场无疑。至茶叶之产额，则以江外为最多，年约二万担。他日若能改良制法，扩充销路，其产量当可增加至十倍以上。每担散茶重百斤，价由七八元以致二十余元不等。倚邦等江内各茶山产额较逊，年可二三千担，价值倍昂。"①

　　茶叶在普思沿边的培植和商品化也经历一番传播过程。易武倚邦之茶山，系汉人所培种分行栽植，斩杂草，分新枝，故品质极佳。勐海"城子"昔本徼外蛮荒，今则汉家纷纷落籍于此成立茶庄制茶，运销内外各地。就茶叶种类而分之，自采茶时期季节而分可得四类："一曰春茶，系三月中旬摘出市时，在出产地价格每百斤合现金二十五元。二曰黑条茶，农历五六月摘，每百斤价合十一元。三曰细黑茶，八月摘，每百斤当地市价合三十元，若运佛海县城售卖可得四十元。又所有谓粗茶者，为黄叶与黑条合并而成者，质劣，每百斤价仅六元至七元。上述四种茶，均运销昆明，驮马运输每百斤由猛海至思茅合八元……出思茅境即纳税四元五角。"②

　　普思沿边所产茶叶，在民国时期最重要的销售市场之一是藏地。藏人因生活环境和饮食缘故，对茶叶的需求尤其迫切。从唐代开始，藏族商人已开始到云南茶叶产区购买茶叶。1930年开始，西藏商人深入佛海求购，完成自拉萨至西双版纳6000多里漫长的茶马古道。

---

　　① 李拂一：《车里》，商务印书馆1933年版，第40—41页。
　　② 佚名：《云南边地之民族与民族性》，骆小所主编：《中国西南文献丛书》第4辑《西南民俗文献》第18卷，兰州大学出版社2003年版，第21页。

"自佛海到拉萨,为程6705里,须时99日至百余日。此一茶马古道,沿途皆崇山峻岭,行进备极艰苦。且冬雪季节,藏境大部分地段,不能运输。自缅境公路延筑至弥迩佛海之景栋,于是有新茶路之开辟。由佛海马程6日至景栋,又汽车2日至海和,又3日火车至缅京仰光,又3日船运至印度加尔各答,又2日火车至西里古里,又1日缆车至喀仑埠,又18日马程至拉萨,交通线长7642华里,虽较古茶道增多了957华里,但其中有6257华里系利用现代交通工具,费时仅11日,运送快捷,费用远较骡马驮运费为低,且全程仅35日即达,可以减免人马60余日之艰苦跋涉,茶价降低,为藏人所欢迎"。① 新茶路的开辟,据记载为石屏籍在佛海经营茶叶的张堂阶所为。② 表3-3和表3-4是茶马古道之途程与新茶路的交通状况。

表3-3　　　　　　　　茶马古道途程表③

起站	迄站	里数（里）	马程日数
勐海	车里	100	马程2日
车里	思茅	320	马程5日
思茅	普洱	120	马程2日
普洱	镇沅	270	马程4日
镇沅	景东	350	马程6日
景东	蒙化	260	马程4日
蒙化	大理	130	马程2日
大理	丽江	400	马程5日
丽江	维西	450	马程6日
维西	叶枝	250	马程4日
叶枝	阿墩子	390	马程5日

---

① 李拂一:《南荒内外》,云南人民出版社2020年版,第188—189页。
② 云南省勐海县地方志编纂委员会编纂:《勐海县志》,云南人民出版社1997年版,第355页。
③ 李拂一:《南荒内外》,云南人民出版社2020年版,第189—190页。

第三章　城市与商业贸易

续表

起站	迄站	里数（里）	马程日数
阿墩子	江卡	500	马程7日
江卡	察雅	600	马程8日
察雅	昌都	450	马程6日
昌都	恩达	180	马程2日
恩达	洛隆宗	255	马程4日
洛隆宗	硕督	140	马程2日
硕督	边坝	250	马程4日
边坝	阿蓝多	220	马程3日
阿蓝多	拉里	250	马程3日
拉里	江达	300	马程5日
江达	鹿马岭	140	马程2日
鹿马岭	乌苏江	130	马程2日
乌苏江	拉萨	250	马程4日

表3-4　　　　　　　　　　　**新茶路途程表**①

起站	迄站	里数（华里）	马程日数
勐海	勐混	35	马程1日
勐混	勐板	64	马程1日
勐板	打洛	56	马程1日
打洛	曼西里勐	52	马程1日
曼西里勐	打丙	48	马程1日
打丙	景栋	75	马程1日
景栋	打各	361	汽车1日
打各	海和	589	汽车1日
海和	仰光	1300	火车3日
仰光	加尔各答	2912	轮船3日
加尔各答	西里古里	998	火车2日

① 李拂一：《南荒内外》，云南人民出版社2020年版，第191—192页。

续表

起站	迄站	里数（华里）	马程日数
西里古里	喀仑埠	97	缆车1日
喀仑埠	北洞	60	马程1日
北洞	春邳	40	马程1日
春邳	则路	40	马程1日
则路	客若	45	马程1日
客若	竹莫	60	马程1日
竹莫	帕热	45	马程1日
帕热	夺竟	80	马程1日
夺竟	司马达	50	马程1日
司马达	江孜	50	马程1日
江孜	谷喜	60	马程1日
谷喜	春堆	50	马程1日
春堆	杂拉	60	马程1日
杂拉	喀纳则	75	马程1日
喀纳则	北地	60	马程1日
北地	扎马绒	60	马程1日
扎马绒	曲水	50	马程1日
曲水	宜党	90	马程1日
宜党	拉萨	80	马程1日

除茶叶外，樟脑是民国时期边地另外一重要商品种类。樟脑产地主要在江外的"猛海、猛遮、顶真、猛阿、猛崧"。"樟脑制法孤陋，提取不尽，又不知取油之法，须得改良也。年产额约一万甩，每甩合中衡四十四两，值一元五角至二元，干后得六七成。一甩即一缅斤。"①

---

① 李拂一：《车里》，商务印书馆1933年版，第42页。

小结

在普思沿边和腾龙沿边以农耕为主的生活方式中，平民依靠所领份田基本能享有温饱生活，且由于与份田结合的劳役制存在，土司和平民均不鼓励有脱离农业生产的纯手工业者存在，因而傣族社会的手工业体系相对欠发展。已有的手工业者多为农业生产之外的补充，以能直接对生产生活有所辅助的类型为主，如纺织、陶器、竹器、铁器、银器等，且考其源头，相当部分与所承担的劳役有关。

手工业不发达的情况下，傣族社会的市场贸易也相对简单。普思沿边和腾龙沿边的市场，多为定期轮换的街市。在这种市场模式下，城市因人员的定期集散而具有天然的优势，因而多数城市具有市场的功能。此外，一些位于交通要道上的村社也有可能承担市场的功能。逢街期，当地人与外来商人围绕农产品、盐以及来自内地社会、英法等国的商品开展贸易。

民国时期，普思沿边最为重要的外销商品是茶叶。茶叶外销的路线，从历史上由牛马驮运、沿陆路运输至普洱、昆明、大理等地，转变为后来的外向路线，经缅甸、印度销往西藏。随着茶叶贸易的兴盛，勐海城取代易武，成为普思沿边最为重要的商业中心。

第四章　城市与区域文化

城市不仅是傣族地区的政治中心,也是宗教和文化中心。南传佛教传入傣族地区以后,成为土司建立超越村寨层面地方政权的意识形态工具。佛教也借助土司统一地方社会的努力,建立超越传统民间信仰的地位。① 两相结合之后,贵族生活的城市往往也是区域性地位最高的官佛寺所在地,建立在每个村寨的普通佛寺,构成佛教等级体系中的基础,一如村寨在傣族地方政权中的地位。

在傣族社会传统的政治—宗教体系中,佛寺承担了教育职能。社会中的男性,通过青少年时期出家完成教育和社会角色的转化。民国时期,现代学校教育开始在傣族地区建立,但限于经费、文化隔膜等原因,效果不佳。将学校与寺院教育结合起来,成为解决学校教育所面临问题的途径之一。

除教育外,在傣族贵族与平民二分的社会结构与城市—村社的二元居住格局中,脱离直接劳动的土司、贵族以及为他们提供各种服务的仆从,以城市为主要居住空间,这种居住格局也在一定程度上影响了傣族地区的文学艺术、军制等。

第一节　城市与二元宗教系统

南传佛教传入普思沿边与腾龙沿边的时间不一,学界通常认为传

---

① 张振伟:《信仰与政治:西双版纳傣族二元宗教系统的形成与发展》,《思想战线》2014年第1期。

入普思沿边的时间要早于传入腾龙沿边，加之普思沿边数百年来维持相对统一的地方政权，车里宣慰使作为普思沿边各勐的共主常常给自己冠以佛教上尊贵的名号，以此象征在宗教上也具有最高的权威。这种政治与宗教的结合，催生了佛教管理体系的等级化。在宣慰使驻地宣慰街，也驻有车里沿边等级最高的佛寺及僧侣。而且，普思沿边僧阶最高的僧侣，在历史上需要由召片领家族的出家男性担任。在此之下，各勐范围内通常又有一个勐内地位最高的佛寺。宣慰街大佛寺与各勐大佛寺之间的等级与统辖关系，相较于召片领与各勐召勐的关系要更为宽松。宣慰街大佛寺号称地位最高，可对全普思沿边范围内僧侣发布命令，但真正能直接干涉的内容可谓非常少。各勐范围内的佛寺等级与管理体系，也大体如此。

佛寺内松散的等级体系，与普思沿边和腾龙沿边相对独立的民间信仰体系构成一种竞合关系。对于普思沿边和腾龙沿边各少数民族，传统的民间信仰多以家庭—村寨为单位。家庭及家神—祖先信仰构成最核心的信仰组织活动单元，村寨构成人群和宗教活动的最重要集合体，也成为区分我们与他们、安全与危险等范畴的分界线。而对于超越村寨层面的民间信仰对象，傣族地区主要表现为勐神崇拜及相关仪式活动，超越勐神的即仅具有微弱符号意义的天神崇拜等。在山地民族的民间信仰体系中，超越村寨层面的表现与行为更加微弱。佛教传入之后，虽然试图突破与统合民间信仰以家庭、村寨为单位的格局，但竞合的结果是在各民族形成体系不一、统合程度各异的宗教生活体系。

一　城市与官佛寺

在普思沿边和腾龙沿边两地，南传佛教在宗教信仰与文化体系中具有明显的优势。暹罗号称"袈裟的王国"，普思沿边也不遑多让，人们的宗教意识极其浓厚，对宗教极其崇拜。[1] 各民族和人群虽各有民间信仰，但崇拜对象与信仰活动不同，且宗教建筑与景观不显，因

---

[1] 燕吉：《云南思普沿边的宗教社会》，《宇宙风》（半月刊）1940年第107期。

此内地人到了边地之后，通常会瞩目到辉煌的佛寺，以边地为迥异于内地的佛教地带，即当时人所谓"十二版纳固佛教国，佛寺金塔露顶耸立，弥望皆是"①。民国时期，基督教一度传入普思沿边，在车里修建过美丽的教堂，但经过多年的经营，信教的人数尚不足百。日军攻占缅甸时，教堂里的教士都转回美国去了；这些入教的边民又全体回到大佛爷的法座下。②

普思沿边与腾龙沿边两地的佛寺建筑风格有一定差异。普思沿边的佛寺，通常仅是一间长方形的大殿，面积可大致三四百平方丈，其形好似一个大帐篷。上盖红瓦，内用多根大木柱架成，屋檐很低，沿屋檐处有短墙，上端留作让阳光空气透入，左右前后各有一道门，殿内正中靠后处是佛座，土台上塑大佛像一尊，有仪仗、佛帐等陈设；前面数丈平方的地方是一个几寸高的平台，是参拜佛爷之处，四周沿矮墙下有高出地面三五寸的平台，是准备佛会时僧侣及拜佛人卧宿之处。"精美的佛寺，用彩色的玻砖做天花板，殿内数十棵合抱的大柱，都髹以红漆，以金粉绘上复杂的花纹图案画，四周短墙上也一律红漆上绘金色大幅壁画，所画的都是佛经中的故事，全个殿中装饰得堂皇而庄严。在平时，大殿寂静空虚，佛会时，那便灯烛辉煌，香花人影，有如市场。惟不论闲时或集会时，寺内总经常保持着极度的清洁，这因为不仅僧侣勤于洒扫，凡来礼佛的人，都于叩拜后为佛做一点洒扫拂拭的工作，所以能保持住佛殿中经常的洁净。僧侣通常是不住在大殿里的，在寺后另有一排竹楼，便是僧侣栖息之所。"③

腾龙沿边的佛寺多数已具有内地建筑风味，粉墙绿瓦，重门层阶，大殿屋顶重叠作两层或三层式，上小下大，俗呼为孔明帽式，传说是仿照诸葛亮武侯所戴帽子式样造成。屋脊的正中有一尖塔，塔身

---

① 李拂一：《车里》，商务印书馆1933年版，第85页。
② 江应樑：《摆彝的生活文化》，骆小所主编：《中国西南文献丛书》第4辑《西南民俗文献》第18卷，兰州大学出版社2003年版，第267页。
③ 江应樑：《摆彝的生活文化》，骆小所主编：《中国西南文献丛书》第4辑《西南民俗文献》第18卷，兰州大学出版社2003年版，第269—270页。

贴金粉，塔顶垂吊着黄铜镂刻的璎珞，太阳照着，金光万道，灿烂空际。殿内正中塑一尊大佛像，高二三丈，身子用泥塑饰金，头及两手两足则用缅地所产之白玉石刻成。大佛像两侧的佛龛内，放着数十百尊小佛像，或尺许高，或数寸高，都是人民做功德自缅甸买来供奉的。有的用木刻，有的用石刻，都很精致，每尊价由数卢比至数百卢比。大殿的四壁，挂着用布幅绘制的彩色画，或绘佛像，或绘佛经中的故事。梁柱间，密密悬挂着佛幡佛伞。佛幡是一种彩绣对联，或绸缎制成，上绣花鸟人物，也有绣上汉字或夷字如内地之对联者，下垂丝络珠缨。佛伞形如雨伞，但饰以花绣珠络，玲珑精巧，各出心裁，是摆夷民间的艺术制作品。这些都是人民为敬佛而贡献的，佛殿由这些饰物的点缀，显得富丽堂皇，比之车里一带佛寺内之沉郁古老，又是另一种气氛。①

普思沿边只有佛寺没有佛塔，偶有之，亦仅是丈余高的简单建筑。唯寺庙面前的石阶两旁常有石刻的异兽，形容古怪，有十足的印度古代雕刻作风。在腾龙沿边，则随处可见矗立空际的缅式大金塔。塔用砖石砌成，中一主塔，高数十丈，四周围以四个或六个小塔，塔基作多角形，每方有一小佛龛，中刻佛像。塔之中部为圆锥形，上部则做螺旋形，中部以上皆贴金箔，顶端装置黄铜镂成的璎珞。小塔的基脚，则用大石刻成各种怪兽形状。②

无论是普思沿边还是腾龙沿边，佛寺都分官缅寺与普通佛寺。对于官缅寺与普通佛寺的划分标准，李拂一在《车里》一书中已说得分明："在村寨者普通佛寺，在城市土司驻在地者为官缅寺。"官缅寺与普通缅寺在形制上有明显差别："官缅寺庄严灿烂，佛皆金身，饰以珠宝琉璃，充塞殿宇；普通缅寺则简陋不足道也。"③ 李拂一对

---

① 江应樑：《摆彝的生活文化》，骆小所主编：《中国西南文献丛书》第4辑《西南民俗文献》第18卷，兰州大学出版社2003年版，第270—272页。
② 江应樑：《摆彝的生活文化》，骆小所主编：《中国西南文献丛书》第4辑《西南民俗文献》第18卷，兰州大学出版社2003年版，第272—273页。
③ 李拂一：《车里》，商务印书馆1933年版，第85页。

于官缅寺和普通佛寺形制的判断显然有些武断。以民国时期普思沿边物质生活丰裕程度而论，官缅寺虽较普通佛寺为华丽，但欲要珠宝琉璃充塞殿宇，显然也过于夸张。普通缅寺虽然简陋，但佛像饰以金身应无问题。

张镜秋记载了20世纪40年代所见的勐海城官缅寺，从中可以看出普思沿边较大的勐中，其官缅寺的建筑、装饰与僧侣规模。勐海城的官缅寺就在大同街上段，建寺有100多年。① "这里的住持，呼为'胡巴猛'，汉译便是'全猛大佛爷'"，大殿下首的一个小边间里面，"立着一大座金塔。金塔占了三分之二的地面。这塔无门可入，塔里是填实的，全用砖砌，外面涂以金粉。塔下部金粉已剥蚀殆尽，露出块块的红砖。塔顶支撑着屋顶，灰尘把金粉掩了大部……佛殿不甚宽敞，殿中两排很粗大的木柱，距离较窄，不免稍显狭隘，光线不充足，且嫌黑暗。佛像不甚高大，也不甚美观。盘膝端坐。貌似常人，眉浓眼大，不易表征慈惠。耳赘垂肩，手长过膝，有点近乎小说所称的帝王之像。这佛像的两肩太宽，而手太长，胸肠不阔，腹部尤细小……殿柱上悬有过去涂县长的木刻对联一副……边署'大中华民国十九年岁庚午季秋月谷旦，知佛海县事涂达伦敬立'等字样"。②

官缅寺的后院"只有一间瓦顶矮厦，前面一长道住亲戚的矮围墙，高不及三尺。墙外平畴万顷，直到很远很远的山麓。对山林木葱郁，有时苍翠悦目，有时远树含烟。所以胡巴和都龙、都乃、爬龙们，便有时蹲踞在围墙上，看陇亩香稻，看云霞出岫。青翠闲适，真是出家人的享乐。矮厦的一边，接连着几间马厩，厩里养着三四匹肥马，体态丰腴，十分精壮"③。

---

① 此据孟海土司署叭鼎闲谈时所讲，参见张镜秋《国历九月十六日孟海镇官缅寺公赕盛会记》，《边荒》，正中书局1946年版，第178页。
② 张镜秋：《孟海镇燊历元旦"赶摆"记》，《边荒》，正中书局1946年版，第101—102页。
③ 张镜秋：《国历九月十六日孟海镇官缅寺公赕盛会记》，《边荒》，正中书局1946年版，第175—176页。文中的胡巴，现在一般写作祜巴，为西双版纳南传佛教僧侣的较高僧阶；都龙即大佛爷；都乃即二佛爷；爬龙即大和尚；下文的爬乃即小和尚。

据官缅寺里的爬龙召缠①所讲:"缅寺里面,都龙有四人,都乃也有四人,爬龙和爬乃共有三四十人。"在佛海全县的各缅寺里面,有这么多和尚的,也不过仅此而已。②

勐混城的官缅寺,"看着比孟海镇上的官缅寺还觉壮观。除了一座孔明帽式的佛殿外,侧边还矗立着一所八方亭,这八方亭较之佛殿更高更壮观!……那侧面的八方亭,建得真个精致,可惜年久失修,有些破旧。这八方亭究竟建盖成一个什么式样,我也拙于描画。不过以孔明帽式形容佛殿,似乎应该以托塔李天王盔式形容这八方亭才为相似。亭顶端有如避雷针一般的铁棒高插着,下缀一些玲珑璀璨的饰物,好像塔顶一样,托塔李天王的帽缨,也便像这样。亭顶檐牙层叠,有如笋箩,檐角飞扬有致,全像古代中国建筑式样"。据同去的许曼英③所讲,南洋一带和暹罗各地中的佛寺里都有这样一个建筑,更为精致。④

八角亭里面的光线不足,虽然四方有门,但通是关着,又没有窗子。"亭里不塑佛像,当中只摆着一把大靠木椅,椅边有扶手,扶手里面搁着一把'如意'式的大蒲扇……亭顶悬挂着许多长条布幡,装潢华美,沿四周墙角,都置蒲团,这样也晓得他是讲经亭了。"⑤

此处的八方亭(讲经亭)是普思沿边佛教寺院中,较高等级的寺院所专有的建筑,现统称为戒堂,供该缅寺管辖范围内所有缅寺的住持僧侣定期聚集、讲经用。八方形的戒堂,所见者除勐混外,勐景真亦有。

---

① 召缠是勐海土司的堂弟,十六七岁,尚未升为二佛爷。
② 张镜秋:《国历九月十六日孟海镇官缅寺公赕盛会记》,《边荒》,正中书局1946年版,第177页。
③ 广东人,曾任佛海县政府一等科员,熟悉僰语。张镜秋:《孟海城子"上新房"记》,《边荒》,正中书局1946年版,第95页。
④ 张镜秋:《孟海城子"上新房"记》,《边荒》,正中书局1946年版,第83页。
⑤ 张镜秋:《孟海城子"上新房"记》,《边荒》,正中书局1946年版,第83页。

图 4-1　勐混的八角亭①

官缅寺与普通缅寺的区别，除官缅寺占地更广、建筑规模更多、更大、装饰更华丽之外，更重要的区别在于，官缅寺作为与召片领、各勐召勐政治地位相匹配的文化统治载体，在重要节庆和政治活动中是召片领、召勐专门举行仪式活动的空间。这些仪式活动有召片领和召勐家庭单独举行的偏宗教性的活动，也有政治与宗教相结合的活动。前一类活动，包括召片领和召勐家庭在泼水节、关门节、开门节等节日期间阖家去往官缅寺举行的赕佛活动。姚荷生在《水摆夷风土记》中记载了1939年所见宣慰使在关门节期间去官缅寺赕佛的景象，这也是民国时期对宣慰使仪仗出行比较细致的

---

① 李拂一：《车里》，商务印书馆1933年版，凡例部分。应是张镜秋所见的勐混官缅寺中的八角亭。

第四章　城市与区域文化

记载，因而抄录如下：

宣慰街附近有两座缅寺，一座新缅寺在宣慰使府背后的山上，造得极富丽堂皇，是十二版纳最高的佛寺。庙的方丈，称为"拍召虎松烈"，是十二版纳僧侣的最高领袖。一座旧缅寺在宣慰使府街头，虽已破烂不堪，但仍有很高的地位。宣慰使（在关门节）这天下午便到这座缅寺来赕佛。大殿的一边有一方高台，上面安着大佛爷、二佛爷的座位，其他三边都铺着竹席，正对高台的那一边席上还铺着很厚的毛毯，这是预备给宣慰使和大臣们坐的。左手的席子上已经坐满了大臣的眷属，她们或跪着或跌坐着，脸上现出庄严肃穆之相，偏殿内燃着黄色的蜡条，寂静得没有一毫声息。

忽然传来三声炮响，宣慰使离府上路。一会锣鼓声和人马声由远而近。叭竜发号骑着黄骠马在前开路，马后一个壮健的汉子，撑着一柄两丈多高的大金伞，罩在他头上，紧接着是许多大叭，有些乘马，有些步行，有的后面有人撑金伞，有的没有。两个小丑似的人物夹在大叭们中间，不时铛铛地敲着手中的小锣。随后是召景哈的卫队。召景哈穿着黄斜纹布学生装，头上缠着粉红色绸子，再戴上一顶黄毡童子军帽，骑了一匹赤兔马，嘚嘚而来，左右有人撑着两把大金伞。

宣慰使的仪仗队开始出现了，最前面是大刀队，八个壮汉每人肩上扛着一把大刀。刀长约三尺，鞘上有金色、银色和绿色相间的斜纹。其后两个人抬一面大鼓，形式和汉人佛殿里的鼓一样，另外一个人用两根槌子把它擂得震天价响。接着两个人抬一个直径约二尺的铜鼓，据说是诸葛亮和他们的祖宗——孟获打仗时留下来的。再后面一个人挑着一面大锣和一面奇形的鼓，鼓的直径不过五寸左右，高倒有三四尺。周围钉着一道道寸余宽的皮条。锣在前面，挑的人自己起来敲着。鼓在后面，一个小男孩握着小木棒，不时地跳起来打两下，惹得道旁观众哈哈大笑。鼓队过后是铁枪队,每人持着一杆长枪。枪头已经锈坏,枪杆上蓝色和银色的花纹还明显。接着一声吆喝,两个小丑舞着细长的竹竿,驱走路上的闲人。其后两个人捧着一对金碧辉煌的孔雀尾巴。这两只尾巴都是三眼翎,是难得的珍品,本来是持着跳舞的,可惜这舞技已经失传了。再后面是旗队,两面三角旗,两面党国旗,两面虎旗和一把红罗罩盖。最后是火枪队,八个人背着八支旧式的步枪。

仪仗队过后,空气变得很严肃,大家都屏息肃立。一个漂亮的马夫牵来一匹雪白的骏马,鞍辔鲜明,鞍上没有人,据说是给天神骑的。马后,宣慰使跨着巨象,慢慢走来。那巨大的动物安详地移动它那柱子般的巨腿,像一座冰山流过来,使它前面的人有恐怖的感觉。它背上装着一个长方形的木鞍,四周有一尺高的栏杆,可以容四五个人坐在里面。鞍中铺着萱花毯,宣慰使盘膝坐着。象奴跨在象头上,指挥它的进退。象走到缅寺门口,先屈前腿,后屈后腿,跪在地上,从人赶忙取一个小梯子,靠在鞍上,让宣慰使走下来。然后象站起,走到路旁,安静地待着。用它的长鼻撕下树上的细枝,消磨时光。宣慰使进入庙门,殿里立时奏起音乐。宣慰使和各大头人分别就座后,从人献上赕佛的供品。这是一对高约两尺的三脚架,用细竹竿和竹篾扎成,上面粘着许多红色、白色的纸条和纸花,然后在佛像、佛爷和宣慰使面前点起一支蜡条。大家合掌当胸,静听佛爷念经,每念完一节,都低头礼拜。约1小时,宣慰使才起身回府。①

在重要节日期间,土司全家赴官缅寺举行赕佛、祈福活动是南传佛教地区的传统习俗。普思沿边除景洪外,如勐海、勐遮等地,腾龙沿边芒市等地也常见相关记载,只是从细节详细程度而言,不如姚荷

---

① 姚荷生:《水摆夷风土记》,云南人民出版社2018年版,第242—244页。

生所记。当然，出于个人兴趣原因，姚荷生所记大约震撼于赕佛队伍的壮大，因而详于描写宣慰使赴缅寺赕佛的仪仗，对赕佛过程则简单略过。

后一类活动主要包括新任召片领、召勐的袭职仪式，以及每年在开门节期间，由召片领和召勐带领大臣、属民在官缅寺举行的庆祝活动，并在这一活动期间册封新的衙署大臣和村寨头人。最早关于召片领袭职时需要拜谒佛寺或者邀请僧侣参与的记载，出自《泐史》，这条记载通常也被看作南传佛教传入西双版纳地区时间的下限。公元15世纪第15世召片领三宝历代继位时，由于前任召片领刀霸羡无子，各勐头目、百姓齐集，推选新的继承人。办法是由唱名者逐一唱候选人名字，同意者和，不同意者默。先唱"刀弄次子刀庄霸为主如何？"无一人应和，又继续唱出刀弄所有儿子之名。由晨至暮随着唱名不断敲着鼓，竟无一人应和。最后当唱名者唱出刀更孟三子三宝历代时，人们同声相应，齐声唱和。① 然后，"推选既定，人们群谒佛寺，面对佛像佛经住持三个佛之代表者宣誓，并将誓词铭镌寺中，一部分贴金，一部分贴银，礼毕，大家遂各归本土安居"②。从记载来看，这一时期南传佛教已经在普思沿边具有相当大的影响，以至于头目、百姓已经习惯于将南传佛教作为推选新的召片领这一类重大政治共识的见证和保证。

南传佛教作为召片领袭职仪式的重要见证和保证，直至最后一任召片领刀世勋袭位时仍是如此。1944年，刀世勋袭位时，由于当时"二战"仍未结束，因而仪式比较简略，尽管如此，传统仪式的主要内容还是得到保留。人们在宣慰宫前用树枝、鲜花搭了一个棚子，用轿子把刀世勋从宣慰宫抬到棚子前。和尚在这时念经，告诉天，告诉地，召片领有了继承人。念完经，刀世勋进到棚子里，举行洗圣水仪

---

① 朱德普：《〈泐史〉校补》，国家民委《民族问题五种丛书》编辑委员会、《中国民族问题资料·档案集成》编辑委员会编：《中国民族问题资料·档案集成》第5辑《中国少数民族社会历史调查资料丛刊》第88卷，中央民族大学出版社2005年版，第444页。

② 李拂一编译：《泐史》，云南大学西南文化研究室1947年版，第13页。

式。洗完圣水,人们又把他抬回宣慰宫,举行拴线仪式。①

除袭职之外,召片领和召勐每年关门节和开门节期间分封官员,也常在官缅寺举行。召片领、召勐在分封官员时,会特意强调佛寺这一空间的特殊性。他们会对着在场的所有百姓讲:"当着佛的面,把你们拥护的、喜欢的头人加封了,好好听他们的话,要你们做什么就做什么。"又对新加封的头人讲:"大家都拥护你,现在委你当头人,你要好好听话,好好地做事。"②

二 城市与民间信仰

在傣族的信仰体系与宗教生活中,民间信仰是异于南传佛教的另一重要宗教生活形式。民间信仰的主要崇拜对象既包括家神、寨神和勐神的等级化崇拜对象,也包括相对不成体系的天神、自然神和鬼、魂等崇拜对象。

神,傣语称之为"色",巴利语称之为"丢瓦拉"。受佛教影响,丢瓦拉使用频率更高,如家神,被称为"丢瓦拉很";寨神,即"丢瓦拉曼";勐神,为"丢瓦拉勐"。神在傣族人的日常生活中,具有强大的庇护保佑功能,个人的生老病死、社会的生产、官员受封等都需要配合相应的祭神活动。同时,在傣族崇拜观念中,表示鬼的词"披",也可与家、寨和勐相连,组成家鬼("披很")、寨鬼("披曼")和勐鬼("披勐")。家鬼与家神、寨鬼与寨神、勐鬼与勐神,通常所指相同。部分宗教研究者认为这是由于傣族崇拜观念中神鬼一体。

由家神、寨神和勐神构成的等级化崇拜对象,对应傣族社会与政治结构中的家庭、村寨和勐三个结构单元。从简单回溯与建构的角度

---

① 刀世勋口述,陈湘采访整理:《从末代傣王到民族学者》,云南省社会科学院历史研究所编、杨福泉主编:《中国西南文化研究·民族调查资料选辑》,云南人民出版社2015年版,第270页。

② 《西双版纳傣族宗教情况初步调查》,国家民委《民族问题五种丛书》编辑委员会、《中国民族问题资料·档案集成》编辑委员会编:《中国民族问题资料·档案集成》第5辑《中国少数民族社会历史调查资料丛刊》第86卷,中央民族大学出版社2005年版,第346页。

讨论家神、寨神、勐神的起源，通常会得到这样一个结论，即家主死当家神、寨主死当寨神，地方主死当勐神。但梳理一下不同地区傣族人所崇拜的家神、寨神、勐神就会发现，这个结论掩盖了其中太多相互冲突的细节。傣族家庭虽然都在内室建有神龛，供奉家神，但家神没有具体的所指，从最一般性的角度可以说家神泛指死去的家长，又有说法是最初立家的家长，但傣族家庭实行不均衡双系继嗣的小家庭制，历史上以从妻居更为常见，向上追溯家长时，可能既有女性血缘家长又有男性血缘家长。加之傣族社会没有以单系血缘构建起的家族谱系，后代对去世祖先的崇拜往往以当下家主去世的父母为主要对象，在此之前去世的祖先，已通过寺庙的供奉和仪式，成为虚无缥缈的存在。祭祀家神，一般由家长负责。家人远行、婚丧嫁娶，都须由家长负责向家神祝告，以求保护。

与家神不同，傣族村寨以建寨之后去世的第一任寨主为寨神较为常见。虽无明确所指，但从近代以来的相关记载来看，寨神通常默认是男性。尤其是一些建寨时间相对较短的村寨，村民还可凭口传或文字记载，回忆起在一两百年以前，由哪几户人家率先迁来此地建起寨子。依此而言，则可说家神以时间上的就近为原则，寨神以时间上的就远为原则。不仅如此，祭祀寨神往往也成为去世寨主家庭（起码在名义上如此）后代的专有职责。傣族村寨祭祀寨神的人员称为召曼，即寨主，也有称为"莫"或"波莫"，即巫师一类的角色。召曼在自家建有供奉寨神的神龛，在每年特定的日期主持祭祀寨神，以求寨神庇佑。村寨内成员以远行或婚嫁等原因迁入迁出村寨，都需要请托召曼祝告寨神。召曼理论上为男性单系血脉世袭，父死子继，但这种世袭规则与傣族村社从妻居为主的家庭结构有明显冲突。召曼身份的男性单系继嗣原则和普通家长的不均衡双系继嗣原则，也许在一定程度上决定了寨神身份可以尽量朝前追溯，而家神身份只能以就近为原则。关于寨神，另外需要指出的是，部分村寨的寨神，其身份并非去世的寨主，而是另有来源。

寨神之上，勐神的内涵、来源更为丰富多样。理想状态下，你会发现一个包罗万象、等级森严的由勐神统辖的神灵谱系。勐神,作为区域乃至地方政权(按照孔多米纳斯对泰国的研究,还可理解为泰国的邦国)的守护神,护佑着辖区内的众多寨神,以及每个村寨范围内的家神。但事实上,勐神虽被视为傣族民间信仰中地位最高的神灵,具有最强大的神力,但勐神与寨神、家神并没有任何的统辖关系。勐神与寨神互为独立的存在。在勐神的来源中,只有一部分是去世的勐的主人,其余来源各异。如勐景洪需要在固定日期关勐门祭祀的4位(组)勐神中,只有"丢瓦拉勐梭洼"和"丢瓦拉勐洞阳"的身份是历史上去世的召片领,且他们都为凶死。前者因为为人暴虐被百姓设计用渔网罩死;后者由于好色奸污百姓之妻,被矛刺死,但他们都不是第一代召片领,也不能确指是哪一位召片领。另外2位(组)勐神中,"丢瓦拉勐阿拉娃棱纳"在地方传说中的原型是魔王;"丢瓦拉勐召景陇"是景洪地方传说中王国的首领,且是一对夫妻,有的传说认为"召景陇"是"卡细先玛麻"(即四十万马鞍部落)的首领。除以上4位(组)勐神外,勐景洪还有一些仅由供奉其神龛的村寨单独祭祀的勐神,如"丢瓦拉勐召法竜莫罕""丢瓦拉勐天""丢瓦拉勐交"等。在这些勐神中,"丢瓦拉召法竜莫罕"是传说中的首领,"丢瓦拉勐天""丢瓦拉勐交"是传说中战死的将领。① 对于主持祭祀勐神的人员,傣族人称其为"波莫勐"或"波勐""莫勐",即勐的巫师。波莫勐为男性单系血缘传承,通常不属于贵族。从近代以来关于波莫勐的相关研究来看,没有发现波莫勐与召勐或召片领家族有明确的血缘关系。

虽然勐神的内涵和来源已突破理想状态下死去的召勐这一形象,但勐神作为傣族民间信仰神灵中地位最高的神,多数情况是由全勐集体祭祀,且召勐或土司衙署在其中扮演重要角色。以勐遮为例,其祭祀勐神处位于曼勐,9年一祭,且由勐遮、景真两勐合祭。逢祭勐日

---

① 《景洪傣族祭神情况调查》,国家民委《民族问题五种丛书》编辑委员会、《中国民族问题资料·档案集成》编辑委员会编:《中国民族问题资料·档案集成》第5辑《中国少数民族社会历史调查资料丛刊》第88卷,中央民族大学出版社2005年版,第257—258页。

期，由勐遮土司下令，再由议事庭长召贯派遣波勐向全勐百姓摊派祭祀费用。波勐负责祭祀勐神的收款和联系事务，并挑选祭祀用牛。按照传统习俗，需要买4头白蹄、毛黑、尾伸、耳全的耕牛。祭祀前两天，波勐将1头耕牛牵到土司家，由土司准备相应供品，举行完接牛仪式后，由土司家奴将牛接下。第二天，波勐一早到土司家，与土司完成仪式性问答之后，带着土司备好的供品，由土司家奴牵着牛前往祭祀场。祭祀场在老街的草场上，莫勐一行人到祭祀场时，另外3头牛已经被提前牵到。莫勐留在祭祀场，其余人护送之前那头牛前往景真的祭祀场。到了景真地界，早已在此等候的景真百姓将牛接去。护送牛的队伍和景真迎接牛的队伍一起，将牛送到景真的帕雅朗家。同样由帕雅朗准备供品，将牛接下。第三天，队伍又将牛送至景真的祭祀场，然后勐遮、景真开始剽牛。牛死后，人们现场剖牛分食，祭祀勐神。其中莫勐分得脊肉一条，勐遮、景真土司各得脊肉一条。祭祀结束之后，在土司家中为土司拴线。莫勐从土司家中出来，敲响大钟三次，表示祭勐结束。祭勐期间，出入勐的通道全部封闭，人们不能进出本勐的范围，违者会遭到惩罚，直至莫勐敲响大钟，人们才可恢复自由通行。①

普思沿边其他各勐也均有祭祀勐神仪式，只是各自崇拜的勐神、祭祀过程有所差异。勐海祭祀的勐神为"召色勐龙"，勐景真祭祀的勐神为"真悍"或"召真悍"；需要指出的是，"真悍"是普思沿边直至缅甸北部部分地区普遍存在的神灵，除勐景真祭祀外，其他勐也有祭祀。② 勐笼祭祀勐神"腊扎帕尖傣·依里滚·岗西纳"时，全勐

---

① 《勐遮祭祀"丢瓦拉勐"的礼仪》，国家民委《民族问题五种丛书》编辑委员会、《中国民族问题资料·档案集成》编辑委员会编：《中国民族问题资料·档案集成》第5辑《中国少数民族社会历史调查资料丛刊》第89卷，中央民族大学出版社2005年版，第106—111页。

② 《勐海、景真等地傣族祭祀社神和勐神的礼仪活动》，国家民委《民族问题五种丛书》编辑委员会、《中国民族问题资料·档案集成》编辑委员会编：《中国民族问题资料·档案集成》第5辑《中国少数民族社会历史调查资料丛刊》第89卷，中央民族大学出版社2005年版，第99—105页。

有若干地点分别祭祀,如景龙、邦帕、邦勐、笼勒等,每个地点主持人、祭品、仪式过程均有所不同。① 勐腊祭祀的勐神除"邦竜"("邦"意为"神",邦竜意为大勐神)外,还有"邦景兰"(即景兰神)、"邦勐"(即勐神)、"邦角"(即地方神)、"南勉"(水神)、"龙醒神"等。②

勐景洪作为普思沿边政治中心,召片领作为各勐共主,使得勐景洪的勐神崇拜对象及祭祀情况尤为复杂。在车里宣慰使所在的宣慰街,每年由宣慰使带领臣民祭祀的勐神,主要是"丢瓦拉勐阿腊娃戛梭纳",传说中又名"叭龙帝卡",是景洪最大的地方保护神;因其神坛位于景洪坝西北的陇南山,因此又通称陇南神。在景洪傣族传说中,"阿腊娃戛"的原型是一个魔王。每年需要由波莫勐和议事庭有关官员代表召片领,并率领全勐官员代表,对"丢瓦拉勐阿腊娃戛梭纳"祭祀3次,即一月求晴1次、八月求雨1次、十一月年祭1次。一月求晴和八月求雨的祭祀过程大体相同,举行祭祀时,由议事庭的文牍官召竜欠宣读议事庭代表西双版纳各勐官民撰写的祭文,傣文名《朗丝奢布仙宰》,其文起首是:"西双版纳宣慰使×××致景洪地方保护神阿腊娃戛梭纳神鉴",中间祝告文结束后,落款为"云南思茅厅车里宣慰使司",并加盖与落款一致的关防铃印。十一月的大祭更为隆重,传说以前西双版纳各勐都要派代表参加祭祀陇南大神,到了近代以后,仅是勐遮、勐混、勐笼、勐罕4个勐的召勐和百姓代表前来参加;这4个勐称为"四大柱版纳"。祭祀的过程中,需要波莫勐带领"㛿伴皓"(神娘)2人,以及议事庭官员、四大柱版纳和百姓代

---

① 《勐笼祭祀"丢瓦拉勐"的礼仪》,国家民委《民族问题五种丛书》编辑委员会、《中国民族问题资料·档案集成》编辑委员会编:《中国民族问题资料·档案集成》第5辑《中国少数民族社会历史调查资料丛刊》第89卷,中央民族大学出版社2005年版,第94—98页。

② 《勐腊祭祀"丢瓦拉勐"的礼仪》,国家民委《民族问题五种丛书》编辑委员会、《中国民族问题资料·档案集成》编辑委员会编:《中国民族问题资料·档案集成》第5辑《中国少数民族社会历史调查资料丛刊》第89卷,中央民族大学出版社2005年版,第112—114页。

表一行人，先去陇南山祭祀，然后回到宣慰街傣王宫向召片领传达勐神的谕示，之后宫外放炮三响，宣告祭神结束。在祭祀勐神期间，整个宣慰街及附近村寨的百姓还要举行各种庆典。①

在结束召片领亲自参与的祭祀"丢瓦拉勐阿腊娃戛梭纳"之后，照例还要举行祭祀丢瓦拉勐梭洼的仪式。这场祭祀由来自曼莫的波莫勐住持，一些傣勐等级的村寨参与，议事庭首席大臣都龙诰贡献相应的祭品。再之后，要举行祭祀丢瓦拉勐景隗的仪式。由召片领的侍从官召竜纳扁备好祭祀用的献牲和嫡伴皓，波莫勐带领一些傣勐寨的代表赴位于曼勉前面"闷邦法"河湾两侧山丘上的神龛处举行祭祀。相当于景洪召勐的叭竜办和叭竜景蚌，需要派代表或亲自参与祭祀。祭祀丢瓦拉勐景隗结束后10日，又开始祭祀丢瓦拉勐邦枫（又称丢瓦拉勐洞阳）。这场祭祀分别在拉坚、洞阳、邦枫三处举行，各由一些村寨负责主祭，议事庭官员参与，波莫勐主持。此外，景洪范围内举行的祭祀地方神仪式还有：由曼养寨带领一些村寨祭祀的"丢瓦拉勐召法竜莫罕"（传说是一个人神蛇尾神），由宣慰街的曼勒寨负责祭祀的丢瓦拉勐天和丢瓦拉勐悍，由曼德寨主祭的丢瓦拉勐邦洪，由曼景兰祭祀的丢瓦拉勐交，等等。这些祭祀活动少部分由议事庭官员或派代表参与，大部分由负责主祭的村寨乃至波莫参与。②

除家神、寨神与勐神崇拜外，傣族民间信仰中还有寨心与勐心崇拜。寨心傣语称为"宰曼"，被认为是比寨神崇拜更早的崇拜形式，是村寨作为生命体的具象化象征。寨心一般是建寨之初即设置，每年也要由村寨头人和召曼主持举行祭祀寨心的仪式。勐心即"宰勐"，传说首领决定在哪儿建立勐的时候，就要安置勐心。西双版纳所属各勐都有勐心，都设置在各勐召勐所在地"城子"，多筑塔为勐心标

---

① 《景洪傣族祭神情况调查》，国家民委《民族问题五种丛书》编辑委员会、《中国民族问题资料·档案集成》编辑委员会编：《中国民族问题资料·档案集成》第5辑《中国少数民族社会历史调查资料丛刊》第88卷，中央民族大学出版社2005年版，第257—258页。

② 《景洪傣族祭神情况调查》，国家民委《民族问题五种丛书》编辑委员会、《中国民族问题资料·档案集成》编辑委员会编：《中国民族问题资料·档案集成》第5辑《中国少数民族社会历史调查资料丛刊》第88卷，中央民族大学出版社2005年版，第272—278页。

志。勐景洪的勐心，传说是叭阿拉武追金鹿时来到勐景洪就安置的，位于曼占宰寨，是勐景洪地方最高统治者叭竜办所在的寨子，叭竜办的地位相当于各勐的召勐。① 但对于勐心崇拜，除勐景洪外，其他各勐缺少明确历史记载。

从家神、寨神和勐神以及寨心和勐心的内涵、关系与祭祀仪式来看，傣族的民间信仰具有明显的分离性特征。这种分离性特征一方面体现在家神、寨神与勐神存在但不归属的关系，即家神护佑的空间存于寨神护佑的空间内，寨神护佑的空间又存于勐神护佑的空间内，但家神、寨神、勐神并没有任何的统属关系。寨神不能对家神施加任何影响，同理，勐神也无法对寨神施加任何影响。寨心与勐心之间同样也没有任何的统属关系，两者只有范围大小的不同，而没有等级高低、管辖与被管辖的关系。另一方面还体现在寨神和勐神的相对封闭性，即一旦举行祭祀寨神的仪式，村寨就成为一个独立且封闭的空间，隔绝了与外界的人、物乃至精神往来。祭祀勐神期间同样如此（景洪祭祀一些影响较小的勐神时除外）。寨神、勐神的相对封闭性，通过周期性的祭祀仪式而得到增强。

傣族民间信仰的分离性特征要远大于世俗社会家庭—村寨—地区间的政治经济联系。在世俗世界中，家庭平均分担村寨的土地和劳役，并受村寨头人制约。村寨头人接受土司的封赏，代表土司治理村寨。一个个天然地理区隔的勐各自组成内部有机联系的政治经济单元。在这一宗教与政治经济结构中，民间信仰的分离性和相对封闭性未能为地方社会统合成超越村寨的政治经济单位提供明显的意识形态助力。正是民间信仰与政治经济间的结构性差异，为佛教的传入并得到土司的支持提供了可能。佛教的统一崇拜对象与僧伽组织体系，弥补了民间信仰体系的不足，为傣族社会建立起超越村寨的地方政权提供了意识形态武器。傣族民间传说及南传佛教典籍中，多有勐神（有时被冠以魔鬼的称号）与

---

① 《景洪傣族祭神情况调查》，国家民委《民族问题五种丛书》编辑委员会、《中国民族问题资料·档案集成》编辑委员会编：《中国民族问题资料·档案集成》第5辑《中国少数民族社会历史调查资料丛刊》第88卷，中央民族大学出版社2005年版，第258—265页。

帕召（佛祖）斗法失败的传闻，即来源于此。

另外，傣族民间信仰的分离性和相对封闭性，也为村寨、勐提供了拒绝被统合的意识形态支持。尤其是在勐作为基于天然地理单元所形成的相对完整的地方政权，召勐具有对抗召片领统一各勐的意愿与政治经济条件，民间信仰的分离性与相对封闭性，也与召勐对抗被统合的努力相互配合。这种政治统合与地方分离势力的相互博弈，与傣族社会佛教与民间信仰的博弈相互配合，形成了普思沿边政治与宗教的现存格局。①

三 城市与等级化宗教体系

在傣族社会政治与宗教相互博弈与合作的体系中，城市既作为与官缅寺相结合的佛教重心，又作为与勐神祭祀相结合的民间信仰最高等级，在宗教体系中居于核心地位。无论作为统合性力量存在的村寨寺院与僧伽组织，还是作为分离性力量存在的寨神、家神崇拜及巫师，都构成傣族社会以城市为核心的等级化宗教体系的基础而存在。民间信仰的等级体系已如前述，此处重点补充佛教的等级体系。

以城市为核心的等级化佛教组织，在普思沿边体现得更为完整。以勐景洪为例，佛寺分为内外两个体系，属于内体系的佛寺共9座，位于宣慰街及周边环绕的几个村寨。这9座佛寺分别是：（1）瓦竜，即大佛寺，统辖全普思沿边的佛寺，祜巴勐的驻地。（2）瓦专董，在曼宏帐，位于大佛寺的右边，当祜巴勐因事因病不能处理事务时，就由瓦专董的祜巴代替。（3）瓦扎捧，位于大佛寺的左边，瓦专董同为大佛寺的左膀右臂，必要时它征求瓦专董的意见，能代替祜巴勐处理事务。（4）瓦科松，在曼沙，位于大佛寺的前面，其地位比左右二寺低，不能代替祜巴勐处理事务。（5）瓦曼勒，在曼勒，位于

---

① 张振伟：《信仰与政治：西双版纳傣族二元宗教系统的形成与发展》，《思想战线》2014年第1期。

大佛寺的背面,不一定去大佛寺参加商讨事情。(6)瓦宰,在曼嘎,是召片领的佛寺,关门节时,召片领来此持戒。持戒时需住在佛寺,召片领第一天晚上住在瓦宰,第二天晚上住瓦竜。(7)瓦书宫。(8)瓦贺纳。(9)瓦弄枫。① 各佛寺的僧侣数量见表4-1。

表4-1　　　　　　1948年宣慰街9寺僧侣数量表②　　　(单位:人)

	和尚	佛爷	祜巴
瓦竜	25	3	1
瓦扎捧	19	2	1
瓦专董	21		1
瓦弄枫	15	1	
瓦书宫	10	1	
瓦贺纳	15	1	
瓦科松	9	1	
瓦宰	9	1	
瓦曼勒	17	1	

属于外体系的佛寺又分为三陇:陇匡、陇栋和陇洒。其中陇匡有8所佛寺,陇栋有19所,陇洒有20所。每一个陇的佛寺,基本由一位祜巴管理。这三陇47所佛寺及所驻的村寨,构成景洪佛教等级体系的基础。

在景洪之外,各勐均有勐的大佛寺或总佛寺,大佛寺中的祜巴勐为全勐僧侣首领,统辖其下数量不等的村寨普通佛寺。在村寨及人口

---

① 《西双版纳傣族宗教情况初步调查》,国家民委《民族问题五种丛书》编辑委员会、《中国民族问题资料·档案集成》编辑委员会编:《中国民族问题资料·档案集成》第5辑《中国少数民族社会历史调查资料丛刊》第86卷,中央民族大学出版社2005年版,第342—343页。

② 《西双版纳傣族宗教情况初步调查》,国家民委《民族问题五种丛书》编辑委员会、《中国民族问题资料·档案集成》编辑委员会编:《中国民族问题资料·档案集成》第5辑《中国少数民族社会历史调查资料丛刊》第86卷,中央民族大学出版社2005年版,第349页。

数量较多的勐中，全勐被分为不同的火西或陇，相应地，佛寺也以陇为单位，各陇之内设一个介于村寨佛寺与勐大佛寺之间的中心佛寺。中心佛寺又被称为"告窝苏"，它相对于普通佛寺而言，最重要的区别之一是设有戒堂。各中心佛寺的住持承担管辖治下村寨佛寺的职责。由此，普思沿边的佛教寺院组成以城市大佛寺为核心的等级化体系（参见表4-2）。

表4-2　　　　　　普思沿边的寺院、僧侣与城市等级表

寺院等级	住持僧侣等级	驻地类型
大佛寺	祜巴勐	城市
中心佛寺	祜巴或都	村寨
村寨佛寺	都	村寨

以上等级体系，如将宣慰街驻地的大佛寺视作超越各勐大佛寺的更高一级佛寺，则可进一步细分为四级。其中，宣慰街驻地的大佛寺和各勐大佛寺，均驻地城中。

与等级化寺院体系相适应，佛寺的僧侣也存在明确的等级。在普思沿边，僧侣的等级从低到高共分7级，依次是帕（大、小和尚）、都（大佛爷、二佛爷）、祜巴、沙密、常卡拉乍、松领（召片领幼年当过和尚，继位后称为"松领帕兵召"）、阿嘎门里（最高一级，只有召片领的血亲——孟级的人才能担任）。从祜巴以上的僧阶，皆由召片领委任。祜巴及祜巴以上僧阶的僧侣想要还俗，要得到召片领的许可，由议事庭做出具体决定。① 这个等级体系最常见且最重要的为帕、都两级，即和尚和佛爷。在绝大多数佛教寺院所见，均为这两类僧侣。能晋升到祜巴的，除僧侣本身佛法素养高深、持戒精严外，通常还需要是一特定区域较重要寺院的住持，即中心佛寺或大佛寺，普

---

① 《西双版纳傣族宗教情况初步调查》，国家民委《民族问题五种丛书》编辑委员会、《中国民族问题资料·档案集成》编辑委员会编：《中国民族问题资料·档案集成》第5辑《中国少数民族社会历史调查资料丛刊》第86卷，中央民族大学出版社2005年版，第345页。

通村寨佛寺少见有晋升祜巴者。祜巴之上，沙密、常卡拉乍为荣誉僧阶，也为平民出身的僧侣所能晋升的最高荣誉僧阶。松领、阿嘎门里为贵族出身的僧侣所能晋升的最高僧阶。这种与寺院等级、僧侣出身相配合的僧阶制，保证了土司以位于城市的大佛寺为依托，对所辖地方所有佛寺和僧侣的管理。

腾龙沿边的寺院和僧侣等级体系，相对于普思沿边较为简单清晰。僧侣的僧阶从低到高分为夏备、召尚、召们和召几。夏备指初入奘房还未正式成为和尚者。召尚指夏备经过一段时间的学习，能识部分核心教义、背诵经文者。召们是认识经书较多，遵守戒律，年纪在20岁以上者。召几指寺院住持，一般指精通经书，严格遵守戒律的僧侣。此外，每个土司辖区有一个土司加封的"御封佛爷"，他被授权领导全土司境内的僧侣，传达土司的命令，负责召开筹备和领导全土司境内的宗教集会。①

第二节　城市与傣族教育

普思沿边和腾龙沿边的社会文化中，由佛教及为记录佛教典籍所引入、创制的傣族文字，构成傣族及相邻民族主要的文化传承载体，也奠定了傣族社会教育、文学艺术等的底色。傣族社会虽然文字产生较早，文人文学也早已产生，但一直停留在手抄本阶段，这就极大限制了文化的传播和发展。加上佛教徒控制文字，只用它来传播佛经。有条件抄书的，除了佛寺之外，就只有领主和贵族。② 傣族文学从产生到近现代，虽然出现了各种不同的文学形式，然而诗歌却始终是主要形式。在漫长的傣族文化发展史上，诗歌的发展始终是主流，占据

---

① 《傣族宗教情况》，国家民委《民族问题五种丛书》编辑委员会、《中国民族问题资料·档案集成》编辑委员会编：《中国民族问题资料·档案集成》第5辑《中国少数民族社会历史调查资料丛刊》第97卷，中央民族大学出版社2005年版，第143—144页。

② 王松：《傣族诗歌发展初探》，云南大学出版社2014年版，第7页。

着最重要的地位。① 傣族叙事长诗在1949年以前就已引起汉族一些诗歌爱好者的注意，张镜秋用五言体翻译了叙述长诗《天王松帕敏奇遇唱词译》（即《松帕敏与嘎西纳》）。从1956年至1966年，还相继翻译出版了《召树屯》《松帕敏与嘎西纳》《娥并与桑洛》《线秀》《葫芦信》《苏文纳和她的儿子》《婻京布》7部叙述长诗。1976年至1982年，又翻译发表了《阿暧和他的弓箭》《相勐》《红宝石》《缅桂花》《三只鹦哥》《一百零一朵花》《生命之水》《九颗宝石》《吉达和万拉》《阿暧贡马纳》《山白鱼》《兰嘎西贺》《九颗珍珠》《赶摆之歌》等15部叙述长诗。傣族历史文献中记载其叙事长诗有450部，经过20世纪50年代末至70年代一系列社会运动的影响，相关学者在西双版纳和德宏两州仍然收集到叙述长诗的目录360多部，同时收集到傣文手抄本叙事长诗100多部。②

在这一文字及文化体系中，以寺院为学校，僧侣充当教师的教育形式，在傣族历史上延续数百年的历史。

一 傣族的传统寺院教育

有关傣族传统寺院教育体制，准确的创立年代已不可考。现所见与寺院教育相关的较详细记载多出自清后期及民国。光绪年间记载云南缅和尚一俗时说："缅和尚，思茅、宁洱、威远俱有。头顶、身披、腰系俱黄，须眉皆不留。不忌荤，惟戒酒色。饮食俱人送去。读书写字用贝叶，铁笔写。喜爱猫、鸡。至十七八岁还俗，与人婚配。"③ 这一记载有关和尚出家及受教育的过程与现代基本一致，其中细节，如须眉皆不留，喜爱猫鸡等语，是对出家及寺院生活细节有较细致的观察才能注意到的细节。类似记载还可见于民国："儿童至八九岁，多剃发送入寺当和尚，读缅字经书……写字

---

① 王松：《傣族诗歌发展初探》，云南大学出版社2014年版，第5页。
② 王松：《傣族诗歌发展初探》，云南大学出版社2014年版，第3页。
③ 光绪《清代滇黔民族图谱·云南种人图说》，转引自古永继编《云南15种特有民族古代史料汇编》（上），云南大学出版社2018年版，第429页。

则用蕨茎，削尖蘸墨而书于缅纸，不用毛笔、钢笔。数年后还俗回家，蓄发娶妻。"①

到了民国中后期，学者和官员对普思沿边和腾龙沿边社会的观察和考察相对熟稔之后，寺院教育的过程和细节也就得到较完整的梳理。依这一时期所见，傣族社会的寺院教育的全过程分为三级，即初级教育、中等教育和高等教育。"凡属优秀子弟，到七八岁时，即由其父母家属，送入缅寺做小和尚。当由家送入缅寺之时，亲友以礼物庆贺，其家属则制精衣带冠履，群送入缅寺，是为一生之荣。故凡子弟不得入寺当和尚者，引为终身之缺憾。小和尚入寺后，除朝夕礼拜外，则终日悠游寺中，每当黄昏之时，则由二佛爷聚小和尚于一地，先教以缅文（应为傣文，下文同此处理）之字母，继教以拼音，拼音既熟，于是以缅纸写字教之。当教授之余，则任小和尚敲鼓张锣，自由戏乐。俟小和尚识字既多，则授以经文，用个别教学方法，俾小和尚之个性发展。教学既专且勤，故小和尚之缅文，进步甚速。有入寺一二年即能写满纸之缅文者。每当其回家用膳，均携其所写之缅文，喃喃读之不辍。当和尚者生活既优，阶级超越，无不眉飞色舞，喜气洋洋者也。拟名此步教育为'初级教育'。"初级教育结束之后，为中等教育阶段，即"当小和尚若干年后，则升为二佛爷，其年龄已达十六七岁，此时教者为大佛爷。或教神画，或练习写经，或扬鞭试马，既具绅士资格。又在寺若干年后，则可回家娶亲，与担任地方公务，或承袭土司职守。以其所学，可以应世而自立"。寺院教育中的高等教育阶段，是指"二佛爷不回俗者，则升为大佛爷，居社会至尊之地位，一切言论行为，既执社会最高之特权。惟其行动不能越乎佛法，终身研究经典，行动愈严，经典愈深者，社会之信仰亦愈大，远近男女之以金玉衣食来挡者，绎络不绝。社会上之一切兴作事业，则为斯人所操纵，斯人亦当具有释疑解惑排解纠纷之才智。沿边民族，

---

① 民国《江城县政府征集省至资料·江城县夷民种族及其习俗》，转引自古永继编《云南15种特有民族古代史料汇编》（上），云南大学出版社2018年版，第466页。

对大佛爷，信奉最诚，对土司次之，对汉官则又次之。维系沿边民族心理及其社会治安者，与其谓为汉官，勿宁说是土司，更勿宁谓为大佛爷，反较名实相符也。拟名此步教育为'大学教育'，亦可名之曰'专门教育'"。①

傣族社会寺院教育的最初意义即可阅读佛经，后来，由于摆夷文字渐渐跳出宗教范围而扩大其应用，所以教育也便有了更大的意义及效果。凡学习摆夷文，便不仅限于读佛经，进而把此种文字作为传达知识沟通意见的工具，这种工具的应用在今日已相当普遍。自土司署之使用命令，以至民间信函、记事、记账，无不用之，由此而促使摆夷对摆夷文教育产生更大的学习兴趣。②

傣族社会传统的寺院教育体系，培养了以男性为绝对优势的知识分子群体，且普通村寨既有数量不菲的识字人员，能阅读和写作者也不罕见。这在传统社会是一项相对杰出的成就。"社会既以当和尚为荣，故每寺和尚不下数十人，平均每户并有一为僧之人，其缅文（当为傣文）教育，已到普及程度。"③ 依20世纪50年代的调查统计，普思沿边勐景洪曼暖典、曼景蚌、曼广竜三寨共188户1131人中，知识分子总数96人，占总人口的8.6%。其中在家自学能识文读经的仅7人，其余均为寺院教育的结果。④ 腾龙沿边芒市那目寨共有知识分子（识傣文）183人，占那目寨总人口的11%。⑤

---

① 李文林：《到普思边地去》，骆小所主编：《中国西南文献丛书》第4辑《西南民俗文献》第10卷，兰州大学出版社2003年版，第56—57页。

② 江应樑：《摆彝的生活文化》，骆小所主编：《中国西南文献丛书》第4辑《西南民俗文献》第18卷，兰州大学出版社2003年版，第322页。

③ 李文林：《到普思边地去》，骆小所主编：《中国西南文献丛书》第4辑《西南民俗文献》第10卷，兰州大学出版社2003年版，第57页。

④ 《勐景洪傣族知识分子简况》，国家民委《民族问题五种丛书》编辑委员会、《中国民族问题资料·档案集成》编辑委员会编：《中国民族问题资料·档案集成》第5辑《中国少数民族社会历史调查资料丛刊》第86卷，中央民族大学出版社2005年版，第353页。

⑤ 《潞西县那目寨傣族知识分子（傣文）情况》，国家民委《民族问题五种丛书》编辑委员会、《中国民族问题资料·档案集成》编辑委员会编：《中国民族问题资料·档案集成》第5辑《中国少数民族社会历史调查资料丛刊》第96卷，中央民族大学出版社2005年版，第624页。

傣族传统的寺院教育在运作上，因与宗教生活有较多重合，故专门的耗费较少。寺院教育的经费、场所、人员全依靠民间自给，而不必耗费土司或地方政权的任何人力或物力的支持。"入寺为僧，虽有贫富之分，但为二佛爷大佛爷则无阶级之限制，已得教育均等之精义，至其以一寺而兼三级教育之机关，又其教学得法，生活简单，经费出于乐捐，学者得尽量发展其天才，如书写、医画、雕刻、塑像、建筑等职业教育之培养，诚有足多者。其教育机关（缅寺）之组织，不惟经费出于人民之捐助，即一切办法，亦系人民自动为之，不受官厅之命令与限制，自以自由伸缩，又可以维持永久，此殆为宗教教育之特色，乃沿边民族所独有者。"①

　　寺院教育体系中，小和尚（学生）学习的内容相对简单且易习得。摆夷的教育重心是佛寺，大佛爷就是地方上的教育主持人。在普思沿边境内，因为男子少年时人人都做小和尚，所以佛寺里教授摆夷文和诵读经典，便有着固定的课程和方式。学习时间都在早晚，先由年长的和尚教授小和尚们夷文字母，然后由大佛爷教授拼音，同时也诵读一两段佛经。这样逐日间不间断地学习，只要做了两三年的小和尚，对夷文便都能读能写应用自如了。腾龙沿边虽没有人人做小和尚之俗，却有每个男子都到佛寺中学习夷文的习惯，因为这是一种自由的学习，所以便没有固定的时间和严格的阶段，随时去习读，和尚都乐于教授。三月两月、一年两年，或半通或全通，都可以任便，却有一种固定的通用教科书（手写本），全书内容分为五部分：（1）字母；（2）附加音符；（3）拼音法；（4）拼音练习；（5）特殊字例。每一个夷人，只要读完这本书，对夷文便可以认识了，这因为夷文是一种简单的拼音文字，只要学会了字母和拼音方法，便可读出每个字的字音，若干字连缀成句，便成摆夷话。所以，他们学习此种文字，只需三四个月

---

① 李文林：《到普思边地去》，骆小所主编：《中国西南文献丛书》第4辑《西南民俗文献》第10卷，兰州大学出版社2003年版，第57页。

的时间便可看书,学习一年便可写作。① 这种相对简便的学习过程,是造成近代以来傣族社会学校教育体系建立所遭遇的困难之一。

二 城市与学校教育系统的建立

教育及相应文化体系的建立及运作,其目的不仅仅是培养一些能读写计算或者创作传抄文艺作品的专业技艺人员,更重要的在于塑造合乎国家和政府需要的合格国民。因而,与普思沿边和腾龙沿边改土归流的政治体系改革过程相伴随,教育体系的转变成为两边地近代以来最为重要的社会改革内容。

在民国时期现代学校教育体系进入傣族社会之前,清代在云南已完成相对体系化的儒学和儒家教育建设工作。因普思沿边和腾龙沿边瘴疠和土司尚存的影响,这一儒学教育体系,民国以前扩展至普洱、思茅和保山一带。在传统儒学教育体系中,除官学外,还有书院和义学。以官学为例,普洱所辖地区,雍正七年(1729)设普洱府之后,雍正十年(1732)训导陈日盛请帑建大成殿于南关外,始有官学。思茅厅则是嘉庆十九年(1814)同知李文桂倡捐,偕士民建大成殿三间于城外思诚书院内。威远厅晚至道光七年(1827),署同知秦士纶率士民捐建于抱母龙山。他郎厅是道光元年(1821)通判龚正谦率士绅金棠等捐建于东门外。② 普洱府的书院主要有位于宁洱县的凤鸣书院,建于乾隆五十年(1785),宏远书院,建于光绪二十一年(1895)。思茅厅的思诚书院,建于乾隆五十二年(1787),他郎厅的道南书院,改建于道光十七年(1837)。威远厅的钟山书院,建于乾隆四十年(1775)。③

---

① 江应樑:《摆彝的生活文化》,骆小所主编:《中国西南文献丛书》第4辑《西南民俗文献》第18卷,兰州大学出版社2003年版,第321—322页。
② 光绪《续修普洱府志稿》卷22《学校志》,转引自古永继编《云南15种特有民族古代史料汇编》(上),云南大学出版社2018年版,第424页。
③ 光绪《续修普洱府志稿》卷22《学校志》,转引自古永继编《云南15种特有民族古代史料汇编》(上),云南大学出版社2018年版,第425—429页。

清末以前，传统儒学教育尚未真正在普思沿边和腾龙沿边建立，但在官办儒学之外，不乏一些小规模儒学教育的尝试。"若以政府的力量在僰夷区域中推行汉化的教育，那恐怕仅是民国以来的事，在此时期以前，僰夷民族中也并不是绝对没有汉化教育，即如下举的两类，其历史便很长：A. 土司衙署中的家馆。各土司的传统习惯，衙署中均有一家馆，向汉地聘请一汉人，负教育土司子侄辈读汉文书籍之责。这位汉人在土司衙署中通称为'教读'，所教者不过三字经百家姓，进而能教至大学中庸，那是最高的程度了。B. 私塾。大寨子尤其是土司所在处的'城子'里，大都有一二私塾的设立，这是专门为贵族阶级所谓土司的族属们的子弟习读汉文书籍而设的，所以私塾先生，也是由贵族们联合向汉地聘请的，所教者也只是如土司家馆中所教的那类读物。"①

在这一过程中，也不乏省、府为边地安全和教育发展谋划所派遣的一些官办教习。腾龙沿边诸土司因地处中缅交通要冲，战略地位更加重要，因而官办教习也以腾龙边地为常见。如光绪年间，腾越地方为官派教习到干崖土司任教，特发公文向干崖土司施以压力。"特用道腾越抚民府即补府正堂陈为札催启馆事：案查前经设立新、义二馆，以为培植人材起见，即由本府选得附生张国程等，品学兼优，堪以教读，定于二月初旬启馆，迄今逾期已久，未见该土司差人迎接来城，殊属藐视。合行札饬。为此，札仰干崖土司刀盈廷遵照：札到，刻即专令族目来城，接请附生张国程等赴馆教读，勿再任意因循，有负本府培植人材之至意也。遵之火速。特札。右札仰干崖土司刀盈廷。准此。光绪十三年二月二十九日札。"②

清末新政之后，现代学校教育体系逐步开始在全国建立。云南边

---

① 江应樑：《云南西部之边疆夷民教育》，《青年中国季刊》1939年创刊号。
② 《腾越厅为选派张国程等赴干崖土司任教事札》（1886年12月29日），傅于尧：《盈江民族历史文物考察》（上），载德宏州史志资料编委会办公室编《德宏史志资料》第7集，德宏民族出版社1986年版，第146页。

疆一带虽距离中央遥远，但也受到这一政策的影响。宣统元年（1909年）五月，"护理云贵总督沈秉堃奏：滇开化较晚，沿边土目数千里，往往因语言习尚不同，与内地人民隔阂，非先之以教育不为功。查滇边土目辖境，惟永昌、顺宁、普洱三府暨镇边直隶厅紧接外域，今以兴学为安边计，自以从三府一厅半期。土民混沌未凿，即授以初等小学，恐亦难入。谨按逐年筹备宪政清单，本年应设简易识字学塾，以此开化，较为适宜……惟学非财不办，沿边土司有限，其宗族子弟来学者，由公家供膳食、操衣、书籍，甚或增教员，开新班，费属无多。至三府一直隶厅土民学塾，需款甚巨，若责土司就地筹措，势必骚扰。按照川滇边务大臣关外学务局成案，由司库边防要需项下，按年提银二万两，以作经费"①。

沈秉堃奏议之后，清廷以从藩库中拨银二万两为基础，在云南省边地三府一厅筹设土民简易识字学塾128所。在短时间内筹建如此数量学塾，可视为一大进步，但这些学塾仍以汉人分布较多的地区为主要建设点。汉人分布较少的地方，学塾分布未能周全。"如永昌府属之大塘隘、茨竹寨、明光隘、滇滩隘、古永隘、猛板等处，普洱府属之江外猛阿、猛遮、顶针、打洛、大小猛笼，江内之橄榄坝、猛拿、猛腊等处，地势均关重要而土塾尚付阙如。又永昌府属之卯照、鲁掌、登埂、腊撒、陇川、猛卯、遮放、孟定，顺宁府属之耿马，镇边厅属之猛角董、西盟、孟连，普洱府属之整董、猛旺等处，土塾虽设，亦嫌其点缀之不周。"②

清末在云南边地开展的大规模学塾建设，奠定了民国初年汉文教育在边地的基础和第一批成果。"查沿边各县之有学校，实始于清末省视学秦康龄之呈报，李曰垓等之执行办理。每年发库款二万两，澜

---

① 《清宣统政纪》（卷13），转引自古永继编《云南15种特有民族古代史料汇编》（上），云南大学出版社2018年版，第441页。

② 龙云、卢汉修，周钟岳纂：《民国新纂云南通志》卷137《学制考七》，凤凰出版社编选：《中国地方志集成·省志辑·云南》（第6册），凤凰出版社2009年版，第387页。

双两县，就地设学，教员年薪百二十两，督查严格，奖惩则实行扣薪加薪，风声所至，成绩灿然。车五佛六镇等县，则设学于思茅县城，调集学生，今日各县略有一二识汉字者，皆出昔年边民识字学校之门。学生课本，统由省款办发，不收学费。"①

第三节　城市与军制

普思沿边和腾龙沿边的城市，之所以在长期的相关研究中隐没不显，外在形制的普通是其重要原因。即使是传承近40代，绵延700余年的普思沿边勐泐政权，直至20世纪上半叶，召片领所在地宣慰街，也仅有两栋建筑规模稍大的"傣王宫"、议事庭、大佛寺等突出的建筑，其余拱卫的几个村寨，形制与普通村寨无异。至于次一级的土司驻地，如勐海、勐罕、勐遮、勐龙等，形制与普通村寨相比差异更是不明显。腾龙沿边虽多数城市有城墙，但民国时期多数已坍颓，仅勐卯城留有部分城墙和城门。民国时期改县设制之后，政府机关、实业和工商业人群的大量进入，才使得部分土司驻地改设的县城有了近代城市的些许身影。

外在形制的普通有三个相关的解释。一是经典进化论史学研究中认为普思沿边和腾龙沿边处于相对落后的封建社会，社会发展程度较低，社会分工以及工商业不发达，人口密度较小，因而没有产生规模较大的城市。二是与第一种观点相关，认为普思沿边和腾龙沿边位于中缅泰等国家之间，社会既不发展，又处于战争频仍之地，反复的战乱摧毁了该地区曾经存在的城市。最典型的如勐景洪，传说历史上曾有过数万人口集聚的大城，有坚固的城墙，但被战争摧毁之后，很长时间未能彻底恢复。腾龙沿边勐卯、陇川等城也存在类似情况。第三种解释认为，普思沿边与腾龙沿边直至泰

---

① 李文林：《到普思边地去》，骆小所主编：《中国西南文献丛书》第4辑《西南民俗文献》第10卷，兰州大学出版社2003年版，第152页。

国、缅甸、马来半岛直至爪哇等国家和地区，因地处森林密布的热带，地广人稀，传统政权以城市为政治中心，重视对人口的控制而不是对疆域的争夺，因而多数时候有城无墙。即使是王城，有时也仅是由拱卫国王所居住宫殿的一圈圈散落在平原上的建筑平铺而成。这一类重视人口而不是疆域的国家和地区，大体与"曼荼罗"或星系政治体系覆盖区域相重叠，成为"曼荼罗"或星系政治体系在城市形制上的特点。

以上三种思路，对解释普思沿边和腾龙沿边城市形制的相对普通均有一定的解释意义，同时，与以上三种解释路径相补充，普思沿边和腾龙沿边的传统军制及其作战方式也在一定程度上影响了这两个地区的城市形制。

一 传统军制及其发展

普思沿边社会的传统军制，简单来说分为内外两部。内军称为"滚课"，是召片领的侍卫人员。凡是宣慰司署家臣、波郎的儿孙，一般从佛寺还俗（20 岁左右）后在未升任头人以前，都要为召片领服侍卫役。日常轮流 8 人左右在召片领府中，遇有意外，可临时调遣。宣慰司署设有侍卫官"召火哈"和副职"召火哈西"负责统领内军。召片领的内军与西汉时期的郎官制有相似之处，同样为功勋后代，年轻时入宫担任侍卫，待有一定能力后外派。只是普思沿边召片领的内军，人数较少。①

外军称为"昆悍"，意为勇士，是一种民—兵合一的准常备军。昆悍负责对外交战，宣慰使司署设有代召片领管武装的 3 人，分别是"召竜纳花"（即右榜正元帅）、"召竜纳洒"（即左榜副元帅）和

---

① 《西双版纳宣慰使司署及勐景洪政治情况概述》，国家民委《民族问题五种丛书》编辑委员会、《中国民族问题资料·档案集成》编辑委员会编：《中国民族问题资料·档案集成》第 5 辑《中国少数民族社会历史调查资料丛刊》第 86 卷，中央民族大学出版社 2005 年版，第 429—430 页。

"真悍"（即先锋将军）。其中召竜纳花位列八大臣之一，领官员薪俸田属纳扫竜，即大 20 纳级别。召竜纳洒位列三十二大臣之一，领官员薪俸田属纳扫囡，即小 20 纳级别。此外，每个寨子设有一名"线悍"或"鲊悍"，一个勐约 60 人。在勐景洪，按陇的划分，设有三个"叭悍"，每个叭悍又设有一个副职"鲊咪悍"，共同率领各寨的昆悍。有叭悍和鲊咪悍的寨子，就不再另设昆悍。遇有打仗、抓捕或平时跟随召片领出公差，就由这些昆悍组成卫队。逢有大战争，昆悍组成的队伍无论是由于人数过少还是其他什么原因，打不过对方的时候才调动百姓。昆悍一般都学有一身武艺，召片领为了使他们忠诚效力，由召竜纳花、召竜纳洒将他们封为头人，并领有一份土地，不出任何负担。①

遇有大规模战争，召片领需扩充军队时，从村寨中抽调平民有一定的规制。第一步，从"领囡"级村寨中征兵。部分领囡级村寨，就是另立户籍，专司军务的村寨。②兵员再不足时，从其他村寨充抽调兵力。由召竜纳花负责动员，抽调的原则是 5 户抽 3 丁或 3 户抽 1 丁。若仍不能战胜敌人，召竜纳花再去动员，每户百姓出 1 人。若再不能战胜，召片领就要亲征，由召火怀、召火哈西率领滚课前后侍卫，不离左右；召竜纳花右帅、召竜纳洒左帅，真悍打先锋，全勐壮丁出站。③

召片领以下，各勐召勐的军制及动员方式也基本与召片领相似。民国时期，国民政府在傣族乡村地区设置保甲，各勐土司的民—兵编制在

---

① 《西双版纳宣慰使司署及勐景洪政治情况概述》，国家民委《民族问题五种丛书》编辑委员会、《中国民族问题资料·档案集成》编辑委员会编：《中国民族问题资料·档案集成》第 5 辑《中国少数民族社会历史调查资料丛刊》第 86 卷，中央民族大学出版社 2005 年版，第 429—430 页。

② 杨忠明：《召片领及土司军制概况》，政协西双版纳州文史民族宗教联络委员会编：《西双版纳文史资料》（第 16 辑），云南美术出版社 2003 年版，第 200—202 页。

③ 《西双版纳宣慰使司署及勐景洪政治情况概述》，国家民委《民族问题五种丛书》编辑委员会、《中国民族问题资料·档案集成》编辑委员会编：《中国民族问题资料·档案集成》第 5 辑《中国少数民族社会历史调查资料丛刊》第 86 卷，中央民族大学出版社 2005 年版，第 430 页。

名称上与内地乡村社会的乡丁、乡练有所重合。如勐海土司，其军制的主要特点有：第一，临时编组军队应付战事。据勐海景龙的康朗庄介绍，1945 年前，勐海一旦有战事，土司就按原先计划好的 6 个等级村寨所应担负的任务和"乡丁"数，提前一个月征集"乡练"，统由"召贯"和"帕雅哈南"按"召勐"的意图编制训练。通常编组为三个部分，即长矛长刀队，设一队长，称"乃贺"；火铳大刀队，设一队长，称"乃南"；火炮队，设一队长，称"乃莫"。第一队以长矛为主，作战时配置在方阵的中部；第二队以火铳为主，配置在方阵的前沿；第三队以火炮为主，配置在方阵的后方。以上编组和配置的指导思想是充分发挥各种兵器的长处，取长补短，互相策应。可充分利用火器的威力，打乱对方的阵脚，以便长矛为主的第一队利用效果冲杀，取得胜利。第二，受兵器的制约，通常采用"集团战术"。因当时"乡练"所持的大部分兵器仍为冷兵器，其战术也只能是以方阵组合的"集团战术"。如勐海土司的"乡练"在作战时的战斗队通常为四部分，即"母干"（中军），由"帕雅哈南"统领；"母赛"（左军），由"乃赛"统领；"母花"（右军），由"乃华"统领；"母莫"（火炮军），由"乃莫"统领。作战时，掌旗兵位于方阵前沿，各统领位于帅旗之后指挥方阵。第三，土司需要采取一定的激励手段来维持军队规模和战争力。据康朗庄介绍，勐海土司为了维持兵制，采取了 5 条措施：1. 给"帕雅南"等常设军职食禄一定数量的"田赋"；2. 每战结束后，给每个参战的"乡练"30 元半开；3. 给参加"敢死队"的队员另奖 100 元半开；4. 给战死的"乡练"亲属一份荒地，让其开垦，作为对死者亲属的抚恤；5. "领囡"寨是土司的军户寨，在全勐享有特权，即可在全勐范围内随意开垦荒地。第四，装备相对落后。1945 年前，勐海土司乡练的装备情况是，主要装备长矛、长刀、短刀和少量的弓等冷兵器；热兵器有缅甸三岛产的"南三岛"、本地产的"南乱"、瑶族生产的"南瑶役"3 种火铳和 5 门 100 毫米"土炮"。1908 年，柯树勋部进驻佛海地区，留下了数支毛瑟枪和"五响枪"，勐海土司开始拥有后膛装填的真正意义上的"热兵器"。①

二 战争与攻伐特点

在以上军制的基础上,普思沿边历史上的军事战争中,勐与勐之间的战争大体以民—兵间的低烈度冲突为主,虽也有人员、物资伤亡和损失很大的情况发生,但频率较低。勐泐政权与缅北、泰北地方政权的攻伐,除军队规模有所扩大外,战争方式与勐与勐之间的战争无明显差异,大体上仍可归入传统民—兵间的相互攻伐。这种战争方式在传统时代以勐为政权单位的东南亚地区可能普遍存在,即使是集权国家建设相对发达、军队职业化改革相对完善的缅甸,军队的攻伐仍留有早期民—兵制的影响。在普思沿边和腾龙沿边,到了清军进入及民国时期改县设制之后,傣族传统的民—兵制才失去存在的合理性,其影响逐步消失,这一进程直至20世纪50年代西双版纳傣族自治州建立方告结束。

普思沿边勐泐政权作为建立在勐之上的松散联盟性政权,在勐与勐之间、有权力的勐与宣慰使之间,以及勐泐政权与周边傣族土司政权之间,冲突或战争爆发的频率并不低。勐与勐之间的战争,如1891年勐龙与景千、缅甸景栋、勐育、勐累及老挝勐兴之间爆发的景千之战,其起因是商人和平民贸易往来积累的矛盾,诉诸土司解决而不可得,终于爆发一场战争。战争的一方是景千、景栋、勐育、勐累、勐兴等地的联军,另一方即勐龙。"战争由景千联军挑起,联军侵入勐龙境内,要求勐龙赔偿历次贸易争端中的损失。勐龙召勐召雅因火昂召集'城子'头人开会,要求全勐的昆悍集中到'城子',准备迎接联军的进攻。这场战争的战场在坝子中间,勐龙一方的临时指挥部设在曼允,联军一方的临时指挥部设在曼纳龙。战争开始时,双方架设发射架,对射火炮两响,开枪两响,接着吹笛子、拉胡琴、敲

---

① 杨忠明:《召片领及土司军制概况》,政协西双版纳州文史民族宗教联络委员会编:《西双版纳文史资料》(第16辑),云南美术出版社2003年版,第200—202页。

锣打鼓助威,勐龙军队将领叭悍腊爪(意为佩带短剑的民兵头目)开始战斗动员。战斗动员结束,双方就在田坝中间挥舞刀剑互相冲击。战争的前两天是景千联军获胜,第三天勐龙增加了兵力,打退了景千联军。第四天景千联军设伏,抓获勐龙军队三名头人,并放火烧毁多个村寨。之后景千联军送通牒给猛笼召勐,以己方有600人相威胁。最后勐龙土司召雅囡火昂携家逃至勐醒,勐龙人战败,全勐的百姓被迫赔偿两万'章'(每'章'为10'康',每'康'约合3.3市两)银子,结果全勐卖掉金银首饰牛马才凑够赔偿对方的数目。经此一役,勐龙坝子的村寨变得一片荒凉。"①

民—兵制基础上的战争的一个重要特点是对财物、人员而不是土地的掠夺。在普思沿边直至东南亚一带,在人口数量相对短缺和较低的人口密度下,传统东南亚大陆政治组织的主要原则是控制人民而不是在土地。② 比如在泰国北部地区,几个世纪以来,清盛和清迈公国、老挝的琅勃拉邦公国和掸邦的景栋公国在这里频繁交战,它们争夺的不是广阔的清盛—清莱平原,其肥沃的土地并没有吸引统治者的目光,它们争夺的是民众。为了达到这一目的,无数统治者被擒,无数城镇被夷为平地,臣民被统治者视为构成他们权力和阶级制度不可分割的一部分。③

在东南亚国家中,缅甸、泰国对传统民—兵制进行的军制改革较为成功。其中,由于乾隆年间的清缅战争,汉文史籍中有较详细的对缅甸军队和战斗特点的记载。缅甸传统军制,为"素不养兵,有事则与所属土司之寨籍,以户口多寡,因以出夫,名曰门户兵"。军制的转型,发生在雍籍牙时期,"自雍籍牙据阿瓦,蓄胜兵万人,一人给

---

① 刀金荣著,召存礼、岩庄译,吕泽整理:《勐龙与景千之战》,政协景洪市文史资料委员会:《景洪市文史资料选辑》(第2辑),出版社不详1995年版,第13—15页。

② Stanley J. Tambiah, "The Galactic Polity: The Structure of Traditional Kingdoms in Southeast Asia", *Annals New York Academy of Sciences*, 1977, pp. 69-97.

③ [美]珍尼·理查森·汉克斯:《文化的解读——美国及泰国部族文化研究》,刘晓红主译,云南大学出版社2002年版,第264—265页。

以饷四十两，其余派夫如故，每战则以所派土司濮夷居前，胜兵督其后，又以兵马为两翼，战既合两翼分绕而进，因以取胜，度未可战，则发连环火枪，兼以炮比烟开，则栅木已立，入而据守，其用兵如此"。①

在与缅甸军队多番交战之后，缅军擅在野外立木栅、擅野战不善攻坚的战争特点给清军留下深刻印象。据周裕所记："缅兵交战无甲胄、弓矢，所用惟枪炮、镖子，其炮子坠账房前，重四十八两。马匹亦甚少，然皆膘壮。携带象只，止驮运器物，间或乘骑，不用以战。驻营则盖草栅，栖止无账房，妇竖亦随营服役，以糯米为饭，截竹储米，炙而食之。其长技惟善竖栅，每于扼要处，用大木排列为寨，掘深濠以藏身，栅内窥我兵如镜，枪、镖亦易中，我兵虽施放枪炮，互不能伤，故攻克甚难。"② 木栅建造便宜，与筑城相比，更适应东南亚一带的气候和地理环境，因而成为缅甸军队重要的军事技能。

清末民初，普思沿边爆发了一场初为土司争袭，继而宣慰使介入，最终清廷调动军队平息战争，最终导致普思沿边正式进入民国政府直接管辖范围的景真之战。在这场战争中，最激烈、持续时间最长、最起决定性作用的战争爆发在景真城下。景真作为勐海、勐混、勐遮四大柱版纳之间的小勐，在地理界限上缺乏与勐遮的天然屏障，因而屡屡爆发与勐遮的冲突。景真召勐驻地景真城，为一小山，加上茂密森林，有天然军事堡垒的功能。当时，勐遮的帕雅罕亮和召应勐兄弟三人入据景真城，普洱道台、召片领派出的军队，加上站在同一立场的勐混军队一起进攻景真。由于"景真城内深沟高垒"，官兵攻不下景真，只好收兵，驻扎在流沙河一带围困景真。之后省督办派兵增援，但是进攻景真城的战事还是不顺。鏖战数日之后，因"景真地势险阻，垒高堑深，四周竹木茂密，城内的景真兵居高临下，而官兵

---

① 吴楷、王昶：《征缅纪略》，德宏州史志资料编委会办公室编：《德宏史志资料》（第13集），德宏民族出版社1990年版，第61页。
② 周裕：《从征缅甸日记》，德宏州史志资料编委会办公室编：《德宏史志资料》（第13集），德宏民族出版社1990年版，第54页。

第四章　城市与区域文化

和土司兵暴露四野，无法窥见景真兵所在，仰攻困难重重"。又经过几番鏖战之后，双方互有伤亡，"官兵无法攻进景真城，只好采取围困办法，并不断用炮轰击，城内的牛马被炸得到处窜，刚改好的竹楼被烧成灰烬，吓得百姓们跪着求救于佛祖。整个景真城腥味冲天，被打死和饿死的牲畜横尸遍地"。为防止景真城被攻破，勐遮土司刀正经又率领一部分士兵到景真督战。此后围攻景真的联军再次向省督办请求援助，省督办派柯树勋率援军300余人到勐海。在谋略与多次猛烈攻城的配合下，终于在1912年10月，趁勐遮土司刀正经和争袭勐海土司位置的刀应勐三兄弟从景真城突围时，柯树勋所率军队打死了刀正经，刀应勐三兄弟也只有三弟召温点逃到缅甸。此后柯树勋又率军攻破刀正经之子召麻哈勐驻守的勐遮城。自此，持续数年的战争方告结束。①

景真战事结束后，民国政府已建立，云南为督军唐继尧实际管理。原应清廷调遣的柯树勋，自此留在西双版纳，受唐继尧委派，设立殖边总办，将普思沿边改为八行政区，为之后改设县制奠定了基础。

小结

城市在傣族社会结构中核心地位的建立，基础在于土司与城市的结合。在土司政治体系下，城市与村社不仅分别居住着不同等级的人群，而且在婚姻家庭、经济生活上也建立了与之相匹配的体系。这一社会结构的最后一环，是在文化和意识形态上确立城市卓越的地位。这一工作的完成，不依赖于傣族传统的民间信仰，甚至也不完全依赖于传入的南传佛教自身。南传佛教传入傣族地区以后，在与民间信仰的调适过程中，与傣族社会政治上建立统一政权努力相配合，最终建

---

① 岩罕翻译整理：《叔侄之战》，政协西双版纳州文史民族宗教联络委员会编：《西双版纳文史资料》（第13辑），云南民族出版社2000年版，第22—26页；《柯树勋统治西双版纳的经过》，国家民委《民族问题五种丛书》编辑委员会、《中国民族问题资料·档案集成》编辑委员会编：《中国民族问题资料·档案集成》第5辑《中国少数民族社会历史调查资料丛刊》第88卷，中央民族大学出版社2005年版，第186—192页。

立了南传佛教与傣族地方政权相互扶持的格局。土司所在的城市，往往成为官佛寺所在地，统辖一地区内的其他村寨佛寺。南传佛教赋予土司以宗教上的卓越名号，并通过教义、寺院教育体系培养对土司和现存政治体系相对恭顺的信众。

与南传佛教和城市的"相得益彰"相反，傣族社会建立在民—兵基础上的军制，相对较弱的军事动员能力和战争冲突烈度限制了城市的规模。也有研究认为，傣族地区（包括部分东南亚地区）的战争是出于占有人而不是土地，才限制了城市的规模。

第五章　民国时期改县设制与城市变迁

普思沿边和腾龙沿边历经元明清三代数百年的土司政治，在民国时期经历了一系列政治变革。这些政治变革过程，因发生在中国近代史过程中与西方政治体系的遭遇、西南边疆危机与划界、现代国家及其政治体系在边疆地区的初步建立的背景下，而具有相较于明清两代改土归流而言更加深刻的程度与意义。也是在民国时期，普思沿边和腾龙沿边初步建立现代国家基层政权，土司纷纷裁撤或合并，所辖区域改县设区，少数驻地改为县治。民国政府计划及部分得到实施的边疆开发政策，进一步促进了边疆地区的近代化转型。也是在这一过程中，随土司制度改革而产生的人事、财政变动，地方冲突与抗日战争全面爆发等，造成边疆地区的近代化转型不断面临动荡。以城市为代表的边疆社会，兼受英属缅甸的西方工商业经济体系与日常生活方式以及民国政府建置带来的内地政治经济文化影响，处于前沿且杂糅的状态。这一时期城市的外在形制变革及居民生活，正是以上复杂变革的集中反映。

第一节　从土司驻地到县城

民国初年，在遮顶之乱和民国政府建立的背景下，普思沿边和腾龙沿边相继完成改流，纳入民国政府直接管辖范围，并初步建立现代政府体系。但是，民国政府在普思沿边和腾龙沿边的改流并未彻底，土司衙署在两地仍具有强大影响力,事实上形成了一种双重治理的局面。从土司制度到双重治理,构成民国时期普思沿边和腾龙沿边政治制度变革的主要脉络。

一 普思沿边和腾龙沿边改县设制的过程

进入民国以后,普思沿边和腾龙沿边方真正进入政府直接管辖范围。民国政府在这两地设置殖边行政局,后改为县,委派委员或县长进行治理。民国政府对普思沿边和腾龙沿边的改制,一方面可看作明清两代在云南改土归流政策的延续;另一方面是边疆地区由传统国家的边缘改为现代政府的尝试。但是,与明清两代在强盛时期推行改土归流的背景不同,民国政府在普思沿边和腾龙沿边的改制,一定程度上是西南边疆危机爆发,中国与英属缅甸、法属印度支那政府划界背景下的一种被动应对。民国政府治理阶段外患内忧不断,政府在边地虽有一系列考察、施政计划,但落实效果大打折扣。边地政府效力孱弱,土司影响力尚存。两种政府共存的结果是县局政府浮于边地社会,依靠土司实现对广大农村社会的管理。

普思沿边在清代的改土归流,集中在雍乾时期。清顺治十八年(1661),复置车里宣慰使司,"以凯冷之裔孙刀穆祷为宣慰使,管理十二版纳。雍正七年(1729)改土归流,以江内之思茅、普腾、整董、猛乌、六大茶山、橄榄坝六版纳置普洱府,于攸乐设一同知,思茅设一通判。其江外六版纳仍归车里宣慰使管理,而责其岁纳粮银于攸乐同知。乾隆元年(1736),增设宁洱县,附府,移攸乐同知治思茅,而裁旧设之通判;以普腾土千总、猛旺土把总、整董土把总、猛乌土把总、乌得土把总五土司地,及竜得土便委、等角土目地隶宁洱县;以车里宣慰使及六顺土把总、倚邦土把总、易武土把总、猛腊土把总、猛遮土千总、猛阿土把总、猛笼土把总、橄榄坝土把总等九土司地,及猛捧、猛丰、猛仑、補角、打洛、猛混、猛海、顶真、猛亢、猛满、猛往十一土便委,攸乐二土目之地隶思茅厅。乾隆三十八年(1773),宣慰使刀维屏搆釁潜逃,裁宣慰司。乾隆四十二年

(1777) 复设"。①

清末民初的"遮顶之乱"为普思沿边彻底改流提供了契机。"遮顶之乱"平复后,柯树勋常驻西双版纳,主持了之后一系列的改流项目,使普思沿边真正进入国民政府的直接管理范围。关于这一段历史,李拂一记载如下:"民国元年(1912)一月,(在缅)逃犯叭康亮散布谣言,声称即将入边报仇,边民惊恐。迤南道方宏纶,巡按使刘钧,以伏患未除,非威信素著,不足以资震慑,电准都督府,复命先生(柯树勋)至边,督带各营,主办善后改流事宜。七月,各区编查户口完竣,先生(柯树勋)乃斟酌边地情形,并参以英人之所以治理勐艮者,上治边十二条陈,存土司,蠲繁苛,规划十二版纳全境为八行政区,设总分各局,作将来改县之地步。政府纳其议,即任先生(柯树勋)为普思沿边行政总局局长,兼第一区。民国二年(1913)一月创设普思沿边行政总局于车里宣慰街之庄董佛寺。"②

民国元年划定的八个行政区设置如下:普思沿边行政总局,"兼第一区,领车里宣慰使、橄榄坝土把总两土司之地及攸乐诸大茶山;以次设第二区行政分局于猛遮,领猛遮、猛阿、顶真、猛满、猛亢五土司之地;设第三区行政分局于猛混,后移猛海,领猛海、猛混、打洛三土司之地;设第四区行政分局于猛笼,领猛笼土司及景哈土目之地;设第五区行政分局于猛腊,领猛腊、猛捧、猛丰、猛仑四土司之地;设第六区行政分局于易武,旋移倚邦,领倚邦、易武、整董、竜得四土司之地;设第七区行政分局于黄草坝,领普腾猛旺两土司之地;设第八区行政分局于官房,领六顺、猛往两土司之地"。③

"1917年,移第五区分局治猛捧,盖猛捧尚接法属猛悻,形势较为扼要也。1921年,将四区之地并归第一区管理,而分第二区之猛

---

① 李拂一:《车里》,商务印书馆1933年版,第2—3页。
② 李拂一:《普思殖边总办柯绩丞先生传略》,《南荒内外》,云南人民出版社2020年版,第19页。
③ 李拂一:《车里》,商务印书馆1933年版,第3—4页。

阿、猛仑，第八区之猛往等三土司之地而别置第四区行政分局于猛往。1925年1月1日将普思沿边行政总局改组为普思殖边总办公署，而改设各区行政分局为殖边分署。"①

1923年，普洱道尹萧瑞麟，"以柯树勋久寄边庭，威望日重，恐养成尾大不掉之势为辞，密电省长唐公继尧，请以萧学智前往接替。同时又恐原驻勐遮之陆军普防第三连为先生所用，或有抗不交代情事，借点验为名，将第三连全部调至思茅，尽收缴其武器而解散之，仍责先生以十二版纳之治安全责……唐省长以先生任职沿边十余年来，政简刑清，汉夷和睦，边境义安，省府无南顾之忧，不宜轻易生手，未允萧道尹以萧学智为替之所请。于是萧道尹又呈请省公署，请将普思沿边八个行政区改制为县，直隶道尹公署，撤销普思沿边行政总局"②。此项提议，经多方考虑之后，鉴于改制后行政人员以及随之而来的办公经费将大幅增加，但普洱道署缺乏专项经费，不得不搁置。

1927年，柯树勋病逝于车里，当时普洱道尹徐为光驻宁洱县城，委孙天霖继柯氏，广人肇乱，事平之后，普洱道尹徐为光再次奏议云南省府，请在普思沿边改设县制。徐氏在报告中提出："普思沿边自柯前任总办树勋划区分治，十五年来，政府信任已属特专，然夷考其改，不过总署建筑颇为壮观，其余分署，皆属茅屋之槛。全无汉土风尚。路则仅由普文修至九江，余仍草莱未辟，其他移风易俗，兴学教民，种种要政，一无可述。此皆由于各分区委员，权职轻微，无能建树，财政大权总署独揽之故也……欲望边务发展，非改设县治，委以实权，责以重任，严定考成，俾各自发展不易见功。兹拟将普思沿边八区改为七县一殖边分局。"③ 1928年，普思沿边废局设治改土归流，

---

① 李拂一：《车里》，商务印书馆1933年版，第4页。
② 李拂一：《普思殖边总办柯绩丞先生传略》，《南荒内外》，云南人民出版社2020年版，第22—23页。
③ 《普洱道尹徐为光致内务厅长李选延信》，国家民委《民族问题五种丛书》编辑委员会、《中国民族问题资料·档案集成》编辑委员会编：《中国民族问题资料·档案集成》第5辑《中国少数民族社会历史调查资料丛刊》第88卷，中央民族大学出版社2005年版，第696页。

第五章　民国时期改县设制与城市变迁

置七县以治之，曰车里县、普文县、佛海县、五福县（南峤县）、江城县、镇越县、六顺县，另设临江行政区一。后废普文而成六县一区。① 于是各县分掌职权，各不相谋，一切政令均直接呈报道尹及省府。其后道尹裁撤，而普思沿边仍设第二殖边总办署，以总揽军民要政，但公署则驻于宁洱县城，于沿边仅分驻殖边总办军队一连于佛海县。②

民国时期腾龙边区的改制，大致过程如下：民国元年六七月，当时的云南省政府将南甸划入腾冲，但又单独设立县丞管理。其余土司地区分别设立芒板（芒市、勐板）、干崖（包括户撒、腊撒）、盏达、陇川、遮卯（遮放、勐卯）五个弹压委员会。民国二年，又设腾越道尹，统领各弹压委员会。1917年，南甸改置县佐；其余改设芒遮板、干崖（包括户撒）、盏达、陇川、勐卯（包括腊撒）五个行政区，分别任行政委员，逐渐推行政令。1924年，腾越道尹改为云南省第一殖边督办处。1931年，又将行政委员改为设治局，并废除土司名称，正式改为潞西、梁河、盈江、莲山、陇川和瑞丽六个设治局。1938年，殖边督办改为腾龙边区督办处。1942年撤销督办处，改辖于全省统一的第六区行政督察专员公署。③

腾龙边区各设治局的统属如下：腾冲县，辖南甸宣抚司；盈江设治局，辖干崖宣抚司、户撒长官司；陇川设治局，辖陇川宣抚司；潞西设治局，辖芒市安抚司、遮放副安抚司、勐板长官司；瑞丽设治局，辖勐卯安抚司、腊撒长官司；莲山设治局，辖盏达副宣抚司。④

因腾龙边区各土司相对独立且权柄较大，边疆情形复杂，改制过

---

① 佚名：《云南边地之民族与民族性》，骆小所主编：《中国西南文献丛书》第4辑《西南民俗文献》第18卷，兰州大学出版社2003年版，第4页。
② 李文林：《到普思边地去》，骆小所主编：《中国西南文献丛书》第4辑《西南民俗文献》第10卷，兰州大学出版社2003年版，第102页。
③ 《德宏傣族景颇族自治州概况》，国家民委《民族问题五种丛书》编辑委员会、《中国民族问题资料·档案集成》编辑委员会编：《中国民族问题资料·档案集成》第4辑《中国少数民族自治地方概况丛书》第35卷，中央民族大学出版社2005年版，第289—290页。
④ 江应樑：《傣族史》，四川民族出版社1983年版，第426页。

程顾虑较多。"一是与腾龙边区相沿的英属缅甸区域,土司制度并未被英属缅甸政府废除。土司权力虽遭削弱,但俸金和待遇反而更显优渥。如果民国政府在腾龙边地贸然废除土司,取消其世袭权力与相应利益,这些土司势必联络归英,引起国际之纷扰。"同时,"边地土司之间来往紧密,改土归流是牵一发而动全身。因此,改土归流之事实,不能骤然实现"。①

民国政府为彻底改革腾龙边地,提出了系列措施,包括:其一,慎重行政人员人选;其二,提高行政人员待遇;其三,提高行政人员权力;其四,整治交通;其五,整理土地;其六,清查户口;其七,提倡职业;其八,提倡各种合作社;其九,实行大规模之公共卫生运动。② 但这系列措施,能有体系施行者,寥寥无几。

民国时期的改流设制过程,除普思沿边和腾龙沿边外,从孟连至耿马孟定一线也是重要的改流设制区域。"明代顺宁府外有三猛之称,即猛猛、猛缅、猛撒也,而猛猛最强,时与二猛为难。后猛撒为耿马之一区,猛缅归流设缅宁厅,猛猛独存。土司罕姓,与耿马为同族,然已不振。"方国瑜于民国二十五年(1936年)经过猛猛城中时,"往访土司家,墙圮未修,庭中杂草不除,不类乔木世家也。应袭土司罕富文出而招待,与询其家史事,不能答。询犹有案卷保存否?出示杂纸一卷,乃户口册,中夹一张齐司全图,有小字曰'光绪乙巳年腊月,迤南道石鸿诏奏旨勘界委员戴清查连司边外野卡全图'。所著地地名方位大致不差,惟距离则大相径庭也。按罕姓为猛猛土司已数百年,光绪二十九年倮黑山乱事,猛猛城破,官兵克复,设分县于此,隶镇边厅,土司之权已削,至民国十一年,缅宁匪作乱,土司有附和之嫌,设双江县,而土司废;然土司原有田地,一家衣食充裕。

---

① 张笏:《腾越边地状况及殖边刍言》,昆华民众教育馆编:《云南边地问题研究》(上卷),昆华民众教育馆1933年版,第321—322页。
② 张笏:《腾越边地状况及殖边刍言》,昆华民众教育馆编:《云南边地问题研究》(上卷),昆华民众教育馆1933年版,第326—351页。

前岁罕富文任区长，以与地方不睦，竟出命案，县府查封其家"。①

表 5-1 简要梳理了普思沿边和腾龙沿边及其他部分地区傣族土司的设置及历代变动情况。

表 5-1　　　　傣族地区部分土司设置及历代变动表②

名称	元代以前情形	元代	明代	清代	民国
车里宣慰使司	古名产里，商初伊尹令以象齿短狗为献，周公作指南车导之归，故名	至元中置彻里路军民总管府，领六甸，后又置耿冻路、耿当、孟弄三州	洪武十七年，改置车里军民府，十九年改军民宣慰使司	仍为车里军民宣慰使司	民元就其境建为八行政区，十七年改建为车里、佛海、南峤、镇越、六顺、江城6县
南甸宣抚司	旧名南宋，不通中国。	至元二十六年，置南甸路军民总管府，管三甸	洪武十五年改南甸府，永乐十二年改南甸州，正统二年升宣抚司，万历时升为宣慰使司	改置为南甸宣抚使司	西部旧壤陷入缅甸，东部土司辖境现属云南梁河设治局管辖
陇川宣抚司	旧为麓川地	至元中设平缅宣慰司，陇川属之，至正中，置麓川路，思氏并麓川，设陇川陶孟	洪武十七年，置麓川平缅宣慰司，正统十一年，置陇川宣抚使司	仍为陇川宣抚使司	属陇川设治局所辖

---

① 方国瑜：《滇西边区考察记》第六篇《摆夷地琐记》，云南大学西南文化研究室1943年版，第56页。

② 江应樑：《摆彝的生活文化》，骆小所主编：《中国西南文献丛书》第4辑《西南民俗文献》第18卷，兰州大学出版社2003年版，第133—136页。

续表

名称	元代以前情形	元代	明代	清代	民国
干崖宣抚司	旧名干赖赕，曰渠澜赕	至元中，置镇西路军民总管府，领二甸	洪武十五年，改为镇西府，后为干崖长官司，正统间升为宣抚使司	仍为宣抚使司	属盈江设治局所辖
遮放副宣抚司	陇川之贰也		万历十二年平岳凤后，以多恭为副使，管遮放地	授遮放副宣抚使司世职	属潞西设治局所辖
盏达副宣抚司	干崖之贰也		明初，怕便以功授副使，赐名刁思忠，建盏达副宣抚司	授盏达副宣抚使司世职	属莲山设治局所辖
芒市安抚司	旧名怒谋，曰大枯赕，即唐书所谓之芒施蛮	至元十三年，立芒施路军民总管府，领二甸	洪武十五年置芒施府，正统中改为长官司，崇祯十三年加授安抚司职衔	授芒市安抚使司世职	属潞西设治局所辖
猛卯安抚司	旧麓川地		万历二十四年，巡抚陈用宾筑平麓城，即今猛卯城，三十二年，蛮莫宣抚衍忠数被缅侵，势不能支，因安插猛卯	立猛卯安抚使司，授衍氏安抚使世职	属瑞丽设治局所辖
潞江安抚司	蛮名怒江甸	隶柔远路	洪武十五年置长官司，永乐九年，升为安抚司，以线氏领司事	仍为潞江安抚使司	属龙陵县所辖

第五章 民国时期改县设制与城市变迁

续表

名称	元代以前情形	元代	明代	清代	民国
耿马宣抚司			万历十四年置	仍为耿马宣抚使司	属耿马设治局所辖
孟定府	旧名景麻	至顺四年，立孟定路军民总管府，领二甸	洪武十五年，改置孟定府	仍为孟定府	属镇康县辖

普思沿边和腾龙沿边各土司地真正完成现代政府建置，且土司影响力趋于消逝已是 20 世纪 50 年代。

二 县局经费与行政人员

民国政府在普思沿边和腾龙沿边设置县级政府，首先面临的是行政经费和人员派驻问题。这两个问题也是导致普思沿边和腾龙沿边政府设置长期无法顺利完成的重要原因。

在普思沿边和腾龙沿边，原有土司制度在民国时期一直存在，土司对平民征收的地租和劳役并未随着民国设制而结束或有所减轻。同时，民国政府又加收行政经费、教育经费等。传统地租、劳役与民国政府征收的各项费用相加，导致这一时期普思沿边和腾龙沿边平民的负担明显超出历史上其所承负的。

民国政府在普思沿边和腾龙沿边征收的经费，有随时间而逐渐增加的趋势。民国初期，柯树勋任普思殖边分局局长，向边民征收的经费是每户年征户捐一元六角，以半数做总分各局行政经费，以半数作各土司赡养；另折工四角，作修路造桥及兴建各区衙署之专款。严禁土司苛派。[①] 虽然这一政策执行情况，尤其是以户捐一元六角之半数，即八角做各土司赡养费，严禁额外苛派这一条执行情况存疑，但

---

① 李拂一：《普思殖边总办柯绩丞先生传略》，《南荒内外》，云南人民出版社 2020 年版，第 19—20 页。

相较于民国后期各县局向平民征派的款项，这一时期已无疑算轻。

民国后期各县局向平民的征派，以车里县为例，民国三十三年（1944年）全县摆夷每一户人家对政府缴纳的款项，其名目及数量如下：

（1）县政府行政经费，每户每年纳银币六元。此项经费的征收，自民初改制以来，便定为常例，名曰行政经费，初时征收甚微，每户每年仅银币四角，后逐年增加，到三十三年达到每户六元之数，更易其名曰房捐。

（2）教育费银币一元。此款自三十三年新增，专作办理全县小学经费，交由县政府统筹支付。

（3）乡公所经费。每户二至三元，由乡公所直接征收。

（4）招待应酬费。遇县长或县府人员下乡，或省方委员到境，旧例一切食宿伕马费，都由民间摊派供应，离境时并须致送礼物和旅费，倘遇贪污的管理，则苛索敲诈，故人民每年对此项负担，其数目多少无从预计，车里猛笼乡民三十三年全乡共摊派招待费银币六千元，平均每户该银七元，其数已超过县政府正式征取的行政经费。

（5）伕役费。这是抗战期中大军驻境时的一种特别负担，边地交通不便，运粮运械，都要派民伕肩挑背负。摆夷胆小力弱，每一伕役日行五六十里，只能负重20余公斤，若运一团兵士三日军粮到百里路外，便非征派百民伕不可。摆夷并非每户都随时有闲人可供征派，所以每一派到无人应征之家，便须用钱雇请伕役代替。在车里境内，每雇一民伕行一日程，代价少则银币2元，多至5元。据车里橄榄乡统计，当边地战事吃紧军运最繁的民国三十一年（即日军侵入缅甸，截断滇缅公路运输，曾以大军自缅甸暹罗进攻车里佛海边地之时），全年内每一户摆夷平均负担了104名民伕（每伕送一日程以一名计），若以每名雇价3元计，则该年内每一户摆夷所负担的民伕费，

第五章 民国时期改县设制与城市变迁

达银币 312 元之巨。

除最后一项战时的负担并非经常支出，暂略不计入外，以其他四项计，每户摆夷每年对政府的负担约为银币 17 元。这个数目也逐年有所不同，"若遇政治清明，官吏廉洁，政府少派委员入边之年，招待应酬一项大减，不被额外苛索，则该年内负担便可减少……以摆夷的经济环境言，若只是正常的征纳——6 元的政费、1 元的教育费、3 元的乡镇费，这 10 元之数在摆夷是不难筹措的，只须把院子里的鸡抱三四只去卖了，便足够缴纳。不过，另方面看，三四只鸡在摆夷家庭中也可算得是一宗财产，要他按年破费这一宗财产，在摆夷的心上，实在也是一种隐痛"。①

民国二十二年（1933 年），李文林建议将佛海、五福两县合并为一县，目的之一也是减轻向平民征收的行政经费。其在建议书中说："沿边各县，因地广人稀，田地公有，向未办理升科，县府收入，只有户捐一项，除各项行政费用外，所余实已无多……五佛两县府，相距数十里，仅中隔顶真小山而已，幅员之大，人口之多，两县乃及车里。即就治理而言，五佛合并，设县府五福，佛海系沿边商业中心，设公安局即可敷治，原无县府房屋，可以无需另建，五福则以营房为县府。两编合并，可节省一县之户捐而为两县之建设费用。不惟人民减少负担，即官斯土著，亦可公私有济，不必巧立名目，苛摊人民耳。"②

除经费问题之外，民国政府在普思沿边和腾龙沿边设置县局，还需解决官员和各机关工作人员的派驻问题。受限于普思沿边和腾龙沿边遥远的地理位置、陌生的地理和生活环境、令人闻之色变的瘴疠，以及土司数百年之影响，整个民国时期，除少数地区或人员外，政府官员在边地的施政效果并不理想。这种不理想，一方面体现在民国政

---

① 江应樑：《摆彝的生活文化》，骆小所主编：《中国西南文献丛书》第 4 辑《西南民俗文献》第 18 卷，兰州大学出版社 2003 年版，第 197—198 页。
② 李文林：《到普思边地去》，骆小所主编：《中国西南文献丛书》第 4 辑《西南民俗文献》第 10 卷，兰州大学出版社 2003 年版，第 104 页。

府派驻的县长或设治局委员等较高级别官员与边地土司间的龃龉；另一方面是边地特殊的环境使得到派驻到边地的各机关工作人员需要面临更大的风险、具备更高的素质，但这些与边地政府人员的薪金并不相匹配，因而也难以得到彻底解决。

民国时期在边地设立政府之后，县长或委员与土司之间的关系多有龃龉。其中原因，不少曾考察过边地的学者有深刻洞见，如张笏论腾龙沿边之委员："历来委派委员，大多数之唯一目的，只在做官，以为得此'天高皇帝远之地'，更可为所欲为。土司既为部属，事事均可责其供应，边地人民，不啻再增加一重太上土司。又因各委员工费薪资异常菲薄，诚有不能不仰给土司之势……故汉官之于土司，初则长官之于部属，继则贵客之于主人，终则挂单和尚之于方丈住持，相沿既久，土司亦深知汉官之唯一目的，只在找钱，汉人生活落伍者，则曰'穷走夷方'，边地汉官，亦无乃类似。故土司之悍然敢于向人民种种摊派，名目繁多，苛难百出者，实汉官放任有以养成之，或汉官暗中指使，共同分肥亦所不免。故边地汉官，外而轻视于强临，内而轻视于民众，历年来非无干练有为人士前往，而官方早已扫地，虽有善者，亦无如之何矣。"①

又如李文林所论，民国时期政府官员进入傣族地区，鲜有成效者，其原因有多种："厄于山遥水远，道路崎岖，其精神已被大自然界由打击而折服，无余勇以谋建树一也。烟瘴恶烈，谈虎色变，心力不支，欲图建树而不可能二也。凡边庭建筑，异常简陋，设备给养，实施缺乏，官民既已隔绝，绅士尤少匡助，一门数局，一人数职，偶有所为，则无从着手，则要而行，亦鲜兴趣，不知不觉，统归于因循苟安之一途，闭门卧治，以候瓜代三也。下焉者，以为离省遥远，闻听隔绝，官书往还，栋需数月之久，且人民愚懦，土司绅士，避祸不及，何敢过问官府之是非；处此环境之下，无卓识之士，鲜不变其本

---

① 张笏：《腾越边地状况及殖边刍言》，昆华民众教育馆编：《云南边地问题研究》（上卷），昆华民众教育馆1933年版，第316—317页。

来面目,自以为百里之内,唯我独尊,于是欺上压下,作威作福,生杀予夺,为所欲为四也。有此种种,而能于万里边庭,有所作为者,是诚难能可贵也。"①

政府官员治理效果的不甚理想,还在于土司在边地有数百年的统治,积习已久,边地文化、风俗与内地差别巨大。"普思沿边之摆夷,有此完善之地方自治组织,原始之田土公耕制度,以及普及之僧侣教育,严明之阶级观念,既为云南边地土司最保守之典型,亦为本地之区域特征。故自民国初年柯树勋镇服车里以来,虽已改土置流三十余年,惜因步骤过早,地方统治权仍必假手土司,一切兴革开发事宜,皆难着手。或因边官吏治,未能得人,但以土司旧制之组织健全,除旧布新,实宜不能操之过急。"②"车五佛三县之人民,百分之九十以上,俱为摆夷……不惟风俗习惯与内地迥别,即其语言文字,政治宗教,均自成一完整之社会,传之久远,行之顺利……由行政区改为县治,虽已二十余年,然人民仍与土司发生直接关系,与汉官仅有纳税担夫之间接关系而已。"③

因此,普思沿边和腾龙沿边在整个民国时期一直维持政府与土司两套政令系统。县、局政府固然负有更高的政治权威,但土司实际威权并不明显示弱,县、局以下,基本为土司政治体系所覆盖,或由土司政治体系转设为区、保等基层政治体系。这一双重政治体系一直延续至20世纪50年代,以勐龙为例,直至1952年,勐龙区仍有两套机构并存,一是封建土司的机构,勐龙土司署保持着完整的统治体系。城中的土司署中有土司1人,大帕雅12人。坝子设12个火西,每个火西管3—5个寨子,寨子有老鲊、老先管。"城中的每个大帕雅还分管山区的几个寨子,或一个民族。他们有纵的横的联系,有严密

---

① 李文林:《到普思边地去》,骆小所主编:《中国西南文献丛书》第4辑《西南民俗文献》第10卷,兰州大学出版社2003年版,第88—89页。
② 严德一:《云南边疆地理》,商务印书馆1946年版,第32页。
③ 李文林:《到普思边地去》,骆小所主编:《中国西南文献丛书》第4辑《西南民俗文献》第10卷,兰州大学出版社2003年版,第83页。

的一套统治体系。国民党时期大勐龙区叫乡，火西改为保，管火西的头人当保长，寨子老鲊当甲长。国民党叫保长，傣族还是叫召火西。二是人民的区政府。大勐龙的区政府是1951年成立的，土司刀永安任区长，帕雅诰刀建光任副区长。"①

在民国时期边地双重政治体系中，有一项重要的督查体系不时介入，以弥补县、局政府施政不畅或官员体系自身会滋发的腐败、不作为等问题。这一督查体系以政府不定期派出肩负不同目的的各类委员最为重要且常见，他们与土司的互动，相较于政令系统相对完善的地方来说，具有更大的权威和影响力，所造成的危害也更加显著。土司疲于应对，长此以往，会对这一政令监察系统产生"免疫力"。民国二十五年（1936年）方国瑜考察滇西经过耿马时，与耿马土司对谈。方国瑜鉴于一般人对边地情形较为模糊，"希望耿马修一部志书，能忠实详尽"，使未至者也可对边地有所了解。耿马土司之叔罕会堂对曰："吾省政府隔膜甚矣，前此屡派委员来耿马调查，食宿十数日行，若招待不周，则委员去而省政府之谴责公函至也，复派一委员来，殷勤招待，赆仪数百金，待其去，而省政府奖誉之公函亦至也，前所谴责，后之嘉勉，盖以委员所报告者不同，其不同则以土司招待之周到与否为转移也。省府积案，或谓非改土归流不可，或谓以土司治理为上，孰是孰非，省府将何抉择，不明了边情亦甚矣。"②

边地双重政治体系运作的不畅，相伴随的即县、局官员与土司间的相互攻讦。政府官员谈及土司，多视其为阻碍国家建设、依附平民之上，需要被铲除的恶势力。如张笏论及腾龙边地的陇川土司："陇川城内为土司衙署，司官多姓，名忠瑶，面黑无髯，体硕而长，平居

---

① 卜清贤初稿，赵春洲整理：《五十年代初转业到大勐龙区与头人共事的岁月》，政协西双版纳州文史委员会编：《西双版纳文史资料之九·五十年代民族工作》，出版社不详1993年版，第66页。
② 方国瑜：《滇西边区考察记》第六篇《摆夷地琐记》，云南大学西南文化研究室1943年版，第25页。

第五章 民国时期改县设制与城市变迁

无事,仆马偕风镪家四出寻龙穴……至土司私人,则正大兴土木,修理宏壮之衙署。泥土工人,大都征自民间,以至怨声载道,且姬妾众多,民间子女,略具姿首,多为彼所染……三民旗帜之下,诚不应有此等残贼存在也。"① 再有陇川行政区行政委员张振勋:"一谈及内而土司之专横,外而帝国主义之种种侵略,动至咬牙切齿,其最难堪者,堂堂边官,尚无一衙署,每届雨期,则移往杉木笼高地,假清代倒塌残余之营房一二间住宿,冬期则移往张凤街之商会内。而距张凤约十里之洋人街,概为高大洋楼,公所内之司役工食,折为滇票,直超过一倍以上,即以直辖之陇川土司而论,亦享有宫殿式之衙署,壮丽无比,相形之下,亦见绌甚矣。"② 土司有时甚至成为边地存在问题的借口,"刀保图,是一个玩癖而又夸大的一个干崖摆夷领袖,自从民国十三年刀保固因借账不遂,惹起烧抢村寨事发生,当时道尹处置失当后,他就十分的骄傲,到了代办勐卯土司,越发的纵横起来,什么摊派款项,抽收赌捐种种,真是从心所欲,边民受不住他那种种压迫,听说迁移的很多"③。

边地土司也对民国时期政府官员敬而远之。江应樑记载其赴滇西进行考察的见闻:"要在边区作学术调查工作,不能走政府路线,而是要取得土司的信仰合作。"江应樑于民国二十六年(1937)出发去芒市做调查,到龙陵时收拾起政府派遣的名义,写了一封私函给芒市土司代办方克光,说明他不是官,也不是委员,是为学术考察而来。之后果然受到方克光的欢迎。待到芒市土司署住几天后,从行为上证实江应樑不是所习见的汉官委员,便被引为方克光的知交。通过方克光的介绍,江应樑得以顺利进入"遮放、猛卯、陇川、干崖、盏达、南甸"进行考察。

---

① 张笏:《腾越边地状况及殖边刍言》,昆华民众教育馆编:《云南边地问题研究》(上卷),昆华民众教育馆 1933 年版,第 267—268 页。
② 张笏:《腾越边地状况及殖边刍言》,昆华民众教育馆编:《云南边地问题研究》(上卷),昆华民众教育馆 1933 年版,第 266—267 页。
③ 谭其篔:《民国十九年度蛮爱会案记》,昆华民众教育馆编:《云南边地问题研究》(上卷),昆华民众教育馆 1933 年版,第 493 页。作者谭其篔,时任龙陵县长。

"考察结束,还送了很多民俗物品(土人的制作物、衣裙、用具、宗教用品;这些物件,后来一半送给云南民教馆,一半送给中山大学研究院,并曾在昆明广州公开展览)。正如俗语所说的,喝了酒还有带着走的肉,已经有些面愧了,然后各土司写赠我留为纪念的彝文字幅,都不约而同地把'不贪污''不苟取'这类的话来誉我。这使我理解不到一向到边区的政府官员,对彝民是如何的作为,以致在边区留下这样的一句口头禅:'委员下乡,百姓遭殃'。"①

尽管民国时期边地一直存在双重政治体系,且问题纷争不断,但在普思沿边和腾龙沿边,具体问题仍有一定差异。普思沿边的摆夷区,在民国初年成立行政区,后改为县,划为殖边督办区,柯树勋初任行政总局长,后接任殖边督办。自民国元年到十五年,一手掣划经营,对地方的改革和建设已经种下了基础。后柯氏虽殁于任所,后任无能继续其事业之人,但地方政府在境内已经取得了当地人民的信任。宣慰及各土司虽仍存在,但已能与县政府合作,并皆委任之为乡长,事实上已经互相接近了。至于腾龙沿边,一则迄于现时尚未正式成为县区,仅是几个准县式的设置,在土司心中远不如县政府有威望;二则囿于各土司情形复杂,不似普思方面单纯;三则限于没有如柯树勋这样的经边人才,来作较长时间有效的经营;所以,地方政府便远在土司之下。"土司有堂皇的大衙门,设治局仅只有几间草棚,土司有丰富的收入,设治局的经费要到土司去乞讨,设治局长去求见土司,土司可以闭门不见,土司要见设治局长,为局长者莫不倒履欢迎。这种隔阂的情形,是未能与当地人民取得协调的缘故。"②

三 县城与设治局的形制

民国政府在普思沿边和腾龙沿边改制设县局,所导致的两地城市

---

① 江应樑:《摆彝的生活文化》,骆小所主编:《中国西南文献丛书》第4辑《西南民俗文献》第18卷,兰州大学出版社2003年版,第39—40页。
② 江应樑:《摆彝的生活文化》,骆小所主编:《中国西南文献丛书》第4辑《西南民俗文献》第18卷,兰州大学出版社2003年版,第151页。

格局的变革效果不一。普思沿边原十二版纳地三十多个勐,大大小小即有三十多个土司,即使是按照土千户、土便委、土把总计,民国时期仍有 22 个之多,这些土司所驻地之城市,在规模、形制上大部分与普通村寨无明显差别。即使是较大的勐之城市,如勐龙、勐混,于民国时期外来政府官员所见,除土司住宅规模较普通傣族家庭宽大外,也恍如进入普通村寨。但是民国初年柯树勋入车里,建普思沿边行政总局于景德,短短一二十年就建立起一个俨具规模的边地城市。同时,无论是民国前期普思沿边的八殖边分局设置,还是民国中期改为六县的设置,从行政中心的数量上来说已经明显减少。尤其是边地汉人较晚进入的江外六版纳,只剩下佛海、南峤两县,加上普思沿边政治中心车里,被合称为车、佛、南三县。这三个县的县治,即景洪(景德)、勐海城和勐遮城,分别成为民国中后期普思沿边的政治、产业和商业中心,即"以地理上观察车五佛,车里为沿边之'政治中心',佛海为沿边之'商业中心',五福(南峤)为沿边之'产业中心'"①。

民国政府在腾龙沿边的改制设局,由于缺乏一个强有力的政治中心力量介入,加之腾龙沿边各土司影响较大,各设治局在政治和区划上基本沿袭土司管辖范围,设治局所在,虽出于避免土司影响而另辟处所,但建设效果不佳。土司所在城市仍是这一时期腾龙沿边重要的经济中心。

历史上,普思沿边以车里宣慰司所在宣慰街为政治中心,柯树勋进入车里之后,出于政治、军事等因素考虑,选择在宣慰街附近的旧城建立政府,即景德。李拂一记载这一段史事为:1914 年,(柯树勋)建殖边行政总局"于行政街西北约 10 里之景德移治焉。景德为车里故都,旧有万户余,自经缅、暹大掠之后,已无居民,唯遗佛寺残址十数于丛莽而已。先生(柯树勋)披荆斩棘,垦辟荒莱,筑市

---

① 李文林:《到普思边地去》,骆小所主编:《中国西南文献丛书》第 4 辑《西南民俗文献》第 10 卷,兰州大学出版社 2003 年版,第 19 页。

场，俟商旅，盖颇费经营焉"。① 行政总局（见图 5-1）重设景德之后，该地复有人烟。

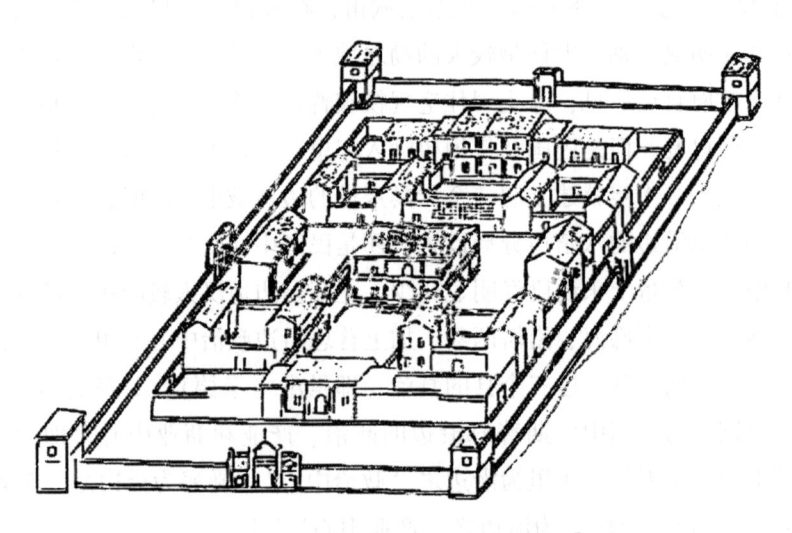

图 5-1 普思沿边行政总局建筑图②

20 世纪 20 年代，美国传教士杜德（William, Cliffton Dodd）记载当时所见景德，"汉人在沿江而上离旧城约 3—4 英里处另建了一座新城，当地人把汉人新建的城称为景迈"③。其实这个景迈建在几十年前已荒芜的一个旧城旁边，这个荒芜的旧城现在还有一些古墙残迹可见。景迈最漂亮的房屋是砖块砌成的，也是汉人摄政员的住所。"这所房子已建有 8 年了，是汉人的建筑风格，牢固得象座炮楼，这位摄政官员④在西双版纳拥有绝对的权力。他对我说，他是受北平方面委任的……我们的教堂离这位摄政官员的居所不远，可以说教堂为景迈城增添了异样的光彩。在景迈城傣泐人和汉人享有同等

---

① 李拂一：《普思殖边总办柯绩丞先生传略》，《南荒内外》，云南人民出版社 2020 年版，第 20 页。相似的记载亦可见李拂一著《车里》一书。
② 景洪县地方志编纂委员会编纂：《景洪县志》，云南人民出版社 2000 年版，第 629 页。
③ 傣语"迈"意为新，景迈即新城之意。
④ 即柯树勋。

第五章 民国时期改县设制与城市变迁

的权利。实际上没有多少汉人居住在景迈城里,因为这里天气极其闷热,只有一些军事方面的人员和几个商人住在这里。除此之外,多是傣泐和少数的其他民族。"①

民国时期著作中仅有寥寥关于景德的记载。民国二十年(1931)所见的景德城形制是,从澜沧江渡口"上岸不一里,即车里县治,有美国教会,文武庙宇,整齐街房,宏壮县府,分布于平原之上"②。武庙(见图 5-2)"建盖雄浑,殿宇飞扬,回廊萦绕,颇壮观瞻"③。景德有城墙和城门,车里坝子每年第三次祭垄,系祭布都洞阳,译言洞阳门,即车里县治所在景德土城之南门,出城即景阑。据传,某代另一车里王有一次至洞阳门外之景阑"乐骚"(即玩姑娘)被刺,由其侍从二人扶行至城门而死;傣语谓扶行曰"洞阳",谓门曰"布都",故名之曰"布都洞阳"。④

车里设县以后,景德多直接被称作"车里县城"或"景洪"。1939 年,姚荷生考察边地时所见车里城的形貌,记载于其所著《水摆夷风土记》一书中。景洪"说它是城,实在有点骗人,因为谁也没有看到它有雉堞起伏的城墙。若说它绝对不是城,也有点冤枉,据说也是有过城墙的,不过这城墙只是二三尺高的土垣而已,现在有几处还可以看到它的遗迹。而且城外还围着一道护城河"。景洪城中,有两所壮丽的建筑。一是宏大深邃的县政府,位于城中心偏西,前临火星道,后靠木星道,左为四纬路,右为五纬路。坐西北,面东南,共辟前后左右四门,大门正对中正路,占地约八十余公亩,大小厅事八十余间,均砖瓦构筑,当中之一幢,为法庭及总办公厅;其前左右两厢,为各科办公室;其右侧之一幢,为一得轩大礼堂,其左侧之一幢,为小花厅,右厢后之一幢为监狱,左厢后之一幢,为常备队部。

---

① 岩宰译:《在西双版纳传播基督教见闻》,西双版纳州政协编:《版纳文史资料选辑》(第 7 辑),云南民族出版社 1992 年版,第 221 页。
② 李文林:《到普思边地去》,骆小所主编:《中国西南文献丛书》第 4 辑《西南民俗文献》第 10 卷,兰州大学出版社 2003 年版,第 126 页。
③ 张镜秋:《孟海城子"要骚"记》,《边荒》,正中书局 1946 年版,第 17—18 页。
④ 李拂一:《十二版纳志》,云南人民出版社 2020 年版,第 133—134 页。

· 213 ·

图 5-2　车里城内的武庙（在行政总局左侧，其后为柯树勋祠）①

大门内至两边，为卫兵室、监狱管理员室及常备队队长室。总办公厅之后为上房：包括主管及其眷属以及庶务杂差人员寝室、仓库、大小厨房等。围墙四角，各有一碉堡，常备队兵，轮班驻守。② 除车里县署这一最为宏大的建筑外，离车里县署不远的对面，"高大茂密的林中，芳草如茵的地上，矗立着几栋洋房。墙壁全是用江边的鹅蛋石砌成的，上面爬着绿色的藤子，屋顶盖着红色的缅瓦、精巧、别致、美观，这是美国长老会传教的地方，有教堂、医院、小学校和传教士的住宅。紧接着县政府是关岳庙兼柯氏的生祠，房屋已经破旧，现在稍加修饰，改为省立车里小学的校舍……在小学的旁边，教会的对面，有一处小小的村落，居民二三十家，全是花腰摆夷"③。这些花腰摆夷是因信奉基督教的缘故，随牧师从元江迁到车里城中居住的。车里

---

① 李拂一：《车里》，商务印书馆1933年版，"凡例"部分。
② 景洪县地方志编纂委员会编纂：《景洪县志》，云南人民出版社2000年版，第630页。
③ 姚荷生：《水摆夷风土记》，云南人民出版社2018年版，第82—83页。

第五章 民国时期改县设制与城市变迁

城中，除了这些建筑外，其余全是芜草荒田和长满灌木的荒地。可见，直至民国后期，车里县城中的县府、教会、武庙和柯氏生祠一直是最主要的建筑，人户数量则一直很少。①

关于车里县城（即景德）的布局，现所见最为完整的出自李拂一所著《十二版纳志》（见图5-3）和《西双版纳傣族自治州城乡建设环境保护志》（见图5-4）。从布局图中可以看出，景德傍澜沧江而建，背江建一弧形土墙，所见城门有二（应有三个城门），城内街道并不方正，重要的建筑有车里县政府（即柯树勋所建之行政

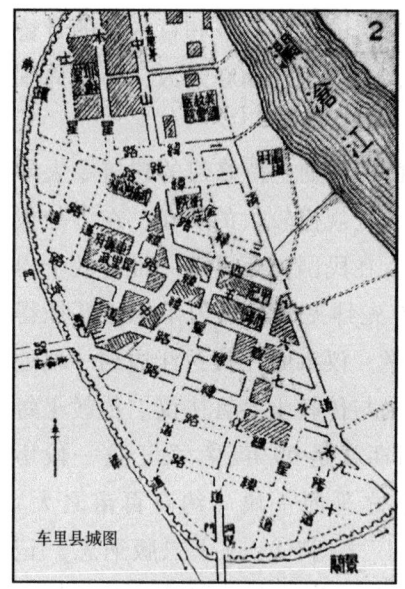

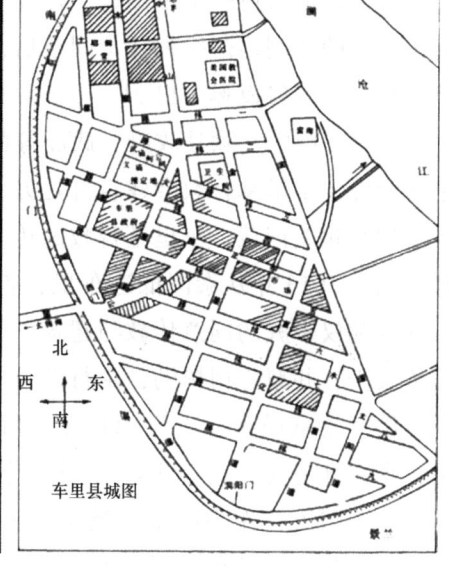

图 5-3 车里县城图②　　图 5-4 车里县城规划图③

---

① 陈碧笙在《滇边散忆》中，记载了1939—1940年的车里城，"从前一定是个很繁盛的地方，可惜屡经变乱，现在不过是人户不满50的小市镇罢了"。参见陈碧笙《滇边散忆》，娄子匡主编：《北京大学中国民俗学会民俗丛书专号2民族篇》（第19册），中国民俗学会景印1976年版，第10页。

② 李拂一：《十二版纳志》，云南人民出版社2020年版，第2页。受印刷技术影响，原图已不甚清楚。

③ 西双版纳傣族自治州城乡建设环境保护局编：《西双版纳傣族自治州城乡建设环境保护志》，云南科技出版社1998年版，第35页。

· 215 ·

总局)、正对县政府之江边两市场,县政府左侧之武庙、柯公祠,与武庙隔中山路相望的卫生院,沿中山路向北侧城门方向所建的教堂和教会医院。重要街道有纵向(即南北向)的中山路、汉江路,其余道路命名,纵向道路从东向西,可见太阳路、水星路、金星路、火星路等等;横向道路,从北向南,依次为一纬路、二纬路……直至十纬路。从城内重要建筑、道路等看,车里县城的形制与内地常见的县城较为相似。在《西双版纳傣族自治州城乡建设环境保护志》中注明了这一县城布局图实为规划图,但历经30多年,规划终未实现。至1949年时,全城除美国传教士修建的教堂、教会医院等4幢"洋楼"外,就是占地数亩、土木结构、瓦顶平房的政府官署和百米长的景德街,街道的两侧错落排列几十间草房,全城居民300余人,街子周围草木丛生,野兽夜嗥昼出。①

车里县城中,除县政府、武庙等由柯树勋主持修建的建筑令人印象深刻外,车里基督教会建筑群是另一处规模较大的所在,在多处报告中均有相关记载。车里基督教的传入在民国初年,第一批传教士得蝶夫妇于1913年从泰国抵达车里,首先拜见召片领刀承恩,并征得召片领和议事庭的同意传教与建盖教堂。议事庭在嘎兰江边划一块地给传教士,并禀告柯树勋,由行政总局与传教士签署协议。传教士每年付给行政总局租金大洋100元,租期就是99年。② 关于这一段历史,李文林记为,柯树勋将"县府前之平原一块(约有百亩之大)租借于美国人,作为医院、教会、工厂之用"③。《十二版纳志》记载,车里基督教堂在"今车里县署东北里许,九龙江畔,擅风景之胜。占地约百七十亩,每年纳地租银百元于车里县政府,租期九十九

---

① 西双版纳傣族自治州城乡建设环境保护局编:《西双版纳傣族自治州城乡建设环境保护志》,云南科技出版社1998年版,第34页。

② 鲊西里口述,岩庄、召存礼译:《美国基督教传入车里》,政协景洪市文史资料委员会:《景洪市文史资料选辑》(第2辑),出版社不详1995年版,第20—22页。

③ 李文林:《到普思边地去》,骆小所主编:《中国西南文献丛书》第4辑《西南民俗文献》第10卷,兰州大学出版社2003年版,第68页。

年"①。

车里基督教会教堂等建筑由议事庭动员曼景兰等村寨百姓伐木建盖，教会付给报酬。所给标准是，强劳动力每日工作满 8 小时，付银三角。从江边捡鹅卵石到建筑工地，符合规格的每 20 斤付一角。从流沙河运砂子到工地，每一个油桶量（约 50 斤），给三个铜板（10 个铜板为银 1 角）。细干石灰每 20 斤付银 2 角。②

在正式建筑完成之前，基督教会先建盖了一些临时住房。临时住房的墙和地板都用竹子作为材料，房顶是用香蒲叶盖上的。至于后来建成的教堂是两层楼，一层的墙壁像北部傣族房屋式的用黏土打成；医疗室是一幢平房，使用石灰和卵石混合建造。③

1920 年，第二批传教士翰兰勒夫妇、歹得夫妇等抵达车里。他们带来了所需的建筑器材、医疗器械，成立了锯木厂，相继在嘎兰靠江边盖住宅、医院、教堂、学校等五栋房子，后又增盖小型发电厂、火锯厂等平房数间。④ 1924 年，第三批传教士胡古丁、医生贝比、高尔梯先后抵达车里。⑤

除正式签约划定的土地外，传教士们又要求在大路另一侧划出一大片土地给加入基督教的教徒们建房居住。此后，又分别在粘天山建盖避暑别墅二栋；在澜沧江上游塔庄柯处建一个寨子名曼回画，给教徒居住。⑥

建成后开始传教的车里基督教会，"有牧师、医士、工程师各 1

---

① 李拂一：《十二版纳志》，云南人民出版社 2020 年版，第 133 页。
② 鲊西里口述，岩庄、召存礼译：《美国基督教传入车里》，政协景洪市文史资料委员会：《景洪市文史资料选辑》（第 2 辑），出版社不详 1995 年版，第 22 页。
③ 岩宰译：《在西双版纳传播基督教见闻》，西双版纳州政协编：《版纳文史资料选辑》（第 7 辑），云南民族出版社 1992 年版，第 221 页。
④ 鲊西里口述，岩庄、召存礼译：《美国基督教传入车里》，政协景洪市文史资料委员会：《景洪市文史资料选辑》（第 2 辑），出版社不详 1995 年版，第 22 页。
⑤ 鲊西里口述，岩庄、召存礼译：《美国基督教传入车里》，政协景洪市文史资料委员会：《景洪市文史资料选辑》（第 2 辑），出版社不详 1995 年版，第 20 页。
⑥ 鲊西里口述，岩庄、召存礼译：《美国基督教传入车里》，政协景洪市文史资料委员会：《景洪市文史资料选辑》（第 2 辑），出版社不详 1995 年版，第 22 页。

人,各有妻室儿女,俱美籍。教徒百余人,大都为暹罗北部之佬族人。至于当地水摆夷,则认耶教不若其原有佛教之伟大……其建筑物,有礼拜堂、医院、学校、火锯工厂及住宅3栋,完全西式。粉垣丹瓦,碧草如茵,掩映绿树从中,俨然图画。后又增一小规模之发电厂,供给动力及照明之用。医院附设之麻风病院,则远在县城西北七八里之曼燕"①。"教民之壮健者,则入其工厂做工。九龙江面开驶之小轮,亦系该会所置,上下九龙渡与橄榄渡之间,游行江面数十里……各携眷属作长期之经营,年需美金巨万,一切药品机器用品,统由打洛用马匹驮,年必数次。"②

车里基督教会的牧师、医生等虽居住在车里这一距离美国数万里之遥的偏僻地方,"但是他们的生活并不苦。一切食物和日用品都是地道的美国货,先从那遥远的国家运到缅甸,再从缅甸运到这里。这种舒适的生活,大概是教士们能够安心久居在偏远的区域的主要原因"③。

对于车里基督教会,李文林抱着强烈的忧患意识和国家意识。他发现了车里基督教会修建避暑别墅等扩建措施,质疑教会:"不知与柯氏所订租约,曾载及避暑处与兴礼堂地址否?抑或由在任县长另订租约否?拟请转呈省府,饬令该县长妥为保管,并明白答复,以免外国人在本国领土内为所欲为,亦国耻之。"④而沿边之官商,因通过车里教会与国内其他商埠教会间的汇兑网络占有便利,"故颂扬之声不绝于耳,已忘其文,侵略之野心毒计矣"⑤。但如果对车里基督教会的工作过程有较深入了解的话,应该会对他们的传教效果不必过于

---

① 李拂一:《十二版纳志》,云南人民出版社2020年版,第133—134页。
② 李文林:《到普思边地去》,骆小所主编:《中国西南文献丛书》第4辑《西南民俗文献》第10卷,兰州大学出版社2003年版,第68—69页。
③ 姚荷生:《水摆夷风土记》,云南人民出版社2018年版,第97页。
④ 李文林:《到普思边地去》,骆小所主编:《中国西南文献丛书》第4辑《西南民俗文献》第10卷,兰州大学出版社2003年版,第68页。
⑤ 李文林:《到普思边地去》,骆小所主编:《中国西南文献丛书》第4辑《西南民俗文献》第10卷,兰州大学出版社2003年版,第69页。

担心,因为这些美国传教士"并未能和摆夷打成一片,也不对他们直接说教。教会里另外训练几个夷人做助手。每逢街期,他们把耶稣的故事的图画张挂在街头,向赶街的人讲说教义。可是除了几个好奇的人来看看图画外,几乎没有一个真来听讲道的。所以他们虽然传教二三十年,信奉基督教的水摆夷还是很少"①。车里境内的主要信徒只有从元江迁来的几十家花腰摆夷。1944年,因日军联合泰国军队进攻滇西,车里基督教会美国传教士全部撤回美国。车里基督教会共存在约30年。

除车里县城以外,因民国时期茶叶贸易的繁荣,佛海县政府治所勐海"城子"及在此基础上发展而来的佛海县城成为普思沿边产业最为繁盛、内地商人最为聚集的地方。"假如我们可以僭越地把车里比作十二版纳的南京,那么佛海便是夷区的上海,不过它没有上海的一切繁华和享受,就是万分之一也没有。"②佛海县"城子土署,用新式建筑,刀土司(即刀良臣)曾出游缅甸暹罗归来,故行为设施,多有改良……佛海旧名猛海,坝子平广,水秀山明,俗谓下坝子,进小朝,殆即指此。马班成千累百,均宿于野外,帐幕烟火,星罗棋布,另成一世界。县府未建,系用借广人关圣庙,府内未设公堂,仅以团兵站卫而已……由街往学校,街道广平如汽车道,街屋矮小,然一律整齐,多系用墙瓦木石建筑,如洪盛祥可以兴均系高楼大厦,腾冲至此之巨商也"③。勐海城作为佛海县治,因茶叶贸易兴旺,虽有商号之高楼大厦,以及来自腾冲、石屏等地的巨商,但政府建设仍较落后。县政府借用广东商人所建之关圣庙,也缺乏基本的办公条件。

佛海县城的街道有新街、老街、上城街、佛照街、佛寺街等,在这些街道中,最早开辟的是佛照街。清代,当地居民在象山脚下设集

---

① 姚荷生:《水摆夷风土记》,云南人民出版社2018年版,第98页。
② 姚荷生:《水摆夷风土记》,云南人民出版社2018年版,第169页。
③ 李文林:《到普思边地去》,骆小所主编:《中国西南文献丛书》第4辑《西南民俗文献》第10卷,兰州大学出版社2003年版,第132页。

互市，形成一条街市——嘎海。民国初年，内地人不断迁往象山脚下，开设茶庄、店铺，嘎海发展成商业街，更名为佛照街（取佛光普照之意）。后将佛照街向南延伸，延伸的街段称新街，原街段称老街。1930年，在佛照街西面70米处另辟一条与佛照街平行南北向的大街，定名大同街。大同街比佛照街长，自南向北分上、中、下三段，下段因普洱籍商人居住较多，故又称普洱街；下段再延伸出去，因居住着一家姓鲁的工匠，称老鲁街；下段通往老街的东西向的街道，叫上城街；中段通往佛照街的东西向的街道，称互助街。老街再往北延伸的一条街，称衙门街，因此街通往佛海县府衙署而得名。1936年，佛海简易师范学校校址建于新街南端，与学校对面的中茶公司大片厂房之间形成一条东西向的街道，称育才路；南接东西向的博爱路，博爱路东南侧有中茶公司的大片厂房。上城街北段南侧有一条南北向的巷道——和林巷，因此巷仅居住着简易师范学校教师吴和林一家而得名。1937年抗日战争全面爆发后，日军侵占东南亚国家，旅居泰国、缅甸等国的华侨纷纷回国来到佛海，多数集中居住于大同街上段两侧，在街面搭盖街棚经商，因此大同街上段又称华侨街。① 这一时期的佛海县城由几条街道将"城子"和附近的几个村连接起来，面积、人口规模有了明显增长，也有向较大规模城市演化的趋势。

20世纪40年代，到佛海县担任县府秘书的张镜秋记载县城："孟海镇屋舍栉比，大半是汉人住宅。服饰语言，和内地一无差异。这里一条大街，叫做大同街，差不多全是汉人住着。"② 城内街道两旁"参差错列的摆夷茅屋，屋顶呈锐角陡坡形，也和缅寺的屋顶，大略相像，不过官家的屋顶，多半是瓦覆的；民间的屋顶，便是草排铺的了"③。"进了'城子'里面，左一弯，右一拐，到处都是柴

---

① 云南省勐海县地方志编纂委员会编纂：《勐海县志》，云南人民出版社1997年版，第471—472页。
② 张镜秋：《孟海城子"要骚"记》，《边荒》，正中书局1946年版，第21页。
③ 张镜秋：《孟海城子"要骚"记》，《边荒》，正中书局1946年版，第26页。

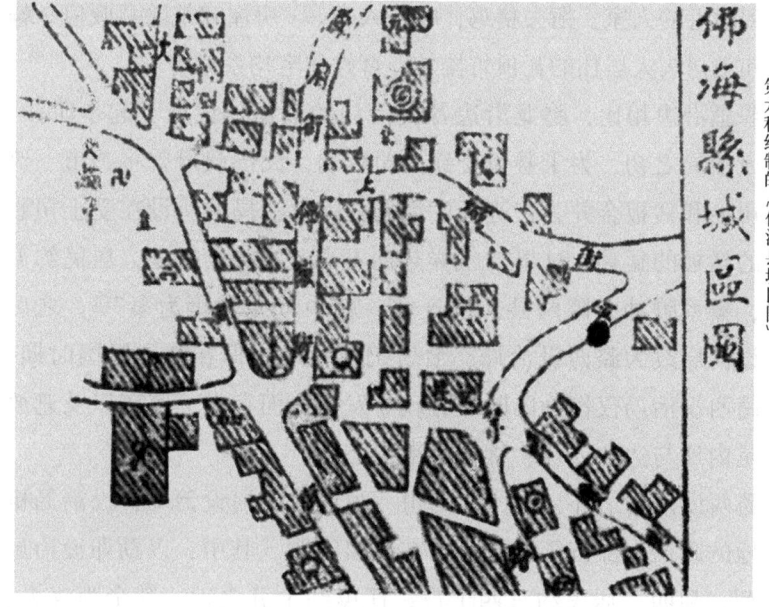

第五章　民国时期改县设制与城市变迁

图 5-5　1944 年勐海县城区图①

扉竹篱。"② 至 1949 年，佛海县城城区砖木结构的民宅有 194 间，其中楼房 31 户 39 幢 128 间，平房 15 户 31 幢 66 间，大部分民宅为泥挂或土垛墙草房。无论是楼房还是平房都较低矮，门窗少，通风透光差；县府衙署、简易师范学校、富滇银行、商会、中茶公司等的公房为土木或砖木结构的瓦房，县府衙署为二耳房一正房一天井的四合院，中茶公司建有 20 余间铁皮厂房。③

南峤县虽号称普思沿边的产业中心，县城所在的勐遮坝又是面积最大的坝子，但县城相较于车里和佛海更显简陋。县城筑在坝子中间的一座小山上，城里有百多户人家。县署和土司府都在山顶，周围都是竹林和灌木林，景象很荒凉，甚至半夜里常听到豹子在门前打架或怒吼，有

---

① 勐海县政协文史资料委员会编：《勐海文史资料》（1），出版社不详 1990 年版，扉页。
② 张镜秋：《孟海城子"要骚"记》，《边荒》，正中书局 1946 年版，第 27 页。
③ 云南省勐海县地方志编纂委员会编纂：《勐海县志》，云南人民出版社 1997 年版，第 471 页。

时还闯到附近的人家，衔去猪鸡，咬伤人畜。① 房屋建筑除县政府3幢瓦屋房和土司头人居住的瓦顶竹楼外，百姓住宅均系草房。②

与普思沿边相比，腾龙沿边各设治局的政治建设处于起步阶段。在改为设治局之初，为了避免受到土司影响，民国政府曾将芒市、遮放两土司地和猛板合并为芒遮板设治局，将设治局治所设在受土司影响最小的猛板的猛戛，这里"气候热而不毒，有大街场一，居民约五百余户，概系腾冲龙陵两县人民迁往，就中以龙陵籍为多"③。之后芒遮板设治局改为潞西设治局，治所仍在猛戛。但在整个民国时期，猛戛在潞西设治局仅作为民国政府政令发出地而存在，芒市以及遮放两城方是内地与边地人口、货物往来中心。

除潞西设治局之外，勐卯、陇川、盈江、梁河设治局，设治局机关所在地的政治、经济等建设也存在诸多问题。其中，以勐卯设治局最为典型，勐卯"居民约三四千户，摆夷约十分之六，其余为汉人、山头、崩龙、老缅、阿昌之类。其户口最多之处，为'城子'及弄岛……弄岛地方，因汉人居多，商业繁盛"④。勐卯设治局"政署无一定处所，夏秋雨季，住气候较凉之腊撒地方，冬春则住汉人较多之弄岛地方。行政委员，毫不能行使职权，故终日无所事事"⑤。

第二节　民国时期边地的教育与实业改革

民国政府在普思沿边和腾龙沿边的改县设制过程，虽然有一系列缺

---

① 姚荷生：《水摆夷风土记》，云南人民出版社2018年版，第180页。
② 西双版纳傣族自治州城乡建设环境保护局编：《西双版纳傣族自治州城乡建设环境保护志》，云南科技出版社1998年版，第81页。
③ 张笏：《腾越边地状况及殖边刍言》，昆华民众教育馆编：《云南边地问题研究》（上卷），昆华民众教育馆1933年版，第261页。
④ 张笏：《腾越边地状况及殖边刍言》，昆华民众教育馆编：《云南边地问题研究》（上卷），昆华民众教育馆1933年版，第264页。
⑤ 张笏：《腾越边地状况及殖边刍言》，昆华民众教育馆编：《云南边地问题研究》（上卷），昆华民众教育馆1933年版，第263页。

第五章 民国时期改县设制与城市变迁

陷，如进度缓慢、机构人员不足、双重政治体系彼此掣肘等，但总体而言，民国政府在边地建立的县、局，在落实政府对边地的治理、拓展边地发展渠道方面作出了一定的贡献。各县、设治局设法筹划边地实业，筹划一系列发展措施，以促进边地发展。在普思沿边和腾龙沿边各县、局所推进的一系列施政计划和措施中，学校教育在其中成效较为显著。

一 学校教育体系的建立

进入民国以后，学校教育被政府视为改善边疆地区动荡政治历史，培养良善国民的重要举措。"往者沿边土蕃衍殷实，今则日即凋零……推原其故：一由于土司骄侈，挥霍无度，比取盈于百姓，以故征敛无艺，追呼敲扑，生意渐尽。一由于土民颛愚，谋生计拙，内地之无业汉民又群往以夺其利……故土民呻吟愁苦，呼吁无门，不自知其所以致败之由，辄归狱于国家之歧视。于是怨望之极，良懦者或走死他方，枭桀者遂睥睨思逞计。数十年来，沿边各土司地，曾不得五年无事。盏达之变乱，野人山、崩龙山之抢杀，耿、孟之亘斗，卡瓦之破猛猛，倮黑之蹈镇边，以及近者猛遮之拒命，皆兴师动众，糜款巨万。使前人长虑却顾，早建土塾之议，或者教化渐濡，既隐消其犷悍不驯之气，又长养其营生之智识，而坚其归依爱戴之心，虽未必尽遏其乱萌，而兵祸庶几其稍减。"①

此外，因十二版纳特殊的地理位置及人口情势，发展此地教育对扩展与周边国家的关系也将产生积极影响。"车里地势险要，地接英缅法越暹罗，而散居于此四国之土著，坝居则摆夷，山居则阿卡濮蛮……则无分国界地也。我若于汉化教育，早谋策进则以车里夷族聚居之众多，不难渐趋同化，将来藉可以树同化全僰族之基础，则其影响亚洲南部之前途为如何？非仅巩固西南方面而已。"②

---

① 龙云、卢汉修，周钟岳纂：《民国新纂云南通志》卷137《学制考七》，凤凰出版社编选：《中国地方志集成·省志辑·云南》（第6册），凤凰出版社2009年版，第388—389页。
② 佚名：《云南边地之民族与民族性》，骆小所主编：《中国西南文献丛书》第4辑《西南民俗文献》第18卷，兰州大学出版社2003年版，第28页。

但是，清末民国在滇边建立学校的努力一直受时局的影响。清末在沿边一带创设的 128 所土民学校，"数年之间，颇见成效，旋因政府为省库节省支出起见，一律取消"①。

1928 年至 1937 年是民国政府政治、经济以及文教建设相对发展的时期。也是在这一时期内，普思沿边和腾龙沿边的学校教育开始有了系统推进。1931 年 4 月，云南省政府公布"全省边地教育实施法令"。这一法令是民国时期边地教育发展的最为齐备文件。法令第四条载明边地教育的实施时期，"以在民国二十年八月一日起，至二十六年七月底止为第一期，自二十六年八月至三十二年七月底为第二期，应依限完成普及"。法令第五条载明第一期内应办理的事项："各地应创设或推广初级小学，暨民众学校，其数量应足敷应就学人数之半为率，其小学适用简易编制，其民众以识字训练为主"。②

1931 年，张笏奉令考察腾越边地教育，将所见情况载于《腾越边地状况及殖边刍言》，③ 对云南省颁布边地教育实施法令之初的腾越边地教育现状有较详细记载。依据对腾越边地人口数量、民族、居住区域特点的估计，张笏提出，腾越边地教育的推行应遵循以下四个原则："第一，年长失学人数既多于学龄儿童，则民众教育及成年人补习教育，应与义务教育并行不悖。第二，女性中心既成为牢不可拔之家族制度，则女子教育更迫于男子教育。第三，各民族分布区域既有多寡之不同，则教育实施应先于汉人较多之处，以次及于汉人较少之处。第四，人民住居既有平原、四山、高山之不同，则教育推行应先平原，次四山，最后及于高山。"④

---

① 李生庄：《云南之边务杂纂》，缪文远：《中国西南文献丛书》第 3 辑《西南史地文献》第 39 卷，兰州大学出版社 2003 年版，第 274 页。
② 江应樑：《摆彝的生活文化》，骆小所主编：《中国西南文献丛书》第 4 辑《西南民俗文献》第 18 卷，兰州大学出版社 2003 年版，第 327 页。
③ 张笏：《腾越边地状况及殖边刍言》，昆华民众教育馆编：《云南边地问题研究》（上卷），昆华民众教育馆 1933 年版，第 259 页。
④ 张笏：《腾越边地状况及殖边刍言》，昆华民众教育馆编：《云南边地问题研究》（上卷），昆华民众教育馆 1933 年版，第 363—364 页。

第五章 民国时期改县设制与城市变迁

在此原则之下,张笏制定了滇西教育发展的大规模建设计划。按照学龄儿童三万人计算,每班四十人,则全腾越边地需要七百五十班方能容纳所有学龄儿童。除去赤贫疾病及其他原因不能入学的儿童外,尚需约五百个班。此五百班分为六期办完,以一年为一期,第一期就现在已成立各校加以充实改进外,添足为一百班,借此为各地之仿效。其余四百班分五期办竣,每期添办八十班。教员则需六百五十至七百人。要建设如此人数的教员队伍,需要采取训练班、简科、本科、四年变则师范科等方式综合完成。①

边地教育,其实施之最大难关,在于办学所需用巨额之款。若以项目分支,则为第一、二、三、四等期,大宗为训练师资经费,其次为义教民教社教等经费。若以性质区别之,则有所谓开办费及经常费临时费等。腾越边地教育费用预算如下:第一期,经常门(经费)742140元,其中包括开办费85000元、经常费514500元、教育行政费142640元;临时门(经费)222000元,其中包括修理费60000元、购置费60000元、会议费10000元、集会费32000元、学业考察费10000元、联合运动费50000元。统计经常临时两门,在第一期内,应需经费共964140元。以此推算,第二期为999140元,第三期为1183100元,第四期为1337140元,第五期为1481140元,第六期为1441140元。六期合计,共7405840元。此数分六年使用,每年最低不及百万,最高不及150万元。若以每期100万元计算,此金额是用滇票计算,折为半开现金,才为20万元,折为国币(即法币),以当下申汇计算,每八万汇一万,才125000元。若以罗比计算,才10万元。②

---

① 张笏:《腾越边地状况及殖边刍言》,昆华民众教育馆编:《云南边地问题研究》(上卷),昆华民众教育馆1933年版,第364—365页。

② 张笏:《腾越边地状况及殖边刍言》,昆华民众教育馆编:《云南边地问题研究》(上卷),昆华民众教育馆1933年版,第372—377页。在每一项经费之下,张笏都有介绍相关经费的使用办法,兹不赘述。

以上经费，可采用三种办法解决。第一种，由国家、省及地方三者共同负担。根据1930年的全国教育行政会议，拟定全国教育20年改进计划，其经费一项，规定由国家与地方各负担45%，省负担10%。根据此原则，则第一期所需经费国币125000元，国家与地方各补助56350元，省承担12500元。此后五期经费，也按此比例分配。第二种，由国家及省分担。第三种，省与地方共同负担。地方可借街场租、牲屠附捐、娱乐捐（赌捐）、土司捐等筹措经费。①

如何在有限的资金投入下办好边地教育？利用传统的寺院教育系统，将寺院教育与学校教育暂时统一，或借用寺院教育系统培训师资，转而推进学校教育，就成为一条可能的选择。民国时期不少人士均建议利用已有的寺院教育设施与传统，将缅寺作为教育学子之所②，利用宏大的佛寺为校舍，以二佛爷为教师，以小和尚为学童。③ 不仅如此，李文林与时任佛海县长计划利用寺院和僧侣建立一个简易师训学校，以较大程度解决师资和学生生源问题。这一计划是："夷民子弟为僧，学习傣文，既系不可避免之事，而入寺之后，关于晨夕之学习傣文讽诵经典，又多由寺中之二佛爷教读。此外即终日游手，虚耗儿童光阴。爰拟就县治开办一边地教育师训所，专以指调县属各缅寺之二佛爷，充当学生，亦不迫令还俗，其已还俗之二佛爷，亦许其入所肄习，每班额数四十名，就县属各猛人口之多寡分配指标足额。即以教育局长充任所长，不另支薪，以节经费。一面选聘临封熟习夷语，曾经师范毕业，任教热心教员一人，专任教授。因地方瘴烈，其薪资必

---

① 参见张笏《腾越边地状况及殖边刍言》，昆华民众教育馆编：《云南边地问题研究》（上卷），昆华民众教育馆1933年版，第382—387页。
② 佚名：《云南边地之民族与民族性》，骆小所主编：《中国西南文献丛书》第4辑《西南民俗文献》第18卷，兰州大学出版社2003年版，第29页。
③ 李文林：《到普思边地去》，骆小所主编：《中国西南文献丛书》第4辑《西南民俗文献》第10卷，兰州大学出版社2003年版，第96页。

从优支给，方能聘得相当之人。预定两年毕业，其教授课程，拟授以注音字母并初小科书，以两年授完即考毕业。良以既为二佛爷，其年龄必在二十岁上下，傣文已学有基础。授以汉书汉字，较为容易。……而时凡毕业之二佛爷，均各委任为教员，就各缅寺，施以改造，妥为规则，饬令各回缅寺，将其所学，传授以全部儿童夷僧，并择其学识较优者，兼充各区委员，随时督促，与其相近之缅寺实施教授，并严订奖惩规则，以昭激励。似此就地选造师资，限期造成，即就缅寺僧徒，施兴教育，既不废其信仰佛教学习傣文之习尚，兼施边地教育之学科，使多数夷童，得受教育。"①

为完成计划中的边地教育师训所，李氏拟定了较详细的建设及资金筹划方案：

>校舍拟就佛海县治建盖一正两厢一厅之草房为之，其正房以笆为栏，留窗以作教室。两厢及厅房均为员生宿舍。外建以厨房及校工室，此项约需银300元。此外还需黑板一块，讲桌一张，书桌板凳40张，此项约需200元。寝室床凳，需木板凳80条，床板15丈，约需银80元。厨具，锅灶碗盏，木缸木桶，约需银30元。教科书纸笔墨砚课本等类，均拟一次做公家发给，约需银150元。以上开办费共需银750元。此外还有运行经费，教员薪公：教员1人，附加公费及校工1人，月需35元，以上月计算，合350元，两年共700元。膳食，每生每月伙食银3元，每月共计120元，每年10月，共1200元，两年共需2400元。灯油费，每月约需30元，全年10月计算，需银约300元，两年共需600元。以上三项经费，共需银3700元。总计开办费及运行费，共需银4480元。②

---

① 李文林：《到普思边地去》，骆小所主编：《中国西南文献丛书》第4辑《西南民俗文献》第10卷，兰州大学出版社2003年版，第98页。

② 李文林：《到普思边地去》，骆小所主编：《中国西南文献丛书》第4辑《西南民俗文献》第10卷，兰州大学出版社2003年版，第99—100页。

在经过多番考察及相对详细筹划之后，1935年8月，教育部拨给云南省边疆教育辅助费国币9万元，指定以2.4万元设立边民小学至少八校，2.5万元整理或扩充师范教育，培养边民师资，余均作义务教育经费之用。同时每年由庚款按月拨助边教专款。云南教育厅乃于是时在各边区中普遍设立省立小学及简易师范①。

涉及滇西和西双版纳傣族地区的，包括腾越学区，计有梁河、盈江、莲山、陇川、瑞丽、潞西等省立小学六，腾冲简易师范一。……车里学区，计有车里、南峤、佛海、临江、镇越等省立小学五，车里简易师范一②。

所有这些简师和小学均在县城内、设治局所在地或土司署所在地，分别是："省立腾越简易师范，在腾冲县城；省立佛海简易师范，在佛海县猛海（县署所在地）；省立梁河小学，在梁河设治局所在地；省立盈江小学，在盈江设治局所在地；省立莲山小学，在莲山设治局所在地；省立陇川小学，在陇川土司署所在地；省立瑞丽小学，在瑞丽设治局所在地；省立潞西小学，在潞西设治局所在地；省立车里小学，在车里县政府所在地；省立佛海小学，在佛海县政府所在地；省立南峤小学，在南峤县政府所在地；省立镇越小学，在镇越县府所在地；省立江城小学，在江城县；省立六顺小学，在六顺县；省立宁江小学，在宁江设治局"。③江应樑曾于1938年和1939年两度考察云南省西部民族地区，参观了如下省立学校。"腾冲简易师范学校，在腾冲县城；潞西小学，在芒市土司境内之猛戛地方；潞西小学分校，在芒市境；瑞丽小学，在猛卯土司属境之弄岛；陇川小学，在

---

① 江应樑：《摆彝的生活文化》，骆小所主编：《中国西南文献丛书》第4辑《西南民俗文献》第18卷，兰州大学出版社2003年版，第327页。
② 江应樑：《云南西部之边疆夷民教育》，《青年中国季刊》1939年创刊号。
③ 江应樑：《摆彝的生活文化》，骆小所主编：《中国西南文献丛书》第4辑《西南民俗文献》第18卷，兰州大学出版社2003年版，第327—328页。

陇川土司城子；盈江小学，在干崖土司境；莲山小学，在盏达土司境；梁河小学，在南甸土司属境大场；梁河小学分校，在南甸土司所在地之遮岛。"①

在云南省政府制定的边地教育实施法令中，对于入学的边民有一系列优惠条件。这些优惠包括：不收学杂费，发给伙食津贴，年给冬夏制服各一套，凡有子女入学夷户，得免该户对政府之门户捐。② 部分地区强制措施与奖励措施兼用，如车里县府所施行之夷民强迫教育，不仅规定戒条；且由政府供给衣服书具，每学生分期予以奖品，其掖诱劝化之功夫，无微不至。③ 这些制度，制定时确是善意，但在施行过程中，却限于种种条件，难免大打折扣。到1937年第一期政策期满，边地入学读书的摆夷仍寥寥无几……边地省小推行了七年之后，得到的结果是，一部分省小不是为夷人设而是为寄居边区中的汉人而设；另一部分边地省小，只报表上有一个名称，按月支出一笔经费，实际在边地只有几间茅屋，里面住着一个做报表的校长；有少数几间学校，主持的人很努力，政府机关和土司都能合作推进，以政治的力量要人民派子弟来读书，结果却意想不到：每一村寨的夷人都把自己的子弟藏起来，摊派款项顶替去应名。抗日战争全面爆发后，边地教育已不能按照原定计划推行，1942年，腾龙沿边各地沦陷于敌人，在这区的教育便算完结了。同时，普思沿边亦受强敌的威胁，佛海简易师范停办，十二版纳境内原有的省立小学也一律停办。④

抗日战争胜利结束之后，民国政府恢复了边地教育建设计划，并增加了学校建设的数目。以学校建设成果最为显著的潞西设治局

---

① 江应樑：《云南西部之边疆夷民教育》，《青年中国季刊》1939年创刊号。
② 江应樑：《摆彝的生活文化》，骆小所主编：《中国西南文献丛书》第4辑《西南民俗文献》第18卷，兰州大学出版社2003年版，第328—329页。
③ 佚名：《云南边地之民族与民族性》，骆小所主编：《中国西南文献丛书》第4辑《西南民俗文献》第18卷，兰州大学出版社2003年版，第27页。
④ 江应樑：《摆彝的生活文化》，骆小所主编：《中国西南文献丛书》第4辑《西南民俗文献》第18卷，兰州大学出版社2003年版，第329—330页。

为例，该局辖芒市司、遮放司和猛板司，原为芒市、遮放两土司辖地加一猛板地方，至1948年时，该设治局共分为8乡镇76保，共有8所中心学校（含由原省立潞西小学1947年裁撤之后交归地方办理的崇仁镇中心学校）和37所保国民学校。8所中心学校分别为芒市司双龙镇中正小学，校址芒市；芒市司崇仁镇宝庆中心学校，校址猛旺；芒市司法化乡中正第一分校，校址法帕；芒市司风和乡中正第三分校，校址风平；遮放司清龙镇中心学校，校址遮放；遮放司浩然乡中正学校，校址三角岩；猛板司忠爱乡中心学校，校址蛮牛坝；猛板司崇仁镇中心学校，校址崇仁镇。37所保国民学校分布8个乡镇，每个乡镇2—7所不等。① 腾龙沿边其他各设治局，学校数目普遍不及潞西设治局，如猛卯设治局，仅有4所中心学校和1所国民学校。②

总体而言，民国政府在普思沿边和腾龙沿边建立现代教育体系的努力，集中在20世纪30年代这十年间。抗日战争结束之后，虽在短时间内有快速发展，但为时过短，很快就随着民国政府政权的彻底垮台而宣告结束。民国政府在边地建立学校体系的工作，对自清末以来清廷在边地建立学校教育体系有明显推进，但存在的问题也同样明显，即受教育经费、师资、生源等限制，在抗日战争结束以前，民国政府在普思沿边和腾龙沿边所建立的学校，不仅数量特少，而且多集中在县治。虽然这一格局在抗日战争结束之后有所改善，但并未从根本上改变边地教育相对欠发展的局面。

二 边地学校教育实践

普思沿边和腾龙沿边的学校教育体系虽于20世纪30年代方大体建立，但在此之前，已有部分学校开办，其中办学较早的是柯树勋在

---

① 《云南省政府视察室视查潞西设治局工作报告书（教育部分）》（1948年），德宏州史志编委会办公室编：《德宏史志资料》（第6集），德宏民族出版社1986年版，第12—15页。
② 德宏州史志编委会办公室编：《德宏史志资料》（第6集），德宏民族出版社1986年版，第16—24页。

车里城所建的小学。柯树勋著《普思沿边志略》载:"现于车里建设学堂一所,收聪颖子弟三四十人,入堂诵习汉字,如简易识字教法,藉通语言,随字讲解,用土音翻译,半年来,稍著成效。将来经费充裕,每猛各设一学堂,俾教育普及,开其智识。"①

待柯树勋去世,普思沿边改县之后,这一小学搬迁到柯氏祠堂内举办。1932年李文林赴边地考察时,所见这一小学"学生二十余人,汉夷男女各半,教员罗荣庆景谷人,宁洱中学毕业生,兼通汉夷语言文字,故余对学生谈话,题为'政府关切边教',不用翻译,即可领悟"②。1934年至1935年,"中央"大学地理调查团考察西双版纳,所见这一小学,"校舍为西式,有宿舍占地极广阔,教室贴有各种标本图书。男夷生均著运动白色衣,女生五六人虽着便服然剪发穿汉装。教法采复式教学法,用汉话教学,不感困难也"③。

刀世勋在回忆录中,记载了他在车里小学学习的过程。刀世勋9岁(1937年)入车里小学读高小,当时已改名省立车里小学。校长张怀昌,昆明人。另有一常驻老师,姓陈,后来去了勐遮。省立车里小学仍在柯氏祠堂,此时祠堂已改称文庙。学校里有一大殿、有个戏台,还有个牌坊,建筑已有点破旧。学生主要是来自宣慰街的20多人,加上来自曼景兰、曼听的几个,以及街上做生意的子女几人,共30多个学生,全部为男生。上课在大殿里,也住在大殿里,靠墙摆了一排床,系大通铺,晚上学生一个挨一个地睡在这里。刀世勋作为宣慰使继承人,日常由一个家仆24小时贴身照顾,晚上这位家仆就陪着他住在通铺上。吃饭也在学校吃,免费。当时上课没有什么特别准备的教材,最好的书是"万有文库"④,没什么教材的时候,老师

---

① 柯树勋:《普思沿边志略》,骆小所主编:《中国西南文献丛书》第4辑《西南民俗文献》第7卷,兰州大学出版社2003年版,第95页。

② 李文林:《到普思边地去》,骆小所主编:《中国西南文献丛书》第4辑《西南民俗文献》第10卷,兰州大学出版社2003年版,第127页。

③ 佚名:《云南边地之民族与民族性》,骆小所主编:《中国西南文献丛书》第4辑《西南民俗文献》第18卷,兰州大学出版社2003年版,第27页。

④ "万有文库"是由商务印书馆于20世纪30年代编印的一套大型丛书。

就从"万有文库"里挑出几篇来讲。主要是上语文课、算术课、双语教学,傣文由刀学林来上。课余的时候,学生就在学校附近玩,打打陀螺、斗斗鸡。小学毕业的时候,学校举行了隆重的毕业典礼,几位成绩好的骑上马,敲锣打鼓,绕着车里县城游了一圈。当时,除了宣慰街的人之外,版纳还没有送孩子进学校读书的意识,招生是要向各地摊派名额的,基诺族的何贵①就是最典型的一个。"当时基诺山闹饥荒,何贵他爹就带他到了橄榄坝,有零活就做一点,没有就讨饭,来养活性命。乡里就动员他来抵一个名额,何贵就这么来了,成了基诺山最早进学校读书的人。"②

从不同时期的几次记载来看,车里小学虽办学较早,办学条件尚可,但学生数量较少,一直维持在30人左右的规模。从刀世勋的回忆来看,边地人民对上学仍视为畏途。

车里城内除柯树勋所创办的小学外,还有车里基督教会所办的教会学校。所见关于这一教会学校的记载较少,李文林1932年边地考察时,也考察了这所教会小学,谈话由教育局长覃宝麟(粤籍)翻译,并做了题为"教会学校之规定"的讲演,学校的教员系暹罗人,未使用中国的教科书。③

除车里城所建的两所学校外,车里宣慰使驻地还有一学校。"有男女生十余人,校舍大竹修草建筑,尚简单适用,教师是来自景谷的旱摆夷,李文林讲话时,仍由覃局长翻译,题为'边教之设学'。"④同样在刀世勋回忆录中,记载了他在入省立车里小学读高小之前,在

---

① 何贵,1950年之后历任中共西双版纳自治州副书记、西双版纳自治州人大常委会主任等职,并当选为第七届全国人大代表。
② 刀世勋口述,陈湘采访整理:《从末代傣王到民族学者》,云南省社会科学院历史研究所编、杨福泉主编:《中国西南文化研究·民族调查资料选辑》,云南人民出版社2015年版,第262—263页。
③ 李文林:《到普思边地去》,骆小所主编:《中国西南文献丛书》第4辑《西南民俗文献》第10卷,兰州大学出版社2003年版,第127页。
④ 李文林:《到普思边地去》,骆小所主编:《中国西南文献丛书》第4辑《西南民俗文献》第10卷,兰州大学出版社2003年版,第127页。

宣慰街小学学习的过程。按刀氏所讲，宣慰街小学是车里小学的分校，之所以设这一分校，主要是为了将就宣慰街的贵族子女上学。当时车里县长徐世琦对傣族文化教育非常关心，宣慰街小学即在他的任上办起的。小学建在澜沧江边一块大草坪上，系流沙河和澜沧江的汇合口。校舍是两栋简单的茅草房，课程有语文、算术、自然、体育、音乐、美术，上课一般用汉语，每天有两小时的傣文课，以此吸引学生去上学，不然大家听不懂。①

普思沿边的学校除车里三校外，还有佛海的南峤也办有学校。佛海由于经济发达，外来商人较多，学校教育俨然有超越车里之势。"佛海教育，为江外翘楚，虽只办有一校，有高小一班，初小二班，校舍系已故县长徐达伦筹款新建，极高爽适用。学生男女同校，三班有百余人，校长杨鸿基，四师毕业生，热心善教，故学生成绩甚好。徐县长系普洱宏远书院学生，任边官多年，所到之处，无不以学校为重，佛海县治，汉夷相半，而能有此成效，亦以徐杨之功居多。事在人为，有治法亦须有治人，于事方能有济。余曾题'边教中心'四字制为软匾，奖励其学校。盖沿边有此，诚为难能可贵也。徐氏与余方会衔请省款补助办理二佛爷师训所，业已批准补助费万余元，明令甫下，而徐氏云亡，边教中坚，有志未遂，诚可惜也。"②

李文林评价佛海已故县长徐达伦，"边官以实心实力办理教育者该县长一人而已"，佛海教育乃"南行千余里，宁洱而外，此为完备，诚属难能可贵"。③ 但李文林也承认，佛教教育能有此发展，"皆以汉人经商迁居较多所致"，而"欲求普遍发达，则需俟师训所成立后"。

在普思沿边车五佛三县中，五福县"居民约万户，物产田土，与

---

① 刀世勋口述，陈湘采访整理：《从末代傣王到民族学者》，云南省社会科学院历史研究所编、杨福泉主编：《中国西南文化研究·民族调查资料选辑》，云南人民出版社2015年，第255—256页。

② 李文林：《到普思边地去》，骆小所主编：《中国西南文献丛书》第4辑《西南民俗文献》第10卷，兰州大学出版社2003年版，第55页。

③ 李文林：《到普思边地去》，骆小所主编：《中国西南文献丛书》第4辑《西南民俗文献》第10卷，兰州大学出版社2003年版，第134页。

佛海并盛，而山川之秀丽，实为沿边之冠……汉人之迁居者已渐多，惟教育毫无基础……全县只旧笋一校，尚办理如法，学董黄庆堂每年捐金百元，以补助学校经费……该校教员叶生青，教诲有方，老而弥坚，惟由景谷远道就馆，生活清苦异常，拟请奖以纸币百元，或购成书籍，以资激励"①。

李文林考察普思沿边教育之后，认为"沿边汉文教育，此时只可谓为萌芽时期，盖车五佛三县共有六校八班，均民十八以来省府推行普及教育，各县认为不可再缓，乃有此初期之成绩"②。

除县治外，原土司所在之城，及汉人分布较多的村寨，在民国时期也渐开办有学校。但鉴于沿边汉文教育仅处在萌芽时期，县治所在学校已很难如意，其他乡校，办学效果更参差不齐，如佛海之猛混"原有一校，因无汉夷文语兼通之教员，遂致停办"。③ 顶真城"校舍系用大竹修草盖成，学生不到十人，校具课本一无所有，教员丁肇直，系贵州人，到校不久，殆闻余将到，乃临时赶办也"④。打洛保国民学校初建时位于土司宅邸一层，后迁出，虽属新建，"可是盖得非常简陋，只是茅屋一椽，建在栎树荫下，十分阴暗，且多潮湿，这一椽茅屋，分隔两间，一间是教室，一间是师生休息处，都是因陋就简，没有什么陈设，那教室里面的座位，都是用大竹筒削制的，这样不仅让参观的看了觉得不快，我想教者学者，在这样的一个学校环境里，也很觉乏味。因当天土司举行为亡妹的小赕，非常热闹，学校里的学生自然不齐，教室里只有10多个小和尚，教学也草草结束。"⑤

---

① 李文林：《到普思边地去》，骆小所主编：《中国西南文献丛书》第4辑《西南民俗文献》第10卷，兰州大学出版社2003年版，第135—136页。

② 李文林：《到普思边地去》，骆小所主编：《中国西南文献丛书》第4辑《西南民俗文献》第10卷，兰州大学出版社2003年版，第58页。

③ 李文林：《到普思边地去》，骆小所主编：《中国西南文献丛书》第4辑《西南民俗文献》第10卷，兰州大学出版社2003年版，第134页。

④ 李文林：《到普思边地去》，骆小所主编：《中国西南文献丛书》第4辑《西南民俗文献》第10卷，兰州大学出版社2003年版，第135页。

⑤ 张镜秋：《打洛土司小赕缅寺观礼记》，《边地采风录》，云南人民出版社2020年版，第160—161页。

第五章 民国时期改县设制与城市变迁

民国时期的边地教育因制度及相应支持的不完善,与具体负责的人事关联很大。对教育关心、办事能力较强的,无论是政府官员,还是某一校长乃至常驻教师,均有可能推动教育进展;反之,则经费贪墨,校舍人员俱无。积极的例子如1935年就任车里县长的徐达伦,在任县长的三年内,"共成立十一小学,都三百余人,并筹设乡村师范预备班"①,极大推动了车里教育的发展。又如佛海城附近的贺南(主要居民是汉人)小学,虽仅为一村办小学,因校长马伯良的关系,办学效果亦属可佳。学校"前面一块操场,广约四五亩……校门只用一扇竹扉,操场后面一大间茅屋,便是教室。教室用草排铺成,四墙都用泥土糊在柴枝竹片上,也还留着一些窗孔……教室里面,共隔五间。头尾两间,都有腰墙隔着。中间三间,便是教室。头间用作学生寝室,铺着床榻。也有些食米放在里面。尾间用作食堂,便是老师和学生聚餐的地方……教室内,桌凳齐全,两人坐一张位子,这些桌凳都用顶好的木料做的,坚实耐用,此外有挂钟、黑板、教桌,都很齐备……壁间也挂着授课表,写的是每早六点半钟上朝会,星期一的早上,举行总理纪念周。下午有劳作活动课和农业常识的课程"②。

普思沿边各小学的教学方法,受办学条件所限,多由校长和教师安排。贺南小学马伯良校长的日记所载:"民国二十五年九月三日,晴,教自然、社会、书法,斥退杨应洪,本日到学生三十一人。晨,初二班教'自然',第一课,'风的益处';初三班教'社会','渔猎时代人的生活',第一步俱先看看;第二步认生字;第三步齐读;第四步我讲解;第五步,随唤学生练习讲读;如系读过之书,则令其背诵,此系第六步之过程。每课自会看图,认识生字,会读会讲,能背诵如流为止。至考书法之日,则要写好已读之书,此为最终之第七步。余两年教学之'七步骤',行之如一日……午,考验暑假内所令写习之初三册社会,自然,常识;初四册社会,自然,常识;书面之

---

① 佚名:《云南边地之民族与民族性》,骆小所主编:《中国西南文献丛书》第4辑《西南民俗文献》第18卷,兰州大学出版社2003年版,第27页。
② 张镜秋:《贺南山头汉人乐曲集》,《边荒》,正中书局1946年版,第40—41页。

字,盖放暑假时,恐学生偷懒,对已学之书本,置诸脑后……但至今日写完者,仅半数,故仍令其续写。"①

民国时期的学校教育在理念上有可供借鉴之处。张镜秋于1940年底抵达勐海任佛海简师校长,他在与时任佛海城附近贺南小学(主要居民是汉人)校长兼教员柯如松(柯树勋之孙,佛海简师毕业)谈及对贺南小学的办学期待时认为:"我总望你把贺南小学,造成一个近乎我的理想的学校,同时也成为一个模范学校。要使佛海各乡镇的中心学校和保国民学校,都愿效法你这个学校。那么佛海教育的前途,才有希望……我希望能够实现'生产教育',希望在你的学校附近,快快的开辟几块菜地,使全校的学生都到田里实习种菜,种杂粮,也和他们的父母一样的劳作。将来成熟了,学校里可以用,也可以给学生一些带回家去。还可以挑到佛海镇上去卖,这有多么好呢。若是还能从事畜牧,豢养鸡、猪、马、牛,到了这个地步,学校里还愁经费匮乏吗?那时学校里不仅可以完全供给学生伙食,更可以供给学生服装、住宿、书籍、笔墨……这样不惟坚强了学生读书的意志,并且提高了学习的水准,还能增加家长们对学校教育的倾信和拥护。若照我的这个理想去做,学生的人数,只会日渐增多,决不会减少的。……那时还会有像你说的学生家长都不愿意给他们的子女进学校里来的吗?……我对学校教育的希望是,四小时读书,四小时作工,更要求学校里的劳作实习,不该是毫无裨益的一个玩意儿,而是能切乎功利,不会隔离了现实生活的工作。"②

民国时期傣族地区的汉文教育,除政府推行的学校教育外,还有由社会力量自发创办的汉文学校。佛海县边民学校的创办人周文卿所言:"边校仍办为初级学校,但衣食住完全供给,学校设备,必须十分完美,使学校家庭化,学生生活阶级化,学校环境优美化。并欲夺取人民往缅寺为僧之信仰,使儿童乐于入边校,而不乐于入缅寺,亦

---

① 张镜秋:《贺南山头汉人乐曲集》,《边荒》,正中书局1946年版,第46—47页。
② 张镜秋:《贺南山头汉人乐曲集》,《边荒》,正中书局1946年版,第37—38页。

第五章　民国时期改县设制与城市变迁

不乐于入教会学校，更不乐于入公立之汉文学校。"周文卿是一茶商，创办学校时，由李拂一到南京请胡汉民订名"边民学校"，同时购买万有文库一部，与民间文学数百种。但创办边民学校所需经费，周氏意图依靠各茶商和人民捐款。① 佛海县各界人士对这一行动褒贬不一。

在抗日战争期间，虽然多数边民学校自1942年第一次入缅远征军失利，日军与泰国军队向普思沿边进攻时已解散，但在1942年至1945年，由驻防军队与地方政府联合，在地方创办了几所边地学校。这些边地学校创办时间虽短，对普思沿边的学校教育却产生了明显的推进。许多摆夷已经自动地愿送子弟到学校来读书，许多村寨的人民，已经自动要求办一些学校在他们村寨中，甚至愿意每户出若干钱米来补贴老师。由于这种倡导，部分贵族的子弟被送到重庆去读书，到抗日战争结束后，一部分回到了边疆；另一部分迁往南京。这些摆夷青年虽然在学问上不会有很大的成就，但对于开通地方风气确实有着很大的作用。②

腾龙沿边的学校教育实践过程也存在与普思沿边相似的问题，即多数学校办学过程受制度及经费支持、人事变动影响，办学效果参差不齐，多数时候不容乐观。以腾龙沿边学校教育发展较好的芒遮板行政区（后来的潞西设治局）为例，设治局与土司之间的竞争，使得芒遮板行政区政署在芒市遮放猛板三司之中心地点猛戛。这里民俗古朴，妇女悉皆缠足，市场上之小本经营者，类多妇女。男子多往腊戍邦海各地当劳力——缅籍苦工也。……每届秋冬之交，所有成年壮丁，均连翩而去，至次年清明始返，从事田亩，年年如是，殆成为一种圆周轨道之生活。其语言、风俗、习惯等，与龙陵绝相似。女子除勤于纺织外，兼做咸菜推销各夷地，味极可口，有猛戛腌菜之专名。

---

① 李文林：《到普思边地去》，骆小所主编：《中国西南文献丛书》第4辑《西南民俗文献》第10卷，兰州大学出版社2003年版，第58—59页。
② 江应樑：《摆彝的生活文化》，骆小所主编：《中国西南文献丛书》第4辑《西南民俗文献》第18卷，兰州大学出版社2003年版，第331—332页。

男子论婚，必先采问女子能否做腌菜而后定。读书之家亦较多，惟风气蔽塞，交通不便，文化程度极低。设有男女小学各一校，已届三月下旬（即1931年），尚未开学。校长教员，头脑异常陈腐，其全县教育经费，仅有猛戛街及芒市土司之屠、酒、染三项捐款，计芒市一司，年共收铜钱七百八十千，猛戛年收七百千，即以此项经费，做教育局，及男女两校之用，当然拮据万分。"①

作为芒遮板行政区传统政治中心，也是最大的城市芒市，"全无教育，闻有私塾数处，概属内地落伍之教学先生前往，以三字经百家姓幼学四书等混薪水而已"；遮放"无一正式之学校，与芒市相若"②。

芒遮板行政区已是如此，腾龙沿边其他地区自然也难以令人满意。猛卯"城内无学校，弄岛地方，因汉人居多，商业繁盛，曾设有学校一所，规模尚宏大，去冬不戒于火，完全毁去。行政委员丁芝庭，正在弄岛募捐重修，尚未动工。其教育经费一项，旧案由屠宰捐下筹集"③。陇川"已定案之屠捐，为土司多忠瑶把持，所有学校，除张凤外，已完全破产"④。盏达全境"村落尚多，城市街场，大有内地风味，夷人有摆夷山头阿昌栗粟四种，通汉语者约十之五六。其余多通行摆夷语，实施教育，在边地中惟有该区大有可能性。现任委员刘国澍，颇知注意，教育一端，实较其他各行政区为稍盛一筹"⑤。

以20世纪三四十年代普思沿边和腾龙沿边两地学校教育推行的

---

① 张笏：《腾越边地状况及殖边刍言》，昆华民众教育馆编：《云南边地问题研究》（上卷），昆华民众教育馆1933年版，第261页。
② 张笏：《腾越边地状况及殖边刍言》，昆华民众教育馆编：《云南边地问题研究》（上卷），昆华民众教育馆1933年版，第262页。
③ 张笏：《腾越边地状况及殖边刍言》，昆华民众教育馆编：《云南边地问题研究》（上卷），昆华民众教育馆1933年版，第264页。
④ 张笏：《腾越边地状况及殖边刍言》，昆华民众教育馆编：《云南边地问题研究》（上卷），昆华民众教育馆1933年版，第267页。
⑤ 张笏：《腾越边地状况及殖边刍言》，昆华民众教育馆编：《云南边地问题研究》（上卷），昆华民众教育馆1933年版，第268页。

效果和实践过程来看，效果固然有，但问题更为突出。在江应樑看来，在夷区办教育，有几项事实上的困难。

（一）土司是反对人民受教育的，因为土司要维持其世袭的统治权，便不能让人民多有知识……（二）摆夷没有读汉文的习惯，而学校制度，又与摆夷一般生活不甚调和。摆夷的原始教育——即佛寺中的夷文教育，所以普及成功的原因，是由于学校都在自己的村寨中，村村有佛寺，所以村村都有学校，而入学时间，又不妨碍及人民的工作，甚至直接利用夷人做和尚的一个阶段来受教育，所以教育能够普及。政府在该区成立学校，事实上便不可能如此。该区没有人口集中的城市，一间学校设在甲村寨中，充其量只有甲村的人来入学，村与村间常相距十数里或数十里，要夷人从十数里或数十里路外走来读书，事实上是做不到的。更何况学校上课的时间，正妨碍着夷人的工作。在该区中，从是五六岁的孩子，放牛马拾柴薪，都可以成为家庭经济的生产者，一旦叫他抛去这些工作去读书，做父母的必然是要反对的。（三）读夷文是有宗教信心鼓励着的，学成后，马上可以得到实用，而学习的时间又极短，所花的工夫也不大。至于读汉文，既无信心，又无用途，尤非一年半载能够学会了的，夷人便视为畏途了。（四）没有固定经费，没有专门人才，教育经费就地筹措，是直接增加了人民的负担，此最易引起人民反感。①

土司反对人民受教育，同时又有边民对教育的不理解。这主要因民国时期边地社会冲突不断，国民政府寄希望于通过学校教育培养认同民国政府的国民，一旦有教育的效果，即积极笼络，甚至优先吸引参军，这在普思沿边和腾龙沿边造成边民视读书等同于被征兵的观

---

① 江应樑：《摆彝的生活文化》，骆小所主编：《中国西南文献丛书》第4辑《西南民俗文献》第18卷，兰州大学出版社2003年版，第325—326页。

念。"僰人以种族语言风俗迥异于汉人,故接受汉文教育能力极薄。前在民国十六年……普洱道尹徐为光亦尝倡边教,中经募兵事情,发生挑识字习汉语之夷人充兵役。僰夷酷嗜和平,视流血为畏途,自是遂认为汉人设学,原在募兵,群起惊恐,相举而视读书为鬼门,不敢问津。虽为县府政令所迫,强制入学,存可乘之机,转已雇外人来学矣。"①

相较于传统寺院教育的效果,民国时期推行的学校教育,因缺乏国家建设及能有效发挥学校教育成果的项目,而使偶有完成学校教育的边民,也无供其发挥所学之处,因而造成边民对学校教育的冷落。"又夷人不通汉语,更鲜有熟悉汉文者,非施以特殊之夷人教育,鲜有能成功者。数年前普洱中学经由车里宣慰司选送各猛土司子弟一批入中学肄业,以言语不通,风俗习惯不同,颇受汉人子弟及社会所奚落,致夷族官家子弟,视汉学为畏途。"②

傣族社会土地共有、小家庭横向联合生产的农耕生活方式以及在此基础之上的家庭抚育方式,也造成学校教育在傣族社会效果的无从发挥。"僰人抚育子女,完全基础于爱,尽各人天责,为社会服务。与希冀将来子女成人后,可以于名利上,有相当收获者不同。故对子女不责罚,自由放任,达于极点。一俟子女成人,婚娶之后,即分居别寨,各自生活。老废无依不能劳作者,社会共养之;孤儿独女亦概由社会负责抚育,亦有个人私自收育者。"③

在教育方法上,边地学校受有限师资的影响,不能调动起充分能使用双语教学的教师,而多数教师仅能使用汉语教授,很难为边民所理解。以普思沿边的学校教学效果来检验,来自景谷的摆夷因能兼用汉语和傣语,在普思沿边学校教育效果较好。"各区小学教师,多系

---

① 佚名:《云南边地之民族与民族性》,骆小所主编:《中国西南文献丛书》第4辑《西南民俗文献》第18卷,兰州大学出版社2003年版,第27页。
② 佚名:《云南边地之民族与民族性》,骆小所主编:《中国西南文献丛书》第4辑《西南民俗文献》第18卷,兰州大学出版社2003年版,第27页。
③ 李拂一:《车里》,商务印书馆1933年版,第98页。

第五章 民国时期改县设制与城市变迁

由景谷县立中学毕业之旱摆夷担任之,夷童均未识汉语,教学须靠僰语为媒介,至于以不习夷语之汉人任教,而教育完全不明汉语之夷童,则结果鲜有不失败者。如猛海猛遮诸区,边教即是失于此也。景谷县昔本夷区,系汉摆夷所聚居,今则完全汉化,子弟送入省城并省外受高教者,亦不乏人。可见夷人汉化,非从教育入手不可。"①

边地教育的不发展,有制度环境方面的原因,但最重要的限制是教育经费的缺乏。为此,各地除收取捐税、申请拨款外,还从土司的官租中截取。如盏达地区之所以在腾龙沿边诸设治区中教育尚属可观,在民国时期盏达土司被废之后,百姓交给土司的部分官租被用来发展教育。百姓交给原来土司的原有租谷,除发还给已废土司四成以后,尚余六成,理应解腾卫道署。自行政委员刘国澍到任后,即呈请截留三成,共二千八百五十箩,作为地方教育的款。其分配如下:教育局二百五十箩,太平街学校三百箩,城子街学校四百箩,巨石关学校三百箩,万仞关学校三百箩,大寨学校二百箩,卡牙学校二百箩,拱腊学校二百箩,陇中学校二百箩。②

实施边地教育所需经费的困难,除普遍存在的经费高昂外,还因边地受缅甸等货币影响,通行银币。在民国政府所发行纸币遭遇严重通货膨胀的背景下,边地教育所需经费事实上会遭遇额外的困难。"教育是纯消费的事情,没有经费,便谈不到教育。当年办理边地教育,仅思普腾龙一带,其开办费为规银 4 万两,以后常年经费拟为 2 万两,此项经费,全由政府支领。边地币制,多用印洋(即罗比)。当年印洋价值很低,每一印洋,只合银币 4 角左右,略合规银三钱弱。然当时办理情形,亦只能因陋就简,草创完事。盖以边地教育,全是义务性质,经费不充,即无法着手做去也。而时至今日,面目全非。边地生活程度之高涨及谋生困难且不用说,但以印洋一项而论,

---

① 佚名:《云南边地之民族与民族性》,骆小所主编:《中国西南文献丛书》第4辑《西南民俗文献》第18卷,兰州大学出版社2003年版,第27页。
② 张笏:《腾越边地状况及殖边刍言》,昆华民众教育馆编:《云南边地问题研究》(上卷),昆华民众教育馆1933年版,第268—269页。

其暴涨情形，已足令人咋舌不止，昔日之每一印洋约值银元4角者，今则涨至每印洋可抵现金一元七八角左右，算合滇币，已近十元。是昔日在边地用银元4角者，今则费用滇币10元不可，其暴涨倍数，殊难计量。类此情形，而欲倡言边地义务教育，谈何容易。"①

三 其他建设措施及对边地社会的影响

普思沿边和腾龙沿边在民国时区开展的其他建设措施大约分为两个阶段，第一个阶段是从民国初年左右开始的佛海县普洱茶产业及在此基础上发展的其他事业；第二个阶段是20世纪30年代后期多地兴起的实业建设活动。

佛海县普洱茶是民国时期普思沿边资金、人员规模最大的产业。在此基础上，佛海成为普思沿边商业氛围最浓、资金运作最为活跃、现代的地区。在茶商和茶行的推动下，李拂一和昆明"富滇银行"商定，于1925年1月在车里设分行，李拂一人代理经理。分行运行正常后，李拂一于1927年6月辞去经理职务。② 鉴于佛海制茶厂工人使用煤油灯照明，不仅容易失火，其气味也易对产品有影响，李拂一于1929年筹资设立"启明电灯公司"。又因车佛南一带瘴疠肆虐，无科学气候资料，李拂一于1932年购置风向仪、量雨器、寒暑表等，成立"佛海测候所"，并同时选购英、德医药器材，从缅甸、印度聘请医生成立"佛海医院"。③ 此外，1932年，李拂一任五福县（勐遮）政府秘书，同年成立现代图书馆，李氏本人将自己多年收集、购买的4000余册图书全部捐出。

第二个阶段的实业建设之所以集中在20世纪30年代后期，有两方

---

① 李生庄：《云南之边务杂纂》，缪文远：《中国西南文献丛书》第3辑《西南史地文献》第39卷，兰州大学出版社2003年版，第274—275页。
② 木文：《李拂一先生小传》，政协西双版纳州文史民族宗教联络委员会编：《西双版纳文史资料》（第16辑），云南美术出版社2003年版，第231页。
③ 木文：《李拂一先生小传》，政协西双版纳州文史民族宗教联络委员会编：《西双版纳文史资料》（第16辑），云南美术出版社2003年版，第232页。

第五章　民国时期改县设制与城市变迁

面的因素。一方面，自1928年起政局相对稳定，全国工矿企业和工业建设、社会服务有了明显改善，为云南省边疆地区的实业发展提供了条件。另一方面，1937年抗日战争全面爆发之后，东部沿海及中部各机关、企业纷纷向西南迁移，尤其是1938年滇缅公路全线通车，成为中国与外部世界联系最重要通道之后，云南省西南边疆一带，尤其是腾龙沿边的发展，在一定程度上成为关系抗战全局的重要问题。

普思沿边的土司与贵族对实业建设有兴趣者寥寥，唯一例外的是曾任勐混代办、土司的刀栋材。1936年，以刀栋材[①]为首的西双版纳各勐土司赴昆明谒见省主席龙云，从昆明返回西双版纳时，刀栋材购回4套编织机。他在宣慰街盖了3间茅草房，一间安置编织机，一间做仓库，一间是工人宿舍。房子一盖好即开始编织袜子之类的物品。[②]

刀栋材对经商有浓厚兴趣，他建议扩修嘎洒街和开辟允景木（今曼乱竜一带）集市。1938年任勐混土司期间，他首先在勐混建立茶叶加工厂，大量向山区及坝区的百姓收购茶叶，加工的品种有沱茶、筒茶、绿茶、红茶等，这些茶远销泰国、缅甸和国内的藏族地区。为了加强同内地汉商的生意往来，促使勐混的生意兴隆，1939年，刀栋材组织了由勐混、勐板、打洛、勐马、勐拉组成的牛马帮，驮运茶叶和棉花等土特产到普洱、磨黑去卖，返回时又驮运磨黑盐到景洪、勐海、勐混、泰国、缅甸等地销售。[③]

相较于普思沿边多数土司贵族与传统村社生活的紧密联系，腾龙沿边更早受到近代实业与生活方式的熏染。滇缅公路未修筑之前，腾龙沿边各傣族土司已积极修筑汽车道。这些汽车道的修筑并未向民国政府报备，系自动修筑。其中，干崖土司刀保图于新城地方修筑汽车

---

① 刀栋材，生于1900年，是第38世召片领刀承恩第五子，曾担任勐混代办、宣慰使司"召怀朗曼凹"、勐混土司等职，1949年与代理召片领刀栋庭及其他部分人出走缅甸，1974年病逝于泰国夜柿。
② 《刀栋材传略》，岩罕根据刀金祥傣文原件翻译，西双版纳州政协编：《版纳文史资料选辑》（第7辑），云南民族出版社1992年版，第33页。
③ 《刀栋材传略》，岩罕根据刀金祥傣文原件翻译，西双版纳州政协编：《版纳文史资料选辑》（第7辑），云南民族出版社1992年版，第42页。

· 243 ·

道，仅供娱乐之用。"猛卯车道全境已通，可径达缅甸木邦。遮放车道已修至黑山门外，很快可修至木遮，与仰光至腊戌之铁道联络。芒市车道，据土司方克明所述，仅有三柯桩未修通。"① 陇川土司也曾先后三次购车，第一次是1932年，购买吉普车开至缅甸洋人街，以人力推至章凤街。后来，土司多忠瑶开辟城子至章凤公路②，以便利汽车通行。这些汽车道多数联通缅甸，而不是内地。

滇缅公路全线通车之后，芒市、遮放一带物流与人流增加，芒市土司代办方克光曾计划组建一实业公司。在实业公司计划及预算草书中，方克光写道："芒市地处边区，在公路未通前，外人罕至，疟蚊甚多，专才既无从罗织，经济亦甚难设法，故虽有童山荒地无法垦殖，现在交通便利，机关林立，医药设备既完善，而疟蚊之害亦减少。芒市现状，既已趋于现代化，则芒市事业，亦当使合于建国性，童山荒地应设法开辟，畜牧园艺应设法改良，而其他一切社会所需要之物，亦应设法供给。"方克光筹划的芒市实业公司以农业为基础，筹划四部，即农商部（包括栽桑、育蚕、制丝、推广桑苗等）、畜牧部（包括养牛、养马、养猪、养鸡鸭、养蜂、兔等）、园艺部（包括蔬菜、果树等）、农产制造部（包括酱油、制糖、碾米等），以这一实业公司为依据，方克光向中国银行借款60万元，但未得应允。③

除土司群体外，民国时期腾龙沿边诸设治局多有实业发展行动与计划，如梁河设治局在1945年开设实验茶园；盈江设治局1947年在辖境乘龙镇中心学校种植咖啡；瑞丽设治局在境内多个乡镇种植木棉，希冀发展木棉产业；潞西设治局推广桐树、甘蔗、茶树种

---

① 张笏：《腾越边地状况及殖边刍言》，昆华民众教育馆编：《云南边地问题研究》（上卷），昆华民众教育馆1933年版，第310页。
② 陇川县商业局编：《陇川县商业志》，德宏民族出版社1993年版，第129页。
③ 《附录：芒市土地代办方克光于1942年筹组芒市实业公司，向中国银行申请贷款60万元，未获批准》，德宏州史志资料编委会办公室：《德宏史志资料》（第13集），德宏民族出版社1990年版，第157页。

第五章　民国时期改县设制与城市变迁

植；等等。①

在民国时期边地政府推行的诸多施政措施中，影响最为广泛的大约可算币制改革。因无论是普思沿边的茶叶，还是各地土司与县局推广的各类实业，所影响者均为一小部分人群，而币制改革则影响到边地从土司、官员到平民的所有人的生活。在币制改革之前，在普思沿边和腾龙沿边市场中，人民使用包括云南省铸铜币、银币以及从英属缅甸传来的银币等多种金属（现金）货币。

云南省1937年方正式宣布实行法币政策，但为适应云南省较低的生活水平，所行使的法币一开始是以单位较小的一元以下的小票为限。在法币未能充分供给使用之前，原有的富滇新旧纸币、铜币、镍币、铜钱、铁钱等一律照旧行使。② 在这一过程中，富滇银行希望潞西设治局督促土司"诱导土民行使纸币，以符功令，勿得再用现金"。③ 地方土司在这一过程中也有辩解："潞西成立兑换所后，因气候关系，未肯前来设立，又因兑换所请领纸币不多，故未发下兑换……对于行使纸币一项，代办何敢不理，且尽力推行，人民确无拒绝情事。"④

但是，法币推广和使用，在边疆民族地区一直没有非常彻底。"惟查边远各县均系夷多汉少于纸币鲜有认识，除少数通商区域外余皆夷人盘居，夷人……善用金银为至宝，其使用现金尚有种种拒绝……兹若骤然以政令推行法币，收回白银，不惟无效，致易引起反感，于政府有失威严，于货币亦失信仰。一再强迫，或将引起移居界外之虞。"⑤ 潞西设治局长的报告中也多次反映此情况："查职属地处

---

① 《云南省政府视查室视查各设治局经济工作报告书》，德宏州史志编委会办公室：《德宏史志资料》（第9集），德宏民族出版社1987年版，第15—41页。
② 《滇黔绥靖公署、云南省政府通令（1937年4月20日）》，德宏州史志编委会办公室：《德宏史志资料》（第13集），德宏民族出版社1990年版，第135页。
③ 《富滇新银行行长缪给潞西设治局长张炝鹏函（1937年11月16日）》，德宏州史志编委会办公室：《德宏史志资料》（第13集），德宏民族出版社1990年版，第140页。
④ 《芒市安抚司代办方可光给富滇新银行行长缪函（1938年1月12日）》，德宏州史志编委会办公室：《德宏史志资料》（第13集），德宏民族出版社1990年版，第140页。
⑤ 《云南省政府训令〈秘二富字第752号〉1937年8月10日》，德宏州史志编委会办公室：《德宏史志资料》（第13集），德宏民族出版社1990年版，第137—138页。

极边，汉夷杂处……对于市面一切交易，除芒市一区，地近龙陵，尚能行使现金。至于遮放则界连缅壤……历来贸易概系使用英洋，对于本省银币，完全不能行使，已成习惯。"①

腾龙边地的币制改革与滇缅公路通车基本同时，这对腾龙边地的市场交易造成一定的困扰。以谷物买卖为例，腾龙沿边傣族地区地广人稀，稻谷产量除可自给外，芒市产谷还可供应龙陵，盈江还可供应腾冲、梁河。民国时期推行货币改革，推行法币，"一般人民因闻潞西兑换所尚未成立，深恐换票前往土司各地购买米粮，夷民使银成习，拒绝交易，龙陵粮食顿起恐慌"②。"腾冲属所产稻米不足一年三分之一，其余均仰给盈江，又梁河因系山区地，坝子仅盈江两岸，所产谷米只供一年六分之一，其余亦仰给盈江、莲山。为此谷米贸易，往往发生纠纷，即拒纸要现。"③

币制改革推行两年之后，云南省"大多数县份，市面已不复发现现金。至于边远区域，如梁河、盈江、莲山、瑞丽、陇川、潞西等经调研所得，实有使用现金或外币为计算单位情事。揆厥原因，不外下述数点（一）土司及豪绅之阻碍，（二）边官奉行不力，（三）兑换处结束过早且未深入行使现金区域，实行兑换。（四）金融机构缺乏，（五）人民认识不清，重视银币及外币，（六）奸商囤积偷运牟利"④。

1940年年底，张镜秋在佛海所见币制改革的结果是："不久以前，摆夷女子见了纸币，都不肯要。因为她们要的是现金，是花钱，纸币给了她们，有如废纸，她们认为毫无代价。——自然她们不懂汉文，不知道纸币可以代替现金使用。纸票上写的是什么，她们全都不

---

① 《潞西设治局长张焰鹏给富滇新银行行长三次呈文》，德宏州史志编委会办公室：《德宏史志资料》（第13集），德宏民族出版社1990年版，第139页。
② 《龙陵县长兼兑换所所长王锡光致富滇新银行行长函（1937年6月29日）》，德宏州史志编委会办公室：《德宏史志资料》（第13集），德宏民族出版社1990年版，第138页。
③ 《富滇新银行滇西视查专员向富滇新银行行长的报告（1937年11月9日）》，德宏州史志编委会办公室：《德宏史志资料》（第13集），德宏民族出版社1990年版，第138页。
④ 《云南省富滇新银行、省财政厅密函（1939年6月14日）》，德宏州史志编委会办公室：《德宏史志资料》（第13集），德宏民族出版社1990年版，第142页。

晓。有时她们到街上把东西卖了，汉人拿纸票给了她们，她们勉强把纸票接到手里，总不放心装进袋里的。于是忙着拿去向汉商买东西把它用去。有时会受了骗，因为她们卖东西得到纸票很少，但是买东西要出的纸票很多，无形中便把纸币贬了值，把物价抬高了。"① 针对这些情形，地方政府组织了"推广法币委员会"和宣传队，设置兑换处、武装侦察队，目的都是使拿法币的夷人们知道票价究竟值多少、可以买得多少东西。同时，"推广法币委员会还努力于调平物价的工作"。②

民国时期政府在边地推行的币制改革虽取得一些成效，但几年之后，随着民国政府财政金融体制的崩溃，币制改革终于归于彻底失败。直至 20 世纪 50 年代中国共产党政府在边地推广人民币货币政策以后，经过若干年的政策落实，边地人民使用银币的习惯方彻底消失。

普思沿边和腾龙沿边因地理、人群、贸易及社会文化网络的关系，素来与东南亚有较密切的往来；傣族商人更擅长和愿意到缅甸、泰国经商；傣族农民农闲时节也通常到缅甸、泰国打短工来补贴家用。在一定程度上，普思沿边和腾龙沿边构成一种外域型经济。

思茅、蒙自、腾越三海关及各分关的设立强化了普思沿边和腾龙沿边经济的外域特征，使得边地社会经济部分依靠缅甸等东南亚国家的商业网络。"假使家乡有可靠的银行，良好的生产机关，稳当的投资事业，那么谁又愿意远走异域，备历风霜，而不为子孙长久之计呢。"③ 那些在缅华商因无强大工业体系为后盾，复缺适当的保商法、领事裁判权等，一切都要听命于缅人，故而"没有好的投资渠道。所有有资本的都去经营那听天安命的玉石坑，小资本家皆去做贸迁商业，无资本的都为佣商，这是千篇一律的经营方法，未闻集合多量的

---

① 张镜秋：《孟海城子"要骚"记》，《边荒》，正中书局 1946 年版，第 25 页。
② 张镜秋：《孟海城子"要骚"记》，《边荒》，正中书局 1946 年版，第 26 页。
③ 李芷谷：《腾越的社会病态》，昆华民众教育馆编：《云南边地问题研究》（上卷），昆华民众教育馆 1933 年版，第 475 页。

资本去干开发或生产事业和工厂的"①。

边疆地区的"外域型经济"对边地社会的经济结构产生破坏，这一经济模式把主要的流动资本和产业、就业机会都留在了域外。对此，李芷谷有清晰的认识。那些赴缅经商的人，"做生意姑勿论还有盈亏，即使家家赚钱，个个得利，也只有少数的钱取回来买几亩田地，其余多量的金钱，自然还是在缅甸生意场中活动，甚至缺乏资本的，把原有田地典当出去，拿到缅甸作营业的基金，所以表面上虽说赚了钱，而实际上还是寄放在外。腾越内地不但没有得到多量的金钱，反而将原有的社会基金，都被吸收出去，形成空虚的状况"②。

近代以来边地经济社会的变迁以及海关开埠之后所带来的英法等国重商思想，为边地商人反思近代中国社会发展中所出现的一系列问题提供了依据。"现代式的国家，无不以商业经济为主要目标，而商业经济之发达与否，无不以生产事业为楷则……故生产日趋于机械化，则商业便日趋于国家化，经济的形势，遂成国家的竞争。可知贸迁的个人商业，安能与工厂式的国家商业竞争？换言之，便是荡漾的舟子，不能敌轮船，赶马的锅头，不能敌火车，个人的操作不能敌工厂，贸迁式的买卖，不能敌国际贸易，这是今日世界各国的规律，人类的共轨，未有出门不由户的。回顾我国，机械既说不上，生产又在哪里呢？"③

小结

民国时期的改县设制虽未能彻底改变普思沿边和腾龙沿边的土

---

① 李芷谷：《腾越的社会病态》，昆华民众教育馆编：《云南边地问题研究》（上卷），昆华民众教育馆1933年版，第474—475页。
② 李芷谷：《腾越的社会病态》，昆华民众教育馆编：《云南边地问题研究》（上卷），昆华民众教育馆1933年版，第475页。
③ 李芷谷：《腾越的社会病态》，昆华民众教育馆编：《云南边地问题研究》（上卷），昆华民众教育馆1933年版，第474页。

第五章　民国时期改县设制与城市变迁

司政治体系，而是最终形成土司与现代政府并存的双重政治，同时，在基层社会中，土司政治仍占有明显的优势；但是，普思沿边和腾龙沿边的土司与城市在这一变革中受到的影响要更为明显。土司名义上失去了最高的政治权威，不得不受县长、设治局委员的辖制；土司所在的城市也失去了传统政治体系中的核心角色。改县设局之后，来自内地的官员为了摆脱土司的影响，往往选择另择一地建立县城或治所，越是在传统土司权力影响大的区域，这种选择就越明显。因而就可以看到，腾龙沿边各设治局基本上是在土司驻地城子之外另觅一地。但是，正如民国政府在边地的改县设制并未彻底改变这些地区的土司政治一样，内地官员建立县城或治所的努力也往往并不成功。普思沿边建设最为成功的车里县城，即使有柯树勋十多年的建设打下的基础，迄至民国结束，也仅仅是一个除县府、教堂、学校之外，三五十户自外地迁入的居民定居其中的荒僻县城。佛海县城的繁荣得益于随茶叶贸易繁荣迁入的大量茶叶商人和工人，与县官的努力关系不甚明显。腾龙沿边诸设治局，则始终停留在建设初期。

普思沿边和腾龙沿边改县设制之后，政府在边地也曾计划完成一系列建设计划，尤其是抗日战争全面爆发、云南成为抗日战争的大后方，战略地位陡然提升之后更是如此。但同样也是受战争影响，民国政府在边地实施的开发计划刚有起色，就被从缅甸入侵的日军打断。除了学校建设因为开始较早，取得了一定成效之外，其余政策皆乏善可陈。

第六章 城市与边地人民生活

　　民国政府对傣族社会政治体系进行一系列改革，中央政府权力进一步延伸到傣族地区。这一时期开展的边疆建设运动、现代行政机构设置等对傣族地区城市与社会产生巨大影响。抗日战争期间建设滇缅通道和滇西一带的对日作战，官员、军人、商人、汉族移民等进入傣族地区，不仅改变了边地的人口结构，也改变了边地人民的生活方式。

第一节 内地人群的进入

　　历史上，由于瘴疠的限制，内地人群极少进入边地。即使是清缅战争期间大量清军从腾龙边地深入缅甸境内作战，在战争结束之后也纷纷返回内地。直至清末，清廷在边地常驻官员和军队，腾龙沿边以龙陵、腾冲为线，普思沿边以思茅为线。界限内外，形成中央直辖与土司两类治理体系，人群的格局、生活方式也有所不同。

　　这一相对分割的居住格局，在不同区域的具体表现方式又有所不同。在腾龙沿边，自明代三征麓川之后，部分将领和军士就留在了边地。腾龙沿边不少土司在追溯其来源时均追认其祖先为明代来自江浙、江西一带的汉人将领。数百年来，在治理边地、与边地人民的密切接触之后，这些土司在生活方式上已与当地摆夷无异。此外，腾龙边地中缅贸易相对发达，不少内地商人沿龙陵、腾龙、盏达至新街一线从事贸易活动，贸易沿线的不少街镇逐渐成为内地人聚集之地。以此为开端，内地人群逐渐以龙陵、腾冲为起始，向与腾龙相邻的南甸、盏达、陇川迁移。至清末所见，南甸土司辖区，汉人已占约半数，盏达、陇川等地，汉人也占十之二三。芒市、遮放、勐卯一线，因距贸易路线较远，内地人进入甚少，其中尤以勐卯为典型。普思沿边作为相对完整的土司辖区，中缅贸易不甚发达，且以边地摆夷为主要商人群体，因此直至民国中后期，除政府官员、商人及军人外，进入普思沿边的内地平民的数量一直较少。

一 穿越瘴疠之地

普思沿边和腾龙沿边瘴疠之地的名声是数百年来阻碍内地人群进入边地的最大阻碍之一。到了民国，这一局面并未得到根本扭转。从内地进入边地的人群需要承担巨大的风险，有时甚至以生命为代价。中瘴者，一般的表现是发寒热，而且是持续不间断的更迭寒热，可致人昏迷或发狂，厉害的得病一二日便可丧生，有的小便变作黑色，俗称黑尿病，最易死亡。不过这些病虽早流行于边地，但边地摆夷患者却并不多，纵有患者，也不一定危险，有的三五年时发时停地发着寒热，但也不一定致死。但入边的汉人最易感染，且一经感染，便多不治。所以沿边人士一提到瘴气，均莫不谈虎色变。①

瘴疠对内地人群进入边地的阻碍，可从对边地城市思茅的影响窥见一斑。1882年横穿了广东、广西、云南的英国人柯乐洪记载了当时所见的思茅城②："城墙围住的区域只有一小部分建有房子"。根据给柯乐洪的报告，在杜文秀起义之前，这是一块富饶且重要的地方，被称为"金思茅"，后来依靠作为中国行政最后的边界和军事要塞的地位，来体现它的重要性。③ 在20世纪初，随着政局的相对稳定和

---

① 江应樑:《摆彝的生活文化》，骆小所主编:《中国西南文献丛书》第4辑《西南民俗文献》第18卷，兰州大学出版社2003年版，第229页。
② 即现在的普洱市。
③ [英]柯乐洪:《横穿克里塞：从广州到曼德勒》，张江南译，云南人民出版社2018年版，第340—341页。

贸易的兴盛，思茅城曾一度恢复繁盛，但好景不长，民国七年（1918）前后，思茅忽然发生瘟疫，百姓相继死亡，十室九空。① 这场瘟疫，据李文林等的分析，与清末民初柯树勋平定勐海土司争袭之战有关。当时，思茅作为这一场战争的大后方，承接转运了不少往返于思茅和勐海、勐遮、景真战争前线的病兵、伤兵，其中大量死于思茅。其后，一场严重的瘟疫袭击了思茅城。② 民国二十年（1931）12月李文林抵达思茅城时，得知因"疾病流行，十有余年，死亡人口，至十分六七，昔思茅全县，有人口四万余户，据最近调查，只四千余户矣，各政停顿，人人束手待毙……至县府访丁县长，入府落叶满阶，阴森之气，扑入眉宇，丁系广南人，已一颓然老翁，一见即述疫病盛行，以致一年之中，只有诉讼三件，民气消沉可知。出城至大兴寺一游，昔为游人群集，今则丰草没人，城墙尽为草木所封，如一大青埂子，城门过道，亦长满荃麻，其荒凉萧瑟之状，令人不堪目观也"③。

到了1944年④，马子华到达思茅城时，思茅城相较于十二三年前李文林所见更加衰败。"城的雉堞已经倒塌了不少，正像一个老妇人脱落残缺的牙齿那样难看，从每一块石砖的缝隙中间，生长出很长的茅草和很大的仙人掌来，就像披下来的头发，杂乱、蓬松……你还可以看见路侧高大房屋的石脚和墙基，这展示给你当年栉比的房屋和店铺是如何繁盛地连接在街道的两侧。间或你也可以看见一两间破瓦残垣的房子，大门是为尘所封，或是为一把大铁索扣住。有的门虚掩着，若果你肯去推开来瞧瞧的话，你将会看到有一两具白色的骷髅直挺挺地横置在地上，没有一个亲属能够替他掩埋。"甚至是通常城中

---

① 陈碧笙：《滇边散忆》，娄子匡主编《北京大学中国民俗学会民俗丛书专号2民族篇》（第19册），中国民俗学会景印1976年版，第5页。
② 李文林：《到普思边地去》，骆小所主编：《中国西南文献丛书》第4辑《西南民俗文献》第10卷，兰州大学出版社2003年版，第20页。
③ 李文林：《到普思边地去》，骆小所主编：《中国西南文献丛书》第4辑《西南民俗文献》第10卷，兰州大学出版社2003年版，第122页。
④ 马子华：《芜城赋》，《滇南散记》，云南人民出版社2020年版，第1页。

最为坚固显眼的建筑——官廨，也衰败得过分。"我们走上一个斜坡，方才看见有点房子，那边是县政府，这官廨在若干年以前，据说是很宏伟壮丽的建筑物。这座官廨没有大门，没有两厢，我们可以一直看到大堂，大堂也是那么颤抖抖地勉强地支持着它病弱损伤的身体，两根柱子和一排屋椽，都向左倾斜得很厉害。"这场瘟疫给思茅城的人造成可怕的伤害："一个人早上才感到不舒服，有点发热，到晚上，他便在不可救治的挣扎中离开了人世，他们的骨肉，他们的街邻，一家一家的死绝了。留下来的人们便往很遥远的地方逃亡、逃亡，于是这偌大的边城便十室九空。"① 思茅城作为进入普思沿边的最后一站，其在瘴疠的影响下如此凋敝，自然也令前往思茅城或经过思茅进入普思沿边的内地人心生畏惧。

关于瘴疠，传统上被归于神秘的"瘴气"，到了民国时期，政府及相关研究人员已基本确定，所谓边疆地区令人畏惧的瘴气就是恶性疟疾。只是普思沿边和腾龙边地（尤其是芒市）恶性疟疾与混合型疟疾占多数，死亡率较大，这是与寻常疟疾的不同之点。② 在谭伯英的记载中，在芒市、遮放一带修筑滇缅公路期间，"疟疾无处不在，如果说在其他地方疟疾是一个很讨厌的疾病的话，那么在这里就是能置人死地的恶魔了。初期，由于我们没有良好的医药和设备，大多数被疟蚊叮过的人都死亡了。后来，即使在一年5个月的旱季，配备了良好的公共卫生设备并有适当的医疗条件，疟疾患者的死亡率仍然高得可怕：8000名患病者中仅仅有500人能从死亡中幸免于难"③。修筑滇缅公路时已到民国政府后期，在已基本确定病因且有适当治疗条件下，瘴疠仍有如此高的死亡率。因此，民国时期政府虽然在边地改县设制，但对于内地人而言，进入边地仍是一件需要冒着巨大风险的

---

① 马子华：《芜城赋》，《滇南散记》，云南人民出版社2020年版，第34—36页。
② 娄樵生：《芒市——边疆的重镇》，德宏州史志资料编委会办公室：《德宏史志资料》（第13集），德宏民族出版社1990年版，第167页。
③ 谭伯英：《修筑滇缅公路纪实》，戈叔亚译，云南人民出版社2016年版，第75页。

事。在此背景下，进入边地的以政府官员、军人和商人为主，也就显得顺理成章。

二 政府官员的进入

民国时期，政府在普思沿边和腾龙沿边建立县府和设治局之后，首先面临政府机构人员设置问题。由于前述瘴疠等因素影响，加之民国前期政局动荡，边地政府机构设置进展缓慢。在普思沿边，柯树勋领导的普思殖边行政总局在未受云南省政府明显干预的情况下，依靠规模简单的行政机构及跟随来平叛的两广人群体，实现了十多年的平稳治理。直至柯树勋去世，改局设县，普思沿边才重新需要内地官员的进入。而在腾龙沿边，由于各设治局相互独立且土司势力强大，很多设治局机构人员严重缺乏，所行使治理权力非常有限。

腾龙边区政府治理效力的有限，在民国设制20多年后，仍非常突出，其表现可从以下方面略知：

（1）团防队。团防队的职责，在防止盗匪，而事实上又是一区长官权力的中心。在腾龙沿边五行政区中，仅盏达团防队完全归行政专员支配，芒遮板行政员也有支配一部分团队的权力，其余三区，即以土司亲随负团队名义，其大队长队长等，概属土司属官至戚，其目中止有司官。（2）团保人员。各区名之曰元头、步幸，除盏达由行政专员直接遴委外，其余均系土司委用……其职责系代土司派收各种费用款项。（3）司法。如芒遮板行政委员之司法权，除猛戛外即不能行使，干崖止行之于旧城街，及其他汉人聚居之所。盏达可完全行使。自此而外，完全为土司霸去，时有甲控乙于行政署，乙即控甲于土司署，互为原告，互为被告，双方传提，结果仍归土司。（4）教育。边地教育，仅盏达一司稍具规模，至芒遮板一区之猛戛地方教育，亦仅可谓具雏形而微。其余各区，如陇川仅张凤街之一校，南甸仅蛮允街之一校，

第六章 城市与边地人民生活

其余可谓完全破产。(5) 公安。边地各公安局，大抵有局长而无局丁，其责任，不过征收屠捐，分润少许于学校，养成一种非官非吏之特殊阶级。大街小场，酗酒赌博，从无人过问，且更有土司及团队长官，公开包赌设摊之事。①

由此，产生吸引内地人才进入边地，充实设治局人员，及配合边地开发需要的号召和举措。张笏在《腾越边地状况及殖边刍言》中提出：

> 边地需要之人才，除行政人员外，其最主要之干部人才，约可分为八类，第一为教育人员，凡教育行政暨各级师资，以及社会教育，职业教育，民众教育，成年补习教育，或他种必须之特种教育均属之。第二为实业，包括行政人员、家庭职业指导（种棉麻紫梗蔬菜果树甘蔗等、制麻竹藤及编草帽拖鞋凉席或其他手工业等）和社会职业指导（如森林牧畜纺纱开矿制陶瓷及土木建筑等大规模工业）。第三为交通，包括路政、邮电事业人才。第四为土地，包括土地行政——清丈测量人员，垦殖人员，新村建筑指导员。第五为自治，包括区乡镇间临各长之训练，宣传人员（训练民众），清查户口人员。第六为军事，包括殖边队（震慑要地防御反动），团队（消灭盗匪）。第七为公安，包括公安队（防奸捕盗），卫生队（焚烧山箐填塞污池）。第八为财政，包括财务行政（国家财政及地方财政），征收人员（各种税捐），会计人员（实行财政公开保持会计独立）。尤其需要指出的是，改进边地所需人才，均须有相当的基本训练，不宜就地取材，致使绅士阶级把持操纵。②

---

① 参见张笏《腾越边地状况及殖边刍言》，昆华民众教育馆编：《云南边地问题研究》（上卷），昆华民众教育馆1933年版，第309—311页。
② 张笏：《腾越边地状况及殖边刍言》，昆华民众教育馆编：《云南边地问题研究》（上卷），昆华民众教育馆1933年版，第355—357页。

以上所需人才，主要选取办法为考选。而考选人才的办法，大约就只能依靠以下几种：

（1）政府考选。省府学校相关领域毕业人员，在省府无相当职业；或有职业而非所学的，若能趁此机会，加以考选，优给津贴，施以三数月之训练，与原有学识外，再受夷文夷语之联系，并研习边地上大概情形，派往各设治区分头工作，较之就地取材，优良实多。（2）当地训练。政府考选人员，系专为直接设治局长佐治之用，亦即为各部之主干，然尚有诸多下层工作，亦有赖多数人员之辅助。此项辅助人员……就当地遴选通汉语汉字之优秀青年，施以相当之训练，以作各主办人员之补助。（3）内地聘用。各技术工作，可从有经验的内地延聘。如制糖造纸，即由保山施甸蒲缥聘用，种织麻葛，可由四川湖南聘用，编制草帽凉鞋拖鞋等工业，即由本省选用，也可从广东人中聘用等等。（4）印度聘用。社会职业中，如纺纱工业，管理机械及修理机械之人才，在内地颇难选。受甘地主义影响，脱离英国纱厂的印度技师工人，可尽量吸收延聘。（5）省立学校应添办垦殖科。省内农业学校或省外适宜的省立学校，均应添设垦殖科，学生以就各边地选送为原则。①

尽管有识之士号召政府采取各种考选办法遴选人才来充实边地，但鉴于民国时期动荡与战乱交错的局势，以上办法大多停留在设计阶段，从未真正得到实施。直至抗日战争全面爆发之后，随着滇缅公路的开通，内地人员、人才方真正大规模进入腾龙边地。如到1941年，

---

① 参见张笏《腾越边地状况及殖边刍言》，昆华民众教育馆编：《云南边地问题研究》（上卷），昆华民众教育馆1933年版，第358—359页。

进驻芒市的中央及省机关,除关乎国防者不便公开外,还有"西南运输处芒市站、滇缅公路芒市站及所属诊疗所,运转所修理厂,工程勘测队等,中国、富滇两分行,疟疾研究所,又无线电台数处;团体有两粤会馆筹备处,学校有私立两级小学 1 校,省立边区小学 5 校"①。其中,绝大多数是伴随滇缅公路修筑及开通之后新在芒市设立的机关。

  由于腾龙沿边各设治局终未改为县治,在建置上虽模仿县治,但大体而言较简略。以抗日战争结束后民国政府对腾龙沿边各设治局职员名录的调查来看,各设治局中,机构和人员相对完备的是潞西设治局,计有设治局长李锟、秘书李绍文、民政科长张光汉、财政科长赵斌、建教科长王雄略、军事科长李中岳、会计主任阎济龙、警察局长张孟教、税捐征稽处主任冯春霖、卫生院长董忆平等官员,各部门科室又分别设有 1—4 名科员或雇员。整个潞西设治局,共有职员 32 人。人数最少的莲山设治局,共有局长刘常钰、秘书赵斌、教育建设科长李心和、民政财政科长王绍昌、科员杨芝香、江寓农、雇员李光烈 7 人。陇川设治局与莲山设治局机构人员相同,也是 7 人,分别是局长李忠杰、秘书董铎、教育建设科长李继章、民政财政科长高树园、科员朱家夔、吴沛生、雇员赵家璧。其余梁河设治局共 19 人,瑞丽设治局共 25 人。各设治局人员中,大多数籍贯为腾龙沿边以外、云南省内,以腾冲最为常见,少数为腾龙沿边当地或云南省外。②

  在普思沿边,自 1929 年正式改为五县一区之后,各县分别由云南省政府派遣县长,正式设立县治。各县均有县政府及警察、税务、教育等局,以局长、科长、科员等充实其中。由于柯树勋所带领两广

---

① 娄樵生:《芒市——边疆的重镇》,德宏史志资料编委会办公室:《德宏史志资料》(第 13 集),德宏民族出版社 1990 年版,第 168 页。
② 《民国时期政治史料选编》,德宏州史志资料编委会办公室:《德宏史志资料》(第 10 集),德宏民族出版社 1987 年版,第 86—90 页。

人在普思沿边的影响，在各县府及各局政府人员中，不少人与两广有关系（参见表6-1）。此外，来自与普思沿边相邻的云南其他县区的官员也为数不少。

表6-1　1941年佛海县部分政府机关职员及社会人士表①

姓名	年龄	籍贯	职务
梁宇皞	不详	广东人	县长
李拂一	39岁	广西桂林人	佛海简师校长、佛海服务社经理
罗汉	不详	广东丰顺人	县府第三科科长、民众教育馆馆长
梁国基	约20岁	广东南海人	佛海警察局军训教官、暑期进修班军训教官，梁县长长子
王宪章	30余岁	北平人	佛海县警察局局长
徐子和	30余岁	云南昆明人	佛海警察局督察
林瑞祥	27岁	福建同安人	梁县长家庭教师
蔡永秀	30余岁	广东人	车佛南同乡会常务理事
刘献廷	约20岁	云南思茅人	佛海县编组保甲户口调查组组长
柯如松	未详	广西柳州人	贺南小学校长兼教员，柯树勋之孙
许曼英	20余岁	广东人	前佛海县政府一等科员，现孟遮乡公所干事
张兴明	20余岁	云南会泽人	佛海简师教务主任，兼县党部一级干事
段喜	30余岁	昆明东南乡人	曾任佛海县政府科员，现经商
龚以礼	20岁上下	云南宁洱人	拱城乡中心学校校长
杨万枝	30岁上下	云南昆阳人	陆军中校、佛海国民兵团副团长
徐守海	20岁上下	浙江	前任车里县长徐世琦次子，现佛海县党部筹备员、兼国民兵团中队长
马在龙	20余岁	云南宁洱人	曾在佛海任教，现南峤县党部书记长
钱凤舞	20余岁	云南墨江人	佛海富滇分银行职员
李光禄	20岁上下	云南河西人	佛海富滇分银行职员
龚以仁	26岁	云南宁洱人	佛海县政府第三科科长

---

① 张镜秋：《边荒》，正中书局1946年版，第31—32、95、110、126、162、167页。

续表

姓名	年龄	籍贯	职务
张秀兰	19岁	云南石屏人	佛海青年女子会监事，张堂阶之女
王救时	40余岁	云南石屏人	曾任佛海县参议会议长、佛海教育局局长，现任地方财委会主任委员、茶叶同业会主席、公益协会常务理事
石瑶光	38岁	云南思茅人	县政府第一科科长
安则法	40余岁	云南平彝人	县党部筹备处筹备主任、佛海县税务局局长、云南兴文银行佛海分银行经理、云兴商行经理、佛海县金库主任
叶永孚	40余岁	云南腾冲人	佛海洪记茶庄叶安年长子
罗泽光	20岁上下	广东丰顺人	佛海县政府二等科员
林特森	22岁	广东饶平人	县政府科员
许菊芳	约18岁	云南宁洱人	佛海简师附小教员
梁国鹭	20岁上下	广东南海人	梁县长长女，佛海青年女子会理事长
华荫乾	30余岁	云南宁洱人	佛海简师第一届校长
陈雅文	约40岁	云南昭通人	佛海简师国文教师
孙正培	20余岁	浙江人	佛海天主堂修士
张吉庵	不详	不详	孟海镇长，兼县府第二科科长

注：以人物出场顺序为序。

民国时期普思沿边和腾龙沿边的政府官员，任期不定，流动性较大。以佛海县为例，从1928年第一任县长杨竺桂上任开始，至1949年最后一任县长杨琇，21年时间内共有10任县长。这些县长在任时间短的不足1年，长的不足5年。南峤县的情况也与此相似，相同时间段同样有10任县长轮流在位。① 官员的频繁调任对施政效果自然也有负面影响。

---

① 蔡鹏顺：《民国时期佛海县南峤县历任县长简介》，勐海县政协文史资料委员会编：《勐海文史资料选辑》（第1集），出版社不详1990年版，第18—21页

三　商人与平民的进入

商人和平民进入普思沿边和腾龙沿边，除苦于道途遥远和瘴疠危害外，还须突破清廷历史上所制定的封禁腾龙沿边的政策。这一政策始于清缅战争（乾隆三十一年至三十五年，即1766—1770）之后。乾隆三十五年（1770），鉴于波龙银厂大量内地矿工及厂练在战争爆发之初扮演的不稳定角色，恐战后有"潜往开挖滋事者"，应军机大臣所奏，清廷永禁波龙老厂、新厂"犯者从重治罪"。境内的茂隆银厂，则加强管理，"应责厂员造册，按季由府申院，核查收除人数"，并"令沿边各土司禁内地厂民越江偷渡"。① 同时，为化解清缅边疆地区人群复杂的局面，将"永昌、腾越人所典干崖、盏达、南甸、陇川、猛卯、遮放、芒市土司地……派道、府督同地方官严查。示知该民夷，立将典押产开报造册毋隐。照本利多寡，收过年租若干？定限八年、九年依次退出。嗣后永禁，犯者地入官，承典人治罪。并严禁内地人在夷地开铺及与摆夷婚"②。第二年，潞西土司辖内也参照以上七土司地，查退"永昌、腾越士民典买土地，嗣后永禁"③。自此以后，腾龙沿边八土司地区，除官员及兵丁以外，内地商人、平民几乎绝迹。

但是，尽管乾隆三十五年（1770）有禁止在滇西七土司地汉人典买夷人土地的政令，但到嘉庆年间，这一禁令在部分地区即已打破。部分汉人移民迁入人口密度较低的腾龙沿边地区，以典当、租买的方式从当地人手中获得土地。这一变革使得腾龙沿边的土地制度逐渐突破传统的村社公有，禁止买卖的土地制度有逐渐向内地商人及当地部

---

① 《清实录》第19册《高宗实录》卷八五一"三十五年正月丁未"，中华书局1986年版，第402页。
② 《清实录》第19册《高宗实录》卷八五一"三十五年正月丁未"，中华书局1986年版，第402页。
③ 《清实录》第19册《高宗实录》卷八八五"三十五年五月己巳"，中华书局1986年版，第864页。

分富裕农户集中的趋势。如嘉庆十七年（1812年）的两份土地当契：

（1）立当田文约人刀德高，为因缺少应用，情愿将祖父遗留口粮田一段、布种四箩，出当到其德何二哥名下，净纹银八十两整。其田座落遮倒尾，南至克家田，西至本家田，北至谢家田，四至开明在契。其粮当主完纳，田有好支银主自见后时，言定逾年每两纳谷一箩，候秋收之日，将田中一色好谷量完，不致缺少升合。如有短少，任从银主自行耕种，当主不得异言。倘有内外人等异言争竞，当主一面承当，此系二比情愿，中间并无逼迫私债等情，恐后无凭，当立此契存照。实当银八十两整，逾年纳谷八十箩。嘉庆十七年二月初六日立，当田文约人刀德高，其银五两一，称戥子银平，当契为据。凭中刀有仁。代字各弟刀德富。

（2）立吐退文约人刀宽勐同子帕朽，为因祖父遗留将（给）自己口粮田，布粮五箩一段，坐落拱母田。其田东至大路，北至土练田，南至黄果树，西至小保田高垦（埂）。四至开明。逾年卖主上纳田差银二钱在契。情愿写立吐退于刀专勐买下，实接受价银四十三两整。自度（卖）之后，任从银主耕种，卖主不得异言。倘有家族子孙内外人等争竞，有卖主一力承当。此系二比情愿，中间并无逼迫，亦无私债准折，一日不能赎取，无力不得加找。今恐人心不古，立此永远度段（断）为据。实接受价银四十三两整。嘉庆十七年十二月十八日立。度段文约人刀宽勐同子帕朽，永远实□。凭族刀贺准、侄唤等、侄婿秤达猛。代字人刀理众至。①

土地制度改变之后，内地人有了在腾龙边区长期定居生活的基础。虽然这一人口迁移和定居的趋势，在地理上存在从龙陵、腾冲逐

---

① 《盈江地区清代及民国时期部分档案史料选（1751—1949年）》，德宏州史志资料编委会办公室：《德宏史志资料》（第11集），德宏民族出版社1988年版，第204—205页。

渐向相邻的土司管辖地区转移，在人口比例上存在内地人总体占比不足半数等情形，但相比普思沿边，腾龙沿边的内地人在总体数量上已有明显优势。到民国二十年（1931）时，腾龙沿边地区总人口共约15万人，其中"摆夷人数约占人口全数十分之五，约七万五千人，汉族占十分之二，约三万人，其他民族，如山头栗粟崩龙阿昌老缅等，占十分之三，约四万五千人。以地域划分，则南甸干崖盏达户撒腊撒五土司，汉人约共十分之五；芒遮板行政区，除猛板土司外，汉人约十分之三；陇川土司区域，汉人约十分之一而强；猛卯猛板两土司，尚不及十分之一；其余概属土人。再以住居区域别之，则居住民族中，如旅居较久之汉人，系与摆夷杂居于平原旷野，新迁汉人，则与栗粟崩龙等杂居于四山。而山头则独居于高山险峻之地；除大街场多聚居外，余多散处"①。

这些进入腾龙沿边的内地人可以分为两类：一类是固定居住在边区的，他们不一定与摆夷同居于平原上，而是择地势较高而气候较凉爽的地带，集族而为市镇，开张铺面，成家立业，居住得久了，生活往往也就多少有些夷化，或和夷人结为姻亲。另一类是流动行走于边区中的，每当霜降以后、清明以前，在这一段气候凉爽瘴病不发的季节里，临边各县的商贩们肩挑背负，走到夷地中去轮回赶街，做小买卖，这种商贩俗称"走夷方者"。这类人对边区人民生活上的供应，并汉夷两地消息的传达沟通，确实发挥着很大的作用。②

腾龙一带的边地手工业不发达，田地出产仅有粮食，其他生活必需品多依靠外地货物的进入，因而给了内地商人进入的机会。内地商人进入边地对边地人民来说有三个消极之处：

（1）放烟利。每年霜降后，内地商人即进夷方售卖土布针线

---

① 张笏：《腾越边地状况及殖边刍言》，昆华民众教育馆编：《云南边地问题研究》（上卷），昆华民众教育馆1933年版，第361—363页。
② 江应樑：《摆彝的生活文化》，骆小所主编：《中国西南文献丛书》第4辑《西南民俗文献》第18卷，兰州大学出版社2003年版，第189页。

等，贫民即与之借贷，每贷罗比1元，至次年春新烟上场，每偿一罗比，必需加洋烟一两乃至二两，名曰烟利。亦有仅付利，而其本金留待次年新烟上市者，则烟利更加倍。倘本利俱欠，则将烟利照市合价，加利入本，二三年后，倘烟市价涨，则子大于母五六倍乃至七八倍云。（2）卖布。边地人民所服用之布料，概仰给于腾保龙三县，故走夷方之生意，以土布为大宗，其附带之生意，则为针线。多数贫民，一届冬期，则向内地商人赊布，照市加价十分之一二及至十分之三四不等。届期无钱，则改名曰借下，许以银息，最低五分，或改折新烟，每布一匹，易烟五六两或七八两不等。此等办法，通例为内地商人之布价高，夷人之烟价低，衡以正常买卖，则布价恒高一倍，烟价不过折半而已。（3）放街利。内地人往边地历日稍久，即能耐热耐瘴……以其所蓄，借贷夷人，罗比一元，每街行息十摆撒。一月六街，共六十摆撒。积之一年，则七百二十摆撒。以六十四摆撒换一罗比计，直超过本金十一倍有奇。①

以此记载来看，民国时期内地自发进入腾龙沿边一带的人群，虽不乏与当地人关系融洽并逐渐与当地人融为一体的，但也有在边地从事高利贷，对边地人民的生活和生产秩序造成一定负面影响的。由于民国政府财政秩序在边地大部分时间处于失序状态，内地人在边地从事各种形式的放贷，极少有地方政府加以引导和管理，这就加深了边地人民对内地人群和政府的总体负面评价。

在普思沿边，由于清末以来普洱茶贸易从澜沧江内向澜沧江外转移，佛海成为普思沿边的商业中心，因此内地商人和平民进入佛海大多与茶叶贸易和加工相关，或为茶商，或为茶叶工人。这些茶商和工人进入佛海的时间大约在19世纪末20世纪初。据李文林民国二十一

---

① 张笏：《腾越边地状况及殖边刍言》，昆华民众教育馆编：《云南边地问题研究》（上卷），昆华民众教育馆1933年版，第318—319页。

年1月考察佛海县教育时所述，佛海"每年冬春之际……西藏人亦多有至此地购茶者，沿边商业之中心地也。内地汉人，迁居佛海经商者，已有三十余年之历史，住家汉人，已近百户"①。据张镜秋1942年农历新年（春节）期间访葩宫寨对李团总的访谈，李团总的父亲于1902年左右到勐海的时候，勐海街上便只有张堂阶和他两个汉人。②张镜秋所讲到的张堂阶是佛海茶商的代表人之一。张堂阶祖籍云南石屏，娶缅甸永混土司之女为妻，自清末进入佛海，在佛海县经商30余年。清末民国勐海土司争袭之战中，张堂阶不仅出谋划策，且亲自出资组织团练跟随宣慰使和柯树勋军队参加战争。战争结束后，张堂阶开设佛海县第一个茶庄——恒春茶庄，改良佛海茶为紧团茶，开印度等处销路。1932年时，张堂阶所办茶庄每年可销印度茶叶4千多石，占出产十分之六。③

民国时期，在佛海县开设的各类茶庄，前后有数十家。开办人既有内地商人，也有后加入的当地土司，以及政府机关（见表6-2）。其中，1939年建成、隶属于思普区茶叶试验场的南糯山制茶厂，以及1939年由云南省中茶公司委派范和钧、张石诚筹建的佛海茶厂，是公办茶厂的重要代表。建设佛海茶厂时，中茶公司从湖北恩施茶厂、江西精茶厂借调技术员工，又从云南茶叶训练所的学员中抽调一部分，到宜良雇请泥水、竹木、打铁工人，共计90余人。茶厂建于佛海县城东南区博爱路南侧，工人就地伐木砍竹，烧砖瓦建房，以瓦楞瓦和铁皮为屋顶，搭建起临时厂房。范和钧又前往泰国曼谷，通过华侨购买制茶机

---

① 李文林：《到普思边地去》，骆小所主编：《中国西南文献丛书》第4辑《西南民俗文献》第10卷，兰州大学出版社2003年版，第134页。
② 张镜秋：《旧历新年葩宫山头采风录》，《边地采风录》，云南人民出版社2020年版，第187页。虽然张镜秋和当时勐海人将葩宫寨人识为汉人，但从节日期间该村人踏歌、荡秋千、磨担秋等习俗来看，更像是现在的哈尼族。
③ 李文林：《到普思边地去》，骆小所主编：《中国西南文献丛书》第4辑《西南民俗文献》第10卷，兰州大学出版社2003年版，第80页；刘献廷：《佛海茶庄发展史略》，勐海县政协文史资料委员会编：《勐海文史资料选辑》（1），出版社不详1990年版，第109页。

器，去缅甸仰光，采购钢筋水泥，先后从缅甸运抵佛海施工。1941年投产后，茶厂按照恩施茶厂改制的红茶经验生产出第一批"滇红"。①在1942年撤回昆明之前，佛海茶厂有职工150余人。②

表6-2　　民国时期佛海茶庄一览表（1910—1949年）③

茶庄	开办人	籍贯	开业时间	茶灶盘数	年产量（担）	备注
恒春	张堂阶	石屏	1913④	2	2500	1938年后由其子张锦培管
洪记	董耀廷	腾冲	1924	7	15000	叶安年为代理人
可以兴	周文卿	玉溪	1927	2	2500	
恒盛公	张静波	鹤庆	1928	4	10000	
	苏兴元	云南	1928	1	1000	回族
云生祥	李生云	腾冲	1930	2	2500	
时利和	王球时	石屏	1930	2	2500	
复兴	李拂一	柳州	1930	2	2500	
新民	刀良臣	勐海	1930	6	12000	刀良臣为勐海土司，该茶庄为刀集资勐海傣族合股
利利	罕荣邦	景谷	1930	2	2500	汉傣族合股，罕荣邦为经理
鼎兴	马鼎臣	蒙自	1930	2	2500	回族
	纳成方	通海	1936	1	600	回族，纳成俊合办
双喜		勐海	1938	1	600	曼赛村民，利利茶庄合股

---

①　云南省勐海县地方志编纂委员会编纂：《勐海县志》，云南人民出版社1997年版，第298—299页。

②　云南省勐海县地方志编纂委员会编纂：《勐海县志》，云南人民出版社1997年版，第211页。

③　刘献廷：《佛海茶庄发展史略》，勐海县政协文史资料委员会编：《勐海文史资料选辑》（1），出版社不详1990年版，第113—115页。

④　原表为1910年，根据李拂一《佛海茶叶与边贸》一文加以修改。参见李拂一《佛海茶叶与边贸》，勐海县政协文史资料委员会编：《勐海文史资料选辑》（1），出版社不详1990年版，第117页。

续表

茶庄	开办人	籍贯	开业时间	茶灶盘数	年产量（担）	备注
大同	梅植三	石屏	1938	1	600	群众集资，1940年停业
吉安	张吉庵	普洱	1938	1	600	1942年回乡，停业
	刀健刚	勐遮	1938	1	600	傣族合股，设在勐遮曼洪，刀建刚为勐遮土司
	刀栋材	景洪	1938	1	600	刀栋材为勐混土司代办，系勐混傣族合股，设在勐混
	陈玺	石屏	1940	1	600	设在勐宋曼卖，加工紧茶，售与佛海茶厂
	覃玉篇	昆明	1940	1	600	设在勐宋曼默，加工紧茶售予茶厂
	赵绍虞	大理	1940	1	600	加工紧茶售予思茅茶商
	刘绍炎	思茅	1940	1	600	加工紧茶售予茶厂
福景公司	傅孟康	湖北	1946	1	600	
湘记	刘献臣	湖南	1946	1	600	加工紧茶售予茶厂
公亮酒房	蔡永秀	广东梅县	1946	2	1000	抗日战争前烤酒，抗战胜利后揉茶
广利	陈碧，康朗怀	石屏 勐海	1946	1	600	两人合股，设在勐混曼广竜
	鲊乃怀	勐海	1946	1	600	
	徐仕洪	石屏	1946	1	600	加工紧茶售予思茅茶商
	叶永坤 王元臣	腾冲	1946	1	600	两人合股加工紧茶售予思茅茶商
	苏甦	江苏	1946	1	600	设在南峤县属勐翁，加工紧茶售予茶厂
中茶公司	范和钧	上海	1939			机制红绿茶，官办
思普茶厂	白孟愚	蒙自	1939			茶叶试验，官办

注：年产量为预算数。

民国时期，来佛海制茶的除云南本地商人外，还有部分闽粤籍华侨。在这些华侨中，有原本就有饮茶制茶习惯的潮梅一带及闽籍侨胞，也有习惯饮用普洱茶的广肇人士。抗日战争全面爆发之后，东部一带茶叶出口路线断绝，这些侨居东南亚的人士转入佛海继续从事茶叶生产与贸易。

除普洱茶产业外，普思沿边因人少地多，未垦土地面积广，成为民国政府号召内地人群移民边疆、实施垦殖的理想目的地。此外，由于普思沿边在地理位置、气候环境上与东南亚更为接近，因此成为抗日战争期间东南亚侨民回国垦殖的理想之地。

第二节　边地居民的生活

内地人群的进入，一方面改变了普思沿边和腾龙沿边的人口结构；另一方面也改善了两地传统的外向型经济及社会文化结构。民国以前，边地土地与平民，经济、文化各项事业均与东南亚国家有频繁交往；近代以来伴随内地人群进入，机关、实业、社会事业的建立与发展在一定程度上加强了边地与内地的联系，改善了边地人民的生活状态，使边地从中国与东南亚社会文化的中间地带逐渐向内地转型。

一　社会事业的建立

民国政府在边地除建立政府机关、派驻军队及征收捐税外，也在邮政、交通、金融、医疗、学校等社会事业建设上取得了一定成绩。这些社会事业的建立，提供了改变边地人民生活方式的基础。

在邮政事业方面，普思沿边的信息传递在近代以前主要有口信、凤凰情书、"倒寨夫"（即甲寨到乙寨、乙寨到丙寨的逐寨传递方式）、紧急信函投递4种；战时还有击鼓传递信息的方式。每个傣族村寨都设有特制的牛皮大鼓，鼓声可传数里之外。战时的击鼓以"三点三棒"为紧急动员信号，相邻村寨听到鼓声以后，必须以同样点数的鼓声相应，这样一寨传一寨、一勐传一勐。当各个勐和村寨听到鼓声以后,就会派兵前来援助,共同抵御入侵之敌。①

1920年,车里和倚邦分别成立邮寄代办所,开始出现现代邮电事业。每月往返思茅三次,雨季则往返二次或各一次。② 同年,易武也设置邮寄代办所。1925年,佛海绅商设立了一个民信局,办理与车里邮寄代办所的联邮事宜。在此之前,佛海只是一个土便委司所管理的较为偏僻的小县城。茶叶生意逐渐兴盛之后,便日趋成为江外各版纳的商业中心,公私函件越来越多。加上车里富滇银行分行从车里移到佛海,更加需要建立邮递中心。在这种形势下,李拂一发起,设立民信局,雇佣"健步"定期往返于车里佛海,将各公私函件送到车里代办所邮寄,同时带回外地寄往佛海、南峤各地的信件。佛海民信局设立以后,业务兴旺,来往信件比车里邮政代办所经手的还多。在佛海绅商的要求下,思茅邮政局同意于1930年设立佛海邮政信柜,接替民信局业务。③

1930年以后,思茅的茶叶市场逐渐南移到佛海。制茶厂商纷纷到佛海开办茶厂,佛海内、外贸易迅速发展,每年出口的茶叶、樟脑、紫胶等产品总值远超进口的棉花、布和日用百货的总值。佛海成为西双版纳境内最大的商业中心。各家茶商大都在缅甸、印度开设分店或办事处,东南亚各国的华侨回到国内车里、佛海、南峤等县,从事农工商的人也逐渐增加。这些人与境外各国的信件、电报往来随之增加,但当时三县的邮政部门均无法直接办理此类业务,必须派专差送到英属缅甸境内的景栋邮电局转寄或拍发。东南亚寄入西双版纳的信件、电报,也只能寄、拍到景栋,再由那里派专差送到佛海分发。如果从昆明转办,则路途太远。鉴于这种情况,地方各知名绅商、华侨联名向政府申请,要求将原来的代办所改为邮局直接与缅甸通邮。

---

① 岩罕:《傣族通讯与邮传》,政协西双版纳州文史民族宗教联络委员会编:《西双版纳文史资料》(第15辑),云南民族出版社2002年版,第186—187页。
② 李拂一:《车里》,商务印书馆1933年版,第52页。
③ 林璋:《西双版纳邮电史略》,西双版纳州政协编:《版纳文史资料选辑》(第7辑),云南民族出版社1992年版,第50—53页。

第六章　城市与边地人民生活

申请书中还明确指出，地方各界人士愿意筹资"数千金"，建一栋楼房给邮电局使用。该申请批准之后，由佛海商会出面筹资，于1939年兴建了一楼一底新式邮局三间（现中国工商银行勐海分行旧址），邮政管理局特派马长寿先生前来接收并调配管理和工作人员。1940年，佛海邮政代办所改为三等邮局，委派沙文光出任第一任局长，并与缅甸通邮，为国际交换局。1941年，佛海三等邮局改为四等邮局，仍与缅甸通邮，为国际交换局。太平洋战争爆发后，日军入侵英属缅甸，泰国军队向西双版纳发起进攻。受战争影响，各地邮路阻断，1943年，佛海四等邮局又降为邮寄代办所。①

交通方面，普思沿边和腾龙沿边在民国时期最重要的交通工程即滇缅公路的全线筑通。关于滇缅公路的研究已有很多。此外，由于民国时期边地公路建设基础严重缺乏，从昆明出发，无论是修筑公路至普思沿边还是腾龙沿边，耗费的时间、人力、物力和财力均十分浩大。为此，时人提出可以通过修筑机场的方式，暂时解决交通阻隔问题。待到抗日战争全面爆发，在沿边地区修筑飞机场的需求更加迫切。民国后期，普思沿边的南峤、佛海、车里、镇越等县先后修建过飞机场。其中，南峤飞机场最大，降落的飞机架次也最多。南峤机场旱季可以降落3吨至7吨的运输机；在雨季，遇到紧急情况，也常有飞机降落或起飞。小型通讯、侦察飞机起飞降落更是频繁。除南峤机场外，其他机场只是临时性机场，仅能降落一些小型飞机；到了雨季，这些小机场就统统关闭。

修建南峤、佛海等机场主要是为配合反攻日军、泰军，将通过滇缅公路运送至昆明的武器弹药等军需品运输至打洛、大勐龙前线。1943年10月，南峤机场开始动工，原址在今黎明农场茶厂一线。修建机场的主力是国民党93师工兵营，外加驻防南峤的278团工兵连和警卫连的部分官兵，共计约500人。因劳动力不足，又通过土司头

---

① 林璋：《西双版纳邮电史略》，西双版纳州政协编：《版纳文史资料选辑》（第7辑），云南民族出版社1992年版，第53—54页。

人从附近寨子动员了约 500 名民工。花费近 1 个月的时间,修筑完成一条长 2000 米、宽 100 米的沙土跑道。11 月初,第一批飞机降落。之后,南峤机场在运输军用物资支援反攻方面发挥了重要作用。1945 年抗日战争结束之后,地方士绅到昆明开会办事,也可搭乘飞机,末代召片领刀世勋也是从南峤搭乘飞机到昆明、重庆、南京学习。1950 年 2 月,普思沿边解放,南峤机场结束了历史使命。①

普思沿边金融机构的设置主要是在佛海普洱茶产业有较大发展,同时部分东南亚华侨在佛海从事实业及垦殖,有较频繁的侨汇之后才出现。从 1939 年至 1950 年,佛海县先后成立四个金融机构,一是兴文银行佛海办事处,二是富滇新银行佛海分行,三是佛海县合作基金,四是车佛南联合银行。

兴文银行佛海办事处成立于 1939 年,1946 年停业,主要业务活动为推行滇币。富滇新银行佛海分行于 1941 年建立,1942 年因日军进攻打洛等地退回昆明。佛海县合作基金于 1948 年筹备,1949 年结束,未正式开展工作。车佛南联合银行于 1948 年成立,1949 年停业。② 总体而言,民国时期在佛海成立的金融机构均存在时间较短,对边地社会金融秩序的转型产生了一定的催化作用,但效果相对有限。

二 边民日常生活的转变

伴随内地人群的大量进入,到了 20 世纪 40 年代,普思沿边和腾龙沿边的边民,无论是土司还是平民,其生活方式和观念都有了一定变化。

各城中的土司,作为地方社会的代表,与外界接触的频率远超一般平民,因而各土司的衣饰、生活习惯也率先感受到外界的影响。民国时

---

① 林璋:《南峤飞机场记事》,西双版纳州政协编:《版纳文史资料选辑》(第 7 辑),云南民族出版社 1992 年版,第 59—62 页。
② 王用中:《佛海县金融机构概述》,勐海县政协文史资料委员会编:《勐海文史资料选辑》(1),出版社不详 1990 年版,第 125—131 页。

期赴边地考察的人士往往注意到土司群体的与众不同。曾昭抡在赴滇西旅行的过程中,所见的滇缅边区的土司:"不但不土,而且穿西装、住洋房、坐汽车、打网球,比我们一般的大学生还时髦些。方代办(指方克光)和许多其他土司一样,有一部自用的小汽车。他身材不高,面貌和普通人一样。他能说很好的云南话和摆夷话。口才很好,常识很充足,说话也很得体。据说他曾经到过上海、南京等处。他见我们(即曾昭抡一行人,本文作者注)的时候,是穿着一套浅灰色香港布的西服;可是上面没有打领带,下面是穿一双中国布鞋。有一次在街上遇见他,看他身上仍然穿着西服,头上却戴着一顶俄罗斯帽形状的蓝缎绣花帽子;帽子的两旁,一边是一条缎子的飘带,垂下直到肩上,很是好看。据就在缅边的人说,土司们的打扮虽然是已经变得很摩登,但他们家里的妇女却仍旧作纯粹老式的摆夷装束"①。

"方代办对外间来人招待得很客气。土司们的生活已经彻底汉化。招待我们的饭,七菜一汤,完全是中国菜。席间所喝的酒是德国布勒门(Bremen)制的啤酒。据说平常他宴客的时候,还常用老牌的威士忌酒奉客,饭前所喝的茶是很好的中国茶。饭后一大杯咖啡,使着由腊戍来的白糖,用来盛咖啡的壶是一把富有艺术气息的黑色瓷壶。像这样的生活,真可以算是十足地近代化了。……鸡毛球是一种缅甸式的游戏。这球是用一个小的圆形软木塞做的。围着这塞扎一圈鸡毛。球场骤然看来:它的大小和悬网的高低,都很像普通的排球场。打这球的方法和打网球一样,可以单打或者双打。打的时候,技术和打网球相似,用的就是一种轻的网球拍子,可是球不许落地。对于会打网球的人,接这种球没有什么困难,只是发球需要一点特殊的技巧。"②

遮放多(英培)土司在护浪村监工修筑滇缅公路。筑路的民工住在简陋篾棚里,多土司的西式白帆布帐篷搭建在篾棚旁边;晚间多土

---

① 曾昭抡:《缅边日记》,云南人民出版社2019年版,第82—83页。
② 曾昭抡:《缅边日记》,云南人民出版社2019年版,第83—84页。鸡毛球即现在的羽毛球。

司住在帆布帐篷里,"白天他却是在这帐幕前的一座大蔑棚里,和他的随员和监工等一起办公。在这棚的右边停着他的自用小汽车。棚子里面,一张床上,放着一架哥伦比亚牌的留声机,旁边堆着两大堆的唱片。唱片的内容大部分是梅兰芳的旧戏和王人美的新调。各种各样的'毛毛雨',一应俱全。在这种荒野简陋的地方配上这种摩登的设备,这是怪有趣的。多土司是土司当中要算一位讲求新生活的青年。他不娶妾,不抽大烟;并且还自己来到护浪监工,实在是一件可佩的事。我们见他的时候,他是上身穿着一件西式衬衫,打的一条红色的领带,下面着了一条中国裤子,穿上一双低统皮鞋"。①

在思普沿边,贵族也同样"时髦"。土司的子弟以西装革履为荣。"猛捧土司的弟弟,穿着笔挺的青哔叽西服,雪亮的纹头鞋,中分头,戴一顶呢帽,鼻架克罗克,手舞司的克②,俨然是十足的洋场少年。"③

除土司外,平民的服饰与行为在这一时期也有所变化。待到芒市街期,街上所看见的几乎全是夷人。"夷人男子的装束,现在和汉人没有什么区别。妇女装束却完全两样……摆夷妇女,已嫁者头上挽髻,髻外四周用青布包缠,成一种圆筒的形状,远看像戴着一顶高帽子。未嫁的女郎,打着一条小辫,将辫绕头缠一周结住,很是美观。她们穿的,普通是白布大扣对襟短褂和黑布裙,下面赤着脚……有少数摆夷妇女已经改作新式汉装;不过她们的头发,却仍然保持原来的样子。"④ 以前土司出来的时候,路过的地方,夷民全部成排地跪在路旁迎接。滇缅公路初通的时候还是如此。路通以后,由中央来这区的人太多,如此不胜其烦,芒市、遮放两处土司乃下令废去这种礼节,不准夷民再事跪接。

遮放是滇缅公路中国境内最西的车站,距昆明926公里。"经由缅甸来的外国货品,由海船运到仰光之以后,坐36小时的火车到腊戍,

---

① 曾昭抡:《缅边日记》,云南人民出版社2019年版,第104—105页。
② 司的克为英语stick的英译,即手杖。将手杖称呼为司的克是当时用手杖者的时髦语。
③ 姚荷生:《水摆夷风土记》,云南人民出版社2018年版,第116页。
④ 曾昭抡:《缅边日记》,云南人民出版社2019年版,第85页。

再由腊戍用运货汽车运到遮放交货。在这里，绝大部分的货物改装中国方面的运货汽车，运往昆明。因为这种缘故，遮放以前是极其简陋的一座穷乡小村，现在却已经变成一处五方杂处的交通要站……当最初几部运货汽车走过的时候，路旁站满了成行的摆夷和山居人群，他们带着惊奇的面孔，望着汽车拍手叫喊。现在在遮放，汽车已经是最不出奇的一种东西。几十部，甚至上百部的汽车，每天开过这里，停在这里，街上的店铺增加了不少，到现在已经成为一小段的闹市了。"①

畹町是随滇缅公路通车而在极短时间兴起的一个镇子。曾昭抡抵达畹町时，看到的景象是："畹町河上，完全看不出两国交界的样子……桥的两端连警备的岗位也没有，只是在离桥不远的地方，双方各在自己境内设有一处检查所……因为公路新通不久，畹町河的两边还只有一些茅顶的篾棚子。不过，中缅双方现在都在积极建设这交通要点。大概不到一年，这河的两旁一定会有比较新式的建筑站起来。我们先到的缅甸检查站……他们对我们很客气，请我们到他们的食物棚里喝红茶。那棚子也是一座茅顶篾棚，简陋得和中国方面的篾棚差不多；可是里面满储着摩登食品——锡兰红茶、腊戍白糖、罐头牛奶、西式点心，一应俱全。在这边疆上的地方，吃这么一顿不要钱的近代化的茶点，似乎觉得特别爽快。"② 待到 1941 年，畹町人口由"百余人激增至年底三千人左右，多系机关员工及商人，其中汉人占大多数，杂以少数民族以及印缅人"③。

伴随滇缅公路开通而来的人流、物流在滇缅公路沿线形成一条五方人员杂处、现代与传统交织的斑驳场景。"遮放有酗酒的印度司机，有夷装的摆夷女郎，有赌博的工人，有西装的少年，现在还有很摩登的太太们。据有人云，有时拿刀杀人的'野人'，也来街上凑一

---

① 曾昭抡：《缅边日记》，云南人民出版社 2019 年版，第 95 页。
② 曾昭抡：《缅边日记》，云南人民出版社 2019 年版，第 108—109 页。
③ 《中国银行畹町办事处》，德宏州史志资料编委会办公室：《德宏史志资料》（第 13 集），德宏民族出版社 1990 年版，第 159 页。

手。"① "在白天的时候,遮放的人们各人忙着自己的事,除掉逢着街子的日期,街上并不太热闹,咖啡馆的生意清淡到一种程度,使该馆的主人走到街上,帮司机们上汽油。一到上灯以后,情形却大大地不同。整个的市面活跃起来,一直到半夜方才渐渐地静下去。在市面的南端,路西有一家赌场。这地方白天看去不过是一座极简陋的茅顶篾棚,一点生气也没有。可是一到晚上,这里就正式开赌。两盏大的打气灯,点得比昆明的大商店还亮。一张大菜台子,一端坐着庄家,四周围满了赌客。他们赌的方法,是用两颗骰子,押六方……不过十分钟,已经看见庄家前面堆满了中央票,像一座小山似的;赌客却只见输,很少看见赢。"②

三　外来人的生活

民国时期进入滇西的各机关和公司人员,全仰赖政府发放的法币工资。由于边疆地区主要使用银币(主要是缅甸卢比、云南半开银元和法国银元),加上民国政府法币体系快速崩溃,法币兑换银元比率下降,机关人员和公司职员的生活水平下降速度惊人。

抗日战争全面爆发至日军进攻腾龙沿边和普思沿边之间,国民政府在边地初推动法币政策,法币与银币的兑换比例尚可。这一时期,依靠政府定期发放工资来生活的政府官员和职员,生活水平尚可维持。如富滇新银行关于设立芒市分行的相关文件中,给出了一个部分职级员工的工资。其中方克光为分行经理,支第 15 级薪,每月支新币 380 元;从腾冲行营业部主任陈金灿为芒市分行营业部主任,支第 24 级薪,月支新币 230 元;周涓为二等助理员,支 41 级薪,月支新币 85 元。分行司书,月支薪水新币 100 元;事务员,月支薪水 60 元。③ 而在 1939 年,"芒市新币 1 元可兑银元 1 元。新币 1 元以前在

---

① 曾昭抡:《缅边日记》,云南人民出版社 2019 年版,第 98 页。
② 曾昭抡:《缅边日记》,云南人民出版社 2019 年版,第 97 页。
③ 《富滇新银行芒市分行》,德宏州史志资料编委会办公室编:《德宏史志资料》(第 13 集),德宏州民族出版社 1990 年版,第 162 页。

芒市可买米 20 斤，现在仅得八九斤"①。在李景汉的调查报告中，"1938 年 11 月时，芒市 1 卢比（银元）约兑换国币（即新币）2 元 8 角（而在 1937 年以前国币仅 1 元一二角即可兑换 1 卢比）。国币 1 元可兑换云南本地铸造银元 1 元 2 角。普通傣族家庭（假定 5 口人）一年除去缴纳土司之外还有约 300 箩谷，打成米可值国币 200 元"②。从 1940 年数据来看，外来人员所得工资远较平民所得为高，应可在芒市过比较宽裕的生活。

这一时期赴腾龙沿边的内地人数量最大、最为集中的，应该是修筑滇缅公路的工人。修筑滇缅公路期间，虽然没有确切从保山征调到芒市、遮放的筑路工人数字，但为数应不少，如遮放街上公路转弯出路西的寺庙中，"里面满躺着抽大烟的工人"③，"因为筑路工忙，工人找不到这很多地方住，（遮放土司衙门）二门以外，晚间完全被工人占据，满地吞云吐雾，衙门的尊严已经扫地"④。土司大堂屏风旁边，堆着许多袋米，还挂着有几块腊肉。"多土司正在路上督工，大堂上居然摆着张方桌，有些工役在那儿吃饭。"⑤

修筑滇缅公路期间，本地工人与外地工人合作的办法是，外来的工人专管修路面，本地征来的工人管运石头和打碎石头。关于工资问题，原来云南省政府规定的办法是："本省境内修路一律采取义务工役的制度，不但不给工资，连伙食也要自己带。这次修滇缅公路，中央原来预备对所有的工人一律发给工资。后来省政府方面认为，这事不但与过去的义务工役制度有所冲突，并且恐怕妨碍将来的征工修路，因商得折中办法，凡由本地方征来的义务工，一律照旧不给工资和伙食；雇来的一人到另一处做工的（例如由保山雇来工人，到遮放

---

① 陈碧笙：《今日云南之现金问题》，《今日评论》1939 年第 1 卷第 20 期。
② 箩是傣族地区常见的衡量单位，1 箩米约等于 420（市）两。以上内容参见李景汉《摆夷人民之生活程度与社会组织》，《西南边疆》1940 年第 11 期。
③ 曾昭抡：《缅边日记》，云南人民出版社 2019 年版，第 97 页。
④ 曾昭抡：《缅边日记》，云南人民出版社 2019 年版，第 99—100 页。
⑤ 曾昭抡：《缅边日记》，云南人民出版社 2019 年版，第 100 页。

做工），每人一日给付工资国币4角，伙食在内。由此，则筑路工人每月可得薪酬12元。相较于政府公务人员所领津贴，确实是少之又少。"

在此稍早之前，普思沿边佛海县从事茶叶加工的工人，得益于这一时期茶叶贸易的短暂兴盛，也能在边地获得相对稳定的薪酬。洪记茶庄从思茅聘请来的揉茶师，不仅全部旅费由洪记从优付给，还可乘滑竿，有人跟随服侍。揉茶师伙食规定六菜二汤，两全荤、四岔荤。有一次采买人买不到鱼和猪肉，只有一全鸡，揉茶师便砸碗甩筷掀桌子。老板只得乖乖地向临近茶庄借用猪肉，重新由厨房另外做两桌菜，他们方动手揉茶。揉茶师每日工作6小时，上午6点至中午12点。他们的工资按件计算，每揉一担计1.1元，每制成紧茶1担，各项工资算下来大约十五六元（平担30筒，每筒即每包7个，共210个；满担即一驮为36筒共252个）。一个揉茶师每天工作6小时，一个月可得工资66元。当时生活费较低，每人每月的伙食费约2.5元至3元；佛海县政府科局长月薪为24元，所以揉茶师的生活非常优越。但其他工人的工资则相差很远，其中拣茶工每月9—10元，剁茶工每月12元，称茶工每月8—12元，包装工每月12元，扫箄叶毛工每月12元，打杂工每月8—12元，厨师每月15元至三四十元。① 从数字来看，各种工人所得报酬，大约在县政府科局长薪酬的半数左右，相差不远。

但是，随着国民政府财政体系的混乱程度加深，不但内地通货膨胀加速，法币购买力快速下降，在边地一带，法币兑换银币的比率也随之下跌。至1948年以后，国民政府政权危机日甚，此时刚刚发行不久的金圆券币制也濒临崩溃，依靠政府发放工资生活的公务人员在边地的生活很快便难以为继。

---

① 李拂一：《佛海茶叶与边贸》，勐海县政协文史资料委员会编：《勐海文史资料选辑》（1），出版社不详1990年版，第123—124页。此处记载没有明确时间，只能推断是在1940年茶叶外销高峰及之前。另外，佛海县科局长工资月薪24元，与前文1940年芒市富滇新银行芒市分行方克光代行长第15级薪的月薪380元相差较远。

第六章 城市与边地人民生活

第三节 边地人群节日期间互动

民国政府改县设制之后，虽然边地普遍存在传统土司政权与民国政府并立的双重政治体系，但边地人群逐渐适应从传统土司的属民向现代国家的国民的身份转换历程。在这期间，无论是傣族还是其他民族，在承担传统土司政治体系所应提供的地租和劳役之后，还须承担民国政府制定的门户捐和其他捐税以及修路、建校、建飞机场等劳动，客观上使得平民的生活压力陡然加大。另一方面，随着抗日战争全面爆发，内地人群大量进入边地，加深了边地人群与内地人群的联系和交往。内地人群所带来的关于国家的观念、抗日战争所爆发的家国情怀，在边地人群中引起一定的共鸣和同仇敌忾的情绪。在20世纪三四十年代之交，随着普思沿边茶叶贸易的兴盛和腾龙沿边滇缅公路的全线通车，两边地曾有一短暂时间的繁荣。这短短两三年的时间是民国时期边地发展的黄金阶段，也是边地人群互动与往来最为顺畅的时期。

关于这一段时期边地社会不同人群间的互动，以张镜秋所记佛海县城和姚荷生所记车里县城和宣慰街的节日场景较为生动。以下所用文字，也主要出自张镜秋和姚荷生所记。姚荷生所记宣慰街和车里县城的节庆，发生在1939年至1940年；而张镜秋所记佛海县城各节庆，是在1941年至1942年。

一 元旦与春节

普思沿边人民对于节日有一种格外的热情。传统的节庆已很多，如傣历新年、关门节、赕佛节、开门节，各种大小佛事活动等。民国政府在边地推行内地风俗，边地人民又与进入边地的内地人群一道，过上元旦和农历新年（即春节）。

> 孟海城中每年要过三个新年，一个是"国历"的新年，一个

· 277 ·

是旧历的，还有一个是桀历的。新年元旦，这天孟海镇的象山操场上，挤满了很多庆祝"国历"元旦的人们。到了夜晚，微觉清寒砭肌，象山上面的演说台，做了戏台，排演滇班旧戏。镇上的男男女女，一个个披着大衣，握着电筒，也有提着马灯来的，都聚拢在象山操场上，欣赏内地风味的滇班旧戏。操场的外围，到处，都有一些临时摆摊子卖吃食的小棚子，到处闪烁着灯火。①

到了农历新年，"车里街上的汉人家都换上新的春联，噼里啪啦地放一阵爆竹，居然是新年的气象"②。在新年的三日中，普思沿边边民盛行一种丢包的游戏。丢包活动"旧仅行于桀历元旦，今则凡遇中历春节，彼等亦迎合助兴焉"③。按照普思沿边的惯例，重要节庆期间的重要活动均须在宣慰使所在宣慰街举行，丢包活动也同样如此。"新年的这天下午，附近各寨的姑娘都盛装结队到宣慰使府前集中，每寨一队，由全寨最漂亮的姑娘在前面领队，一共有五六十人。每人手里抓着一个菱形的布包。包的每边宽约3寸，里面填着棉子。四角有4条五色的带子，正中央钉着一根二尺长的绳子。这便是丢包用的花包。在年轻姑娘的后面站着几位中年妇人，提着盛满鲜花和槟榔的篮子。一会宣慰使和他的家人以及别的贵人出来到晒台。少女群里走出几位漂亮的姑娘，捧着花包向贵人们一一献上。宣慰使接过后，说了几句祝福训勉的话，并赏赐几元银元。然后姑娘们排在空地的一端，青年男子们聚在另一端。宣慰使把花包抛下，便正式开始。姑娘们手中的花包慢慢地抛向男子，男子伸手去接，如果没有接着，包落在地上，便算输了，包的主人便过来索罚款，男子便要给他二三枚铜圆。假如你觉得包离你太远，一定接不着，也可以不伸手去接，那是不算输的。初抛球时双方都是随手乱抛，后来各人发现可爱的对象，花包便不再空中乱飞，总是向一定的方向落，慢慢地成为一对一

---

① 张镜秋：《孟海镇桀历元旦"赶摆"记》，《边荒》，正中书局1946年版，第97页。
② 姚荷生：《水摆夷风土记》，云南人民出版社2018年版，第211页。
③ 李拂一：《车里》，商务印书馆1933年版，第102页。

的局面。太阳西斜,欢情更浓,规则便渐渐地不被遵守。姑娘们包抛过来,不管对方接着没接着便三个五个地拉着手跑来要。只闹得日落天暗,才在一片欢笑中分别散去。"① 遇到这种丢包,受邀来参与活动或主动跑来凑热闹的政府职员或其他内地人也是经常参与其中的。除了丢包,车里城外的其他村寨,农历新年还有打秋千的活动。

佛海城中的农历新年活动与宣慰街相似,有丢包和打秋千。农历元旦这天,佛海"虽然日丽风和,山光明净,不过看着冷落萧索,没一点热闹景象,比着国历元旦便大不相同了"。但是,仍有打秋千、汉㩗夷的丢包活动。"打秋千的位置在普洱街头,公路外边的稻田里,插了两根很高的大竹竿,一根横梁上,拴着粗鬃绳子的两端,束了一块踏板。"②

佛海县的丢包活动主要是在汉㩗夷③人群中举行,佛海"县党部在象山的冈头,坡脚一排茅屋,是几家汉㩗夷住的"。这几家"汉摆夷的姑娘们,年轻的女人们便在自己的家附近,坡脚路边的场子上丢包……一簇汉㩗夷姑娘女人们,站在一边,离他们站的地方有三四丈远的对面,站着几个爱玩闹的内地汉人,这时同我来的克卿也加入了他们的集团里去……她们抢着包的,提着包的花缠,向男的这边,丢了过来。男的便要看准了伸手去接。假如不能接获,包落在地上,便算输了。只好拿钱去给那丢包的姑娘。假如你不自动的拿钱给她,那么她便要来你的身上搜钱了。若是搜不到,她更不客气的要你身上的东西。你若手上戴着金戒指,她便要拿去,袋里挂着自来水笔,她也要呢。若是你把包丢去,她们没一个可以接着,你若不害羞,也可以要她的钱,或是搜她。……可惜今天丢包的她们,有的已经徐娘半老,有的是年已及笄,羞答答的不大好意思的样儿。丢包到男的这边来,接不着,落了地,他们不拿钱给她们,她们居然也不好意思来要、来搜、来抢。男的这方面把包丢过去,她们一个都接不着的时

---

① 姚荷生:《水摆夷风土记》,云南人民出版社2018年版,第211—212页。
② 张镜秋:《孟海镇㩗历元旦"赶摆"记》,《边荒》,正中书局1946年版,第98页。
③ 汉㩗夷即汉傣,是对傣族一支系的俗称。

候,他们更不好意思向她们去讨钱、搜钱了。"① 相较于姚荷生所记宣慰街及附近村寨的丢包活动,佛海县城汉僰夷农历新年举行的丢包活动,人数规模都要稍逊一筹。

二 傣历新年

普思沿边的傣历新年主要有堆沙塔、赛船、放烟火、拜年、泼水等活动,与现在的傣历新年活动基本一致。

堆沙塔是在新年第一天的上午举行。前一天人们挑很多沙堆在缅寺的院中。元旦的早上,和尚们就把沙在地上堆成三五座宝塔,上面插几根缠着红绿布条的竹篾。塔高约三四尺,工拙的程度要看和尚的手艺如何。据说车里的摆夷堆沙时,态度不如景谷的旱摆夷认真,技术也不及他们精巧。堆完沙塔,和尚们坐在佛殿里高声诵经,阖村的男女蹲在下面静静地听着。当和尚们快要诵完的时候,厅门便抓把铜圆,纷纷向他们抛去。②

元旦日的下午,在宣慰府前的江中举行赛船。澜沧江在这里正转一个大弯,江心还有一片沙洲把江分为两半,仅宣慰府的这一半,江面较窄,水流平稳,赛船没有一点危险。岸上和沙塔上临时搭了许多竹棚,岸上的棚内是太太们在卖米线和其他零食。滩上的棚内都是未婚的姑娘,有些卖生荸荠,有些卖米酒、熟鸡,有些卖红纸竹骨的折扇。连绵数百步的粉白黛绿。沙滩中央另有三大间竹棚,里面大床上铺着毛毯和烟具,这是为宣慰使全家和大臣们预备的。③

沙滩上的人愈聚愈多,把空气嘈得沸腾起来。各寨的姑娘也都排队走来,她们穿着新衣,戴着鲜花,撑着纸伞,细步姗姗。

---

① 张镜秋:《孟海镇僰历元旦"赶摆"记》,《边荒》,正中书局1946年版,第98—99页。
② 姚荷生:《水摆夷风土记》,云南人民出版社2018年版,第216页。
③ 姚荷生:《水摆夷风土记》,云南人民出版社2018年版,第218页。

其中有不少和我们①熟识的,向着我们点头微笑。一片锣鼓之声之后,赛船的队伍结队而来。每个人头上戴着一顶纸做的奇形怪状的冠冕,前面的敲锣击鼓,后面的人扛着木桨,在沙滩上游行一周,然后上船去。参加竞赛的船共有5只,一只是橄榄坝的,一只是景哈的,其余三只全是景洪坝的。船上装着纸扎的龙头和龙尾。每只船上有十五六个选手。船首的一人戴着纸冕,船中坐着的前四个人敲打锣鼓铙钹,后面十个人划船。不久三声炮响,宣慰使由府起身,龙旗、国旗飘扬而来,旗后召景哈坐着赤兔马,左右有人撑着两把大金伞,随后一排缅刀队和一排来福枪队。宣慰使没有骑马,在大金伞下一面走一面挥舞着手杖,后面跟着他的家属和许多大小的头人。宣慰使进棚坐定后,竞赛正式开始。竞赛结束之后,赛船队员把船划到滩边,拖着桨走上滩来,到宣慰使坐的棚前一起跪下,高声歌唱,庆祝新年。宣慰使命左右赐他们每人一杯酒和少数的钱,获得冠军的船的选手,每人另赏一块薄银片。暮色苍茫中,人们纷纷离去,宣慰使也起驾返宫。一会儿炮声三响,表明他已经抵府了。②

元旦这天的晚间,各寨在空地上放火花。他们的火花,做得像一个极大的爆竹,放在地上,燃着火线后,不久就听得嗤嗤的声音,不久便有万点萤火从筒中飞出,鼓声也开始咚咚地响起来。人们在火花周围排成许多同心圈,跟着鼓的节拍跳舞,直闹到夜半方罢。③

新年期间,摆夷也有贺年的礼节。各猛的土司都派祝贺的专使到车里来,由召景哈率领去朝谒宣慰使。一个一个地依着地位的高低膝行到宣慰使前,呈上土司的贺礼,并背诵祝词,然后代表土司向宣慰使宣誓效忠。宣慰使则用手在他们头上摩抚,并为

---

① 指姚荷生一行人。
② 姚荷生:《水摆夷风土记》,云南人民出版社2018年版,第218—219页。
③ 姚荷生:《水摆夷风土记》,云南人民出版社2018年版,第219—220页。

他们祝福。在平民家中，年轻人则向长辈拜年。①

新年的初二、初三两天，每座寨子的外面都搭起一个竹台，以宣慰使街的竹台为最高，约三四丈。人们在台上放高升。每天下午，各寨的男子结队到城里来向县长和要人们贺年。走在前面的是些音乐家，他们拿着大鼓小鼓、大锣小锣和一种叫作"匡"的鼓，后面的人抬着高升。他们都穿上新衣，用红色的丝绸包头，上面插着很多山花，一路嘻嘻哈哈而至。到了县署里面，领队的头人恭请县长夫妇就位受贺。县长和他的家属坐定后，就有人爬上树去放高升，树下的人和着鼓声跳起舞。另外一些人走进客堂里，席地而坐。县长命人捧出一小缸酒来，放在堂屋中央，每人用茶杯舀了一杯喝下。于是便有一个人吹着布垒②，旁边一个人打开红纸折扇，遮着脸的下半，和着笛声唱起来。直到酒缸已空，才告辞出去。县长夫妇赏赐几枚银牌和几元银币。离了县府后，这些人又挨次到有地位的人家贺年，同样地放高升，跳舞、喝酒唱歌，到了日落西山，才踉跄归去。③

在这两天内，人们在村寨中也时时跳舞。当他们跳得正酣时，妇女们笑着把冷水泼到他们身上，浇得浑身淋漓，像一群大雄鸡在暴雨中乱跳。被泼的人不但不能生气，还要装得很高兴。④

在佛海县城，傣历新年活动的重点，在于浴佛和赶摆。浴佛在位于孟海镇大同街上段的缅寺举行。时为佛海县政府秘书的张镜秋与朋友一行人到了缅寺门口："便见门里门外，一簇簇拥挤着的'哀尹'⑤'骚龙''骚乃'⑥，一个个装饰新洁，鲜艳夺目。进到寺门里，

---

① 姚荷生：《水摆夷风土记》，云南人民出版社2018年版，第220页。
② 布垒，现在通称为筚，是西双版纳傣族的一种传统乐器，似笛而非笛。
③ 姚荷生：《水摆夷风土记》，云南人民出版社2018年版，第221—222页。
④ 姚荷生：《水摆夷风土记》，云南人民出版社2018年版，第222页。
⑤ 哀，译义为人；尹，译义为女；哀尹，即女人。张镜秋：《孟海镇傣历元旦"赶摆"记》，《边荒》，正中书局1946年版，第110页。
⑥ 骚，译义为姑娘、少女；骚龙，即稍年长的姑娘；骚乃，即稍年幼的姑娘。

第六章 城市与边地人民生活

也有一些摆摊子，卖零食的。摊子上的吃品，有的是米线、有的是米干、有的是糖、是酸果、是腌梨……"张镜秋一行人进到佛寺的边间里面，"竟碰见了不少的熟人，国民兵团的杨副团长鼎力，县党部的徐委员浩如，还有南峤县党部马书记长骏如，佛海富滇分银行的钱瑞歧君、李光禄君，县政府的龚静之君，都在这里"①。

浴佛在佛寺大殿里。"佛殿周围檐下，今天都摆满了水桶，做洗佛之用。檐阶上坐满了穿新衣裙的衰尹、骚龙、骚乃们，她们都等着到了时候，提水进殿里洗佛去。……要洗佛了，便见许多人向佛殿里蜂拥而入。这时佛像面前，神龛的里面立着两三个爬龙②，下面一些衰尹、骚龙、骚乃们，便把水桶对准佛像冲倾，使帕龙可以用手洗净佛像一年来金身上堆着的尘埃。实际佛像终年都穿着黄色布的袈裟，金身上殆无灰垢的。骚龙们泼水洗佛，带着一点游戏的性质，有时竟把水泼向爬龙的身上来。甚且泼得他们满头满脸，只图好玩，也不管他们高兴不高兴。爬龙在佛像前，一点躲闪处都没有，被骚龙、衰尹们浇得满身淋漓，像从水缸里捞起来的一样。"③

当天的浇水洗佛，还发生了一桩更有趣的事：

> 浇水的一群骚龙里面，夹着一位汉装打扮的摩登小姐在内。她的上身穿件白绸短袄，下身穿一条蓝色长布裤，短发披肩。当骚龙们泼水浇爬龙的时候，人人都提着水桶向上倾灌，很是费力；只有这位小姐提着漱口缸舀水浇爬龙，这是最轻便而且新的作风。几个爬龙倒被她浇得好像水老鼠一样的怪叫。他们急得没法，把袈裟扭出水来，转浇在这小姐的身上，看的人们都哗然大

---

① 张镜秋：《孟海镇傣历元旦"赶摆"记》，《边荒》，正中书局1946年版，第100—101页。

② 爬龙，即大和尚，指年约十五六岁至二十五六岁之间，对佛理之造诣尚未深进且无与异性接触之戒律。张镜秋：《孟海镇傣历元旦"赶摆"记》，《边荒》，正中书局1946年版，第110页。

③ 张镜秋：《孟海镇傣历元旦"赶摆"记》，《边荒》，正中书局1946年版，第101—102页。

笑。等到所有的水桶里的水，都提进佛殿里灌倾完时，佛龛的下面，已被水淹了。后来那位小姐把一满漱口缸水，慢慢儿递给佛龛上站着的一个爬龙，这个爬龙接了过去，转递给站在佛膝上面的一个爬龙，这佛膝上的爬龙，接了这缸水，又转递给那站在佛肩上的一个爬龙。那爬龙把水接了，从佛顶上倾倒下来，一时芳香扑鼻。站在我身旁的一个少年无意地和我说，秀兰把一缸花露水给爬龙从佛顶上倒下来。①

洗佛完毕，下午一点钟后，开始赶摆。张镜秋"到了赶摆的广场上，到处都见簇簇的新装㑩妇"。

这赶摆的广场的西首，立着很高的四根竹竿，搭成一个放火花的高架。斜挡着两根竹竿，竿间束短柴棍，以为阶梯用。每个放火花的人，蹬着柴棍，爬了上去……爬到高架上面，便像瞭望台一样，四处景物在望。场中稍偏北处，也用短竹竿搭了一列矮棚子，连通三四间。棚子四边和顶上，都用新摘树叶编搭起来……凉棚外面，顺边都摆满食物摊子。有的是零食小摊，卖点腌梨、朝阳子、落花生、烟，这多半是水㑩夷的摊子。有的卖点米线、米干，便要置一个炉子，一口铁锅，一个瓦锅。铁锅是要来烫米线和米干的，瓦锅是盛肉汤的。这便是汉㑩夷的做法。汉人们摆的摊子，规模又稍大点。虽然他们也还是卖米线和米干，可是他们的摊子上，更摆着一些煮好的鸡、鸭，也还摆着一些卤好的猪肉、牛肉、猪肝、杂碎，又摆着大缸的酒。此外他们还设备几张矮桌，几个篾凳，使顾客们可略加舒服地坐着吃。㑩夷们便好像不愿意这样的方便顾客了。……在瑞日的日光照中，呈现出一幅绚烂耀眼的图画来：在我们眼前走来走去的那一些哀尹和骚龙、骚乃们，一个个穿得绮丽夺目，上袄下裙，都用细软，不

---

① 张镜秋：《孟海镇㑩历元旦"赶摆"记》，《边荒》，正中书局1946年版，第103页。

同平日。有的穿着宝蓝色天鹅绒的短袄，有的又把天鹅绒用作筒裙穿的。有的穿秧黄色上袄，着深绿绸缎红白绸条花筒裙的。有的着草绿色天鹅绒不加条花的素裙，有的着春花紫色裙的，或是春花色的上袄，都很别致。①

紧接着，在缅寺中念完经的和尚们也来到赶摆场：

只见牵头带队伍的四人，他们大概是二佛爷和几个大和尚，带领着三四十个小和尚，今天都特别穿着雪白的对襟学生装上衣，下缀雪白裹裙，或秧黄色大裤。人人都戴一顶大红色瓜皮棉帽。那杏黄的袈裟，不像往日任意披着，而是卷裹成条，从右肩上斜挂到左臂腋下。脚上都穿着鞋袜，一律是白色洋袜和青色扣鞋。……尤为特殊的现象，便是带队的四位二佛爷和大和尚，都是二十岁上下的青年，每人的脸上，装饰着一副墨晶眼镜，有如内地的摩登女士一样。他们一直走进凉棚里面，没一刻钟，便听见从凉棚里散布出来的歌声……过一会儿，又见二佛爷们带了队伍，走出凉棚，走到火花台子的前面，歌声也悠远了。②

和尚们念完经，队伍解散，"爬龙、爬乃们便水涌般地跑来，向小摊前去买东西吃。从我们面前走过的一个爬龙，不仅戴着一副墨晶眼镜，而且颈间还缠着一方红手帕。……'这个大和尚便是赚得了一个姑娘的爱情，所以那姑娘才把自己的手帕给了他，他把它围在颈间，表现他对爱情的胜利。'"此时，"满田坝都不断地来着人，不论汉人猤人，都是细软新装，真像一个新年"。③

---

① 张镜秋：《孟海镇猤历元旦"赶摆"记》，《边荒》，正中书局1946年版，第105—106页。
② 张镜秋：《孟海镇猤历元旦"赶摆"记》，《边荒》，正中书局1946年版，第106页。
③ 张镜秋：《孟海镇猤历元旦"赶摆"记》，《边荒》，正中书局1946年版，第106页。

三 其他节庆

在普思沿边一带,人们对待关门节、开门节的重视程度并不明显亚于傣历新年。人们待到当年开门节左右举行"私赕"和"公赕"时,官缅寺成为最为热闹的场所。罕朝猛举行私赕的那天晚上,官缅寺"青草场上,千灯万火,比昆明的'云津夜市'还要热闹。这天晚上虽然月明如昼,可是对面看人,也还有些模糊,所以场子里的电筒,闪闪烁烁,比萤火虫还要多些。这时孟海镇上的太太小姐们,也一簇簇地进了缅寺里来,沿路谈笑,好像今晚夜是大家玩乐的一个唯一机会。缅寺的这块草场,俨然变成了一个娱乐欢畅的场子了。这时场子里的情况,和先前全然不同,游人拥挤不堪,途为之塞。看左边也是熟人,看右边也是熟人,前面摇摇摆摆来的,也是熟人,后面跟着走的也还是熟人。好像整个孟海镇上的熟人,都聚集在缅寺里来了"①。

私赕时已如此盛况,但相较于公赕来说,仍稍显逊色。到了公赕的那天晚上,"莫说孟海城子里的哀仔、哀尹、骚龙、骚乃,大都到官缅寺里来,甚至孟海镇上的汉人,不论老幼男女,也都赶来了。有的肩挑负贩,到缅寺里卖吃食;有的身上带了钱到缅寺里买吃的东西的;有的来挤热闹,看玩意的……人人都好像欣欣向荣地赶进缅寺里来,寻求各人的乐趣"②。

除节庆、赶摆之类时节会引起人们特别的兴趣,给了来自不同的人群欢愉庆祝的机会之外,车里、佛海等县城还有一些官方主导的活动。如1942年在佛海县城举行的"'七七'四周年抗建大会"。

> 此次会议,参加的有县政府机关人员、孟海镇上的壮丁部

---

① 张镜秋:《国历九月十六日孟海镇官缅寺公赕盛会记》,《边荒》,正中书局1946年版,第173页。
② 张镜秋:《国历九月十六日孟海镇官缅寺公赕盛会记》,《边荒》,正中书局1946年版,第175页。

队、城子里的学生队、乡镇保甲土职训练班的队伍等等。活动内容，除了开会之外，还举行了"献金"募捐、街市游行等活动。当天晚上、第二天晚上和第三天晚上，由刚组建的"抗战歌剧团"表演了精心排演过的文艺节目。文艺节目表演地象山操场，堆满了看游艺的青年男女，四周还有卖零食的摊子。①

值得一提的是，在第二天晚上的文艺汇演中，重头戏是一场抗战题材的傣戏"岩香出征"，戏曲全由傣语表演，众多角色都由机关中的汉族人担任，但其中出现了勐海土司的大女儿刀卉芳，扮演一个慰问出征归来岩香的普通傣族姑娘。刀卉芳当时任佛海简师附小的教员，"平日都作汉装打扮，今天我才第一次见她穿傣装"②。

在1942年，佛海县城的各类集体活动非常频繁。"前述'七七献金'运动过了不久，孟海镇上接着又要举行阅兵大典。因为乡镇保甲长训练班已届毕业，暑期教师进修班也举行毕业考试；双方都在静候县府订期举行毕业典礼，须发证书，这时还有孟海镇的壮丁集训，地区编组受训期满，他们的证书也还没有颁发。又有孟海城子里的壮训队，刚刚受训期满。一共四个单位，都候着毕业典礼的举行。"③ 阅兵大典总的人数，在四五百人左右。

从姚荷生和张镜秋所记宣慰街、车里县和佛海县各种节庆与活动期间人们的生活情形来看，这一时期的普思沿边的确是一个时局下难得和平有生活气息的地区。无论是摆夷、其他少数民族还是从内地到边地的人群，皆可在这一地区享有一短暂的平静。到了1942年，日军和泰国军队向滇西、滇西南进攻，边地社会沦于战火，这一短暂的平静和黄金发展时期正式宣告结束。抗日战争胜利结束后，国民政府

---

① 张镜秋：《"七七"四周年抗建大会孟海镇傣剧表演记》，《边荒》，正中书局1946年版，第145—164页。

② 张镜秋：《孟海镇傣历元旦"赶摆"记》，《边荒》，正中书局1946年版，第155页。

③ 张镜秋：《国历九月十六日孟海镇官缅寺公赕盛会记》，《边荒》，正中书局1946年版，第165页。

在边地的治理虽有短暂的恢复，但很快又陷于混乱。直至 1950 年，普思沿边、腾龙沿边相继解放，边地社会才真正进入新的发展阶段。

小结

民国时期普思沿边和腾龙沿边发生的最为根本性转变之一是伴随改县设制，来自内地的政府官员、商人、平民等大量进入边地，从而扭转了民国初期边地一带内地人寥寥的局面。当然，受限于当时的交通和生活条件，这一时期进入边地的内地人员多集中在土司驻地或县城。

内地人员的进入给边地带来两个方面的影响。从消极的层面来看，以部分官员为代表，他们的存在和政治行为加深了边地社会与内地人的冲突，造成边地社会的动荡。从积极层面来看，内地人员的进入，尤其是抗日战争时期受特殊时局的影响，大量来自内地的政治精英、知识分子、商人进入边地进行建设与考察，不仅加强了内地对边地的了解，而且也有效地加强了边地和内地的联系。现代国家、国民、中华民族等观念开始替代传统的土司以及以南传佛教为代表的文化体系，成为边地从土司到平民的一致文化认同，这为 20 世纪 50 年代以后中华人民共和国在傣族地区建立有效的政治秩序打下了基础。

结　　论

　　从人类诞生以来，已有过采集、渔猎、农耕、游牧及现代工业等多种生产生活方式，其中，诞生于北半球温带地区大河流域的农耕文明奠定了人类社会的主要秩序。文字的创立与文载历史和文化，也使得农耕文明成为人类社会文明的主要源头。在这一文明类型和历史叙事中，城市作为文明的集中体现往往具有箭垛式的效应，伴随社会的演变而集聚越来越多的优势。大多数人以他们对城市的切身经验或晚近的历史记载来理解和想象城市，由此形成关于城市的"刻板印象"。在现代人印象中，历史上的城市，千篇一律地有着方正的高墙深壕、居中为森严的衙门乃至皇宫，而现代城市则代表着汹涌人潮、车水马龙、绚烂的灯火以及快节奏的便捷生活；这种想象掩盖了城市的多样类型以及城市所在社会的多样形态。

　　作为对以上城市刻板印象的反思，本书回归到城市所在的社会，以社会结构来解析城市的意义与形态，以及城市在社会中扮演何种角色。之所以选取普思沿边和腾龙沿边社会作为研究对象，是由于这两地以及相邻的云南省西南部直至缅甸、泰国、老挝北部地区，作为中国与东南亚社会文化的交叠地带，在文化上兼具东亚、南亚和东南亚文化特征。东亚、南亚文化向东南亚的传播，同时有陆、海两条通道。受传统交通方式和通行效率的制约，陆路通道相对弱于海上通道。由此，在东南亚沿海一带平原和三角洲以及大河两岸，出现了儒家化或印度化的较强大国家和政权；而在中国与东南亚接壤的内陆地带，受交通、自然环境制约，以天然地理屏障为基础的勐，及在此基础上形成并冠名的地方政权，成为这一地区地方政权最为典型的表现形式。勐也由此成为当地人想象外部世界的方式，并成为当地人构建规模更大政权和社会、道德以及时空宇宙秩序的核心。当然，在这以勐为代表的区域性政治体系和秩序中，同样也受到由陆路而来的东亚、南亚的文化和商品的影响。

元代及以后，中国加强了对西南地区的管理，西南地方政权相继由中央直接管理。而从明代开始，各地方政权的土司承袭受中央册封，依托中央的权威实现对地方社会更有秩序的治理，并建立了一套与被统治的平民相异的家庭传承模式、社会政治地位和财富占有方式。土司代天子戍守边疆，逢有战事或提供军队和物质参战，或直接面临战争。遇有外来的强大威胁时，向更高一级衙门求援或暂时逃回内地躲避兵锋，这些在边地土司中并不罕见。遇有土司间冲突，中央可采取调停、申斥、派兵镇压的方式加以处理，而对通敌、叛变的土司，中央则采取撤职、羁押回省府甚至京城法办、废除土司等方式进行处罚。在这一系列恩威并施的手段下，边地治理逐渐融入明清政治体系，成为中国版图必不可少的一部分。清中叶以后，中央直辖的范围暂在思茅、龙陵、腾冲一线，此线以外为土司辖区。瘴疠成为清廷拓展直辖范围的最主要障碍，以至中央虽派有驻军在思茅、龙陵以外，但受瘴疠所扰又被迫撤回。

在缅甸、泰国等东南亚国家数百年的冲突，此消彼长的大体趋势之下，它们也将治理边界逐渐向北拓展，并与中国发生接触。泰国与缅甸两个中南半岛国家在一定程度上符合以勐为基础构建强大政权的设想，从泰国历史上的兰那政权，再到素可泰王朝、阿瑜陀耶王朝，以及最后的曼谷王朝，大致可梳理出从一个勐的崛起到以其为首联合周边的勐建立联盟性质政权，逐渐发展到王朝的向心力增加，松散联盟变成一个相对集权的农业国家的历程。而缅甸北部山地以勐为基本单位的土司政权，则一直延续至缅甸被英国占领。

云南省西南部直至缅甸、泰国、老挝北部地区，作为中国与东南亚社会文化的交叠地带，最重要的政治特征是以勐为核心的横向动态连接

结　论

体系。每一个勐退可作为独立的地方政权，进可通过土司间的联姻或其他政治连接方式组成联盟，建立一个较强大的政权。这一过程并非不可逆，无论是外来强大力量的介入，还是联盟内部的解体，均可导致从较强大的地方政权回退至各自独立的勐。勐泐政权的建立和明代麓川政权的解体，大体可看作这一进、退过程的具体表现形式。

在这一政治体系中，土司的驻地即城市成为区域政治中心。按照普思沿边的傣族典籍或传说所记，各勐土司或为传说中迁徙到此地定居的人物，或为某一代召片领之子被派遣到当地。无论是哪种形式，均在确立统治秩序之后，围绕土司所居建立衙署，稳定地方秩序，分配土司和劳役，促进农业生产。换言之，从一种理想模型来看，各勐的社会秩序建构过程是从城市这一中心或种子出发，逐渐生长出一棵繁茂大树，蔓延或覆盖所统治的整个勐。而那些已有本地居民的勐，城市所生长的秩序之树逐渐替换或融合了原有的秩序。从民国时期调查所得材料来看，各勐土司所建立衙署的结构均与召片领衙署结构相似而规模略小。各衙署除有分管各项具体政务的不同等级官员外，普思沿边的土司衙署还设有议事庭这一带有一定民主形式的司法兼行政机构。各衙署和议事庭官员主要居住在土司附近，由此，城市成为土司、衙署和议事庭官员及以上人员家属集中居住的区域。

与城市的政治中心角色相适应，普思沿边和腾龙沿边各土司政权，在社会、经济以及文化方面设置了一系列相关联的制度。在婚姻家庭和社会结构方面，为维护城市居民与普通村寨居民相互分离的居住格局，普思沿边和腾龙沿边的傣族社会普遍实行贵族与平民二分的婚姻制度。土司为男性单系继嗣家庭制，以嫡长子继承土司职位为核心原则。土司盛行阶层内婚，各土司组成通婚圈，相互嫁娶子女。受地理环境和交通等因素影响，当地形成了普思沿边和腾龙沿边两个主要的婚姻圈。其中，普思沿边土司婚姻圈还可扩展到孟连、景栋、勐勇等土司地；腾龙沿边土司婚姻圈有时也扩展至耿马、孟定等土司地。土司实行一夫多妻或一夫一妻多妾制，其中妾可从平民中选择。在腾龙沿边，土司正妻通常负责保管土司官印，借此可参与土司衙署的部分决策，具有一定的政治权威，被称为印太。普思沿边的土司妻子则很少参与政治决策。由于土司通婚圈较狭窄，有时难以避免女性后代下嫁低层级贵族。这时，迎娶土司子女的低层级贵族需要付出一定金额的"买身份钱"。与贵族间婚配原则和继嗣方式有很大不同，傣族社会平民为不均衡双系继嗣家庭制，盛行从妻居，男女在婚恋、缔结家庭、离婚及再组、财产继承方面也相对平等。

在普思沿边，召片领和各勐土司间除组成通婚圈外，召片领还可委派子女到无主之勐或召勐世系断绝的勐担任首领。这从《泐史》所记勐泐政权第一世召片领叭真分别委派其三子食邑于兰那、猛交和猛老这一记载即可看出其历史悠久。叭真委派三子食邑于三地这一事虽有可能系后人为美化先祖所做之政治想象，但从民国时期宣慰使刀承恩委派其子刀栋材担任勐混土司一事来看，召片领委派其子担任勐一级土司确有其传统。由此，有历史研究者将普思沿边勐泐政权比作西周宗法制：召片领作为名义上的共主，通过分封其子担任各勐土司维持超然的政治地位。各勐拱卫召片领所在的景洪，并听从召片领的委派和调遣，承担相应的劳役和税赋。各勐还委派有代表，常驻召片领驻地，承担召片领和各勐之间政令往返和相互联络的职能。西周以宗法血缘关系推之于异姓血缘关系，因为"同姓不婚制"与"贵族内婚制"之影响，造成姬姓与诸异姓贵族皆有婚姻关系，故周天子称同姓诸侯为伯父叔父，称异姓诸侯为伯舅叔舅。在封建与宗法两种制度相结合的统治下，周民族虽然分散在广大区域，但能团结成为一贵族社会，这些贵族君临各地居民之上，用城邑控制散住在乡野的一般人民。① 但笔者认为，勐泐政权与西周的政治体制是否一致，或有多大程度的相似性，需要另文专门讨论，但从召片领与各勐土司的关系来看，召片领确实在一定程度上承担共主的角色，对各勐土司产生影响；但各勐土司如势力上升，也可不遵从召片领的政令，甚至挑战召片领的地位。周边较强大的地方政权，也可介入召片领与土司之间的

---

① 严耕望：《中国政治制度史纲》，上海古籍出版社2013年版，第22页。

结 论

冲突甚至争袭,如十一世召片领刀典和第十二世召片领奢陇法在位期间,孟连土司派钪朗法率兵介入召片领职位的争袭战争。

贵族与平民二分的社会结构,还体现在不同阶层的人所能担任的官职及所代表的社会地位上。土司及其亲属组成贵族阶层的主体,占据了土司衙署官员体系中的大部分职位。平民出身只能担任土司衙署低级别官员和村寨头人。土司的远亲逐渐变成自由农民,平民等级中,除自耕农外,还有大量的土司仆役。这些仆役的来源主要是不同阶段从其他地区,包括内地和缅甸北部、老挝北部一带迁来的农民和少部分因战争、欠债、纠纷而失去自由的人。按照社会地位从高到低排序,依次为召片领和其近亲,土司和其近亲,召片领和土司远亲,平民,仆役等层级。但在平民和仆役之间,社会地位有时还随与土司的亲近程度而有所不同,部分需要承担召片领和土司家庭保卫职责和服务任务的仆役,因长期居住在城内或城周边,作为土司的亲近人员,其社会地位并不比平民低。

在这种贵族与平民二分的社会结构中,贵族在政治权力上实行垄断,平民世世代代处于被统治地位。这种不平等的社会阶层划分之所以能长期存在,与普思沿边和腾龙沿边独特的土地分配制度有关。大体而言,以上两地区的土地多属村寨公有,后期变成名义上为土司和召片领所有,平民拥有使用权的制度。各村寨在土地共有的基础上,按照户数的多少将土地定期重新分配,保证每户家庭占有面积大致相等的田地。由于普思沿边和腾龙沿边人口密度较低,每户家庭所分配的田地,以20世纪50年代初期的统计数字来看,多数在10亩至20亩之间。不同村寨由于建寨时间的早晚,占有周边土地的面积有多寡,导致不同村寨间每户家庭占有面积有多寡,但在同一村寨内部,则不存在明显的差异。这种相对的均等,保证了农民之间不致发生因土地而产生的纠纷。同时,村寨间如土地面积差异过大,则寨田面积小的村寨可向寨田面积大的村寨租入土地,再分配给本村农民使用。在村民内部,也可实现村寨间的自由流动。迁入和迁出的手续都非常简便,只须携带些礼品,征得村寨头人同意即可迁出和迁入。对于迁入的村寨来说，除非土地已特别紧张，否则对于迁入的家庭经常是持欢迎态度，概因又多了一户家庭可分摊劳役。村寨间相互租赁土地和村民的自由流动，保证了村寨间每户农民占有土地的面积不致相差太大。由此，普思沿边和腾龙沿边的农民，可过一种均质化且大致温饱的生活。富人和贫民的差别，无非是多养了些牛、猪，因家庭人多的缘故多有一些土地（包括新开辟的一些私田以及份地之外从无能力耕种全部田地的家庭租入一部分土地）。以20世纪50年代的土地占有和农民阶层划分来看，中农占有的比例普遍超过60%，甚至是70%。这是保证普思沿边和腾龙沿边在社会政治权力划分极不平等的条件下社会秩序能数百年保持稳定的重要基础。

与土地公有、定期分配的土地制度相配合，召片领和土司按照土地面积占有田租，并以村寨为单位分配劳役。召片领和土司名义上占有所有土地之后，要求种地的农民缴纳一定数量的租谷。租谷缴纳的比例一般在产出的10%至25%之间。同时，召片领和土司分配各种劳役至不同村寨，由村寨内部的村民轮流完成。这些劳役，覆盖召片领和土司生活的方方面面。逢有节庆、召片领和土司家庭重大事项发生，其领地的平民还需要额外提供各类劳役，以保证节庆和重大事项的顺利完成。"种地出负担"是对普思沿边和腾龙沿边社会土地制度和与之相结合的劳役制度的简要概括。在田租和各项劳役的支持下，召片领和土司享受一种超越平民的优越生活。

召片领和土司衙署的官员，按照等级的高低分别领有不同面积的土地。这种薪俸田往往与职位绑定，而不是官员私人占有。少部分级别较高的衙署官员，占有的薪俸田面积非常广，且可享有平民提供的部分劳役。即使是低等级官员，分配的薪俸田面积也明显超过平民所领有的份地。同时，由于官员的薪俸田大多由平民无偿耕种，且不用上缴田租，因此，多数衙署官员的生活要远较平民为优渥。

在贵族与平民二分的社会结构中，贵族依托平民提供的田租和劳役享受一种悠闲的生活，平民在份地制基础上忙于农业生产和各项劳役，这种以农业生产为根基辅以劳役的生活方式，在一定程度上限制

结　论

了边地手工业和商业的发展。普思沿边和腾龙沿边的手工业，长期以来以满足基本生活所需为主，所产出的主要手工产品，如纺织、陶器、竹器、铁器、银器、造纸等，均直接服务于本地人群的生产生活。迄至民国后期，边地纯以手工业为主，基本脱离农业产生的家庭，为数非常稀少。当然，种地出负担的土地与劳役直接挂钩的制度，也在一定程度上限制了纯手工业者的出现。

手工业既不发达，一定程度上又限制了商业贸易的发展。召片领、土司和衙署官员所在的城市作为区域性政治中心，往往也成为人群定期集聚的中心。在商业贸易不发达的背景下，人们仍有物品交换的需要，土司驻地在这种情况下优先成为自发的货物集散地。以清代后期到民国时期的调查来看，普思沿边和腾龙沿边，常见 5 日一次的定期集市。集市的分布与土司驻地有较多的重合，即城中往往分布有集市。在城中，除常见的 5 日一期的集市外，逢有重要节庆，因城中四方人员辐辏，往往还会有临时的商人和商品集中交易。除这一类城市外，部分交通便利的地方也有可能成为集市。

在以城市为核心的政治、社会和经济体系中，城市与南传佛教也逐渐耦合。南传佛教为土司政权提供统一的超越性崇拜对象和宗教组织体系，一定程度上提升了土司政权的集中性和合法性。普思沿边和腾龙沿边原有的民间信仰体系呈现出明显的分散特征。家神、寨神、勐神三级崇拜体系，分别对应家庭、村寨、勐三级政治组织单元。家神、寨神和勐神虽有名义上保护范围的彼此包含与被包含关系，但无地位上等级高低之分。家神、寨神、勐神互为不统属关系，且在各自最重要的祭祀活动中，都需将房屋、村寨、勐作为一个封闭的空间，用草绳和达寮将其封闭，具有明显的排他性特征，且勐神作为民间信仰及崇拜活动的最高对象，彼此间也互不统属。由此，民间信仰的崇拜体系和祭祀活动不能为傣族社会建立统一的地方政权提供意识形态支持。南传佛教传入之后，其崇拜对象、僧侣组织和宗教活动与傣族社会建立统一地方政权的政治目标相对吻合，因而得到土司的支持，取得较快的发展。南传佛教与以城市为核心的地方政治体系相配合，

· 295 ·

在城市建立地位最高的官佛寺。官佛寺的住持，通常也是该地区僧阶最高的僧侣，承担管辖全地区佛寺和僧侣的职责。召片领通常被授予至高无上的佛教荣誉称号。南传佛教与政治的耦合为城市及相关联社会、政治、经济纽带弥补了最后一环，由此，普思沿边和腾龙沿边社会的城市就成为政治、经济、社会、宗教相互关联的完整环链的集中象征。

城市作为普思沿边和腾龙沿边社会环链的象征，其外在形制却并不突出。勐泐政权召片领所在的城，即宣慰街，又称景岱，作为普思沿边的政治中心，传说历史上曾有过人口超过10万人的大城，但民国时所见情形，大城早已湮没。时人所见的城位于江边半山，以宣慰使住宅、二宣慰住宅、议事庭三栋较宏大的建筑为中心，周边八个村寨拱卫，既无严整的规划，也无城壕等显著标识。普思沿边其余土司之城，外在形制上与普通村寨也相差不大。腾龙沿边土司之城，历史上虽有筑城以防卫的记载，但至民国时所见，除勐卯、盏达尚有不太完整的城墙外，其余土司之城，城墙多已坍颓。城中除土司衙署尚属壮观外，其余建筑也与普通村寨相仿。

城市外在形制的不突出在一定程度上与普思沿边和腾龙沿边的人口规模有关。《泐史》开篇所载，"叭真建立勐泐政权时，有人民八百四十四万人，有白象九千条，马九万七千匹"。但这一数据基本存疑。此后，普思沿边和腾龙沿边人口一直缺乏准确的记载。民国时期，潞西、瑞丽、陇川等六设治局所统计，各设治局人口在1万—3万人。在普思沿边，以20世纪50年代的人口统计数字来看，面积大一些的勐，如勐景洪、勐遮、勐龙，人口在1万—2万人。[①] 小一些

[①] 按照20世纪50年代西双版纳社会历史调查所得数字，勐景洪共有89寨，2867户，14484人；勐遮共有3407户，16904人；勐龙共有62寨，2832户，15920人。参见国家民委《民族问题五种丛书》编辑委员会、《中国民族问题资料·档案集成》编辑委员会编：《中国民族问题资料·档案集成》第5辑《中国少数民族社会历史调查资料丛刊》第86卷，中央民族大学出版社2005年版，第479页；第87卷，第181页；第87卷，第661页。

结　论

的勐，如勐景真、打洛（勐景洛），人口在数百人至5000人以内。[①]以较晚近的人口规模向前推测，虽然历史上有人口超过后代的可能，但不至于超出太多，因此，普思沿边的人口规模，即使是乐观估计，应在30万人以内。腾龙沿边总的人口规模应与普思沿边相仿。较小的人口规模，在一定程度上限制了城市的形制，如勐景真等小勐，总人口只有数千人，因此土司很难也没有必要建立壮观的城市。由此，普思沿边和腾龙沿边的城市在形制上与普通村寨相差不大也就不难理解。

但是，在外在形制不太突出的城市中，土司通过房屋建筑形式间的差异确立其与平民的差距，这一差异也成为城市最为普遍的标识。如普思沿边平民普遍竹制茅草顶干栏式建筑；土司和贵族为木制瓦顶建筑。土司建筑，长、宽、高均相对宏大，廊柱数量较多，允许装饰壁画等；平民建筑，则为一朴素且普通建筑。腾龙沿边，土司多模仿汉地官员衙署，建立衙署与住宅合一的规模宏大宅院；平民仍普遍住简单的竹木茅草房。

以城市为核心的普思沿边和腾龙沿边土司政权，在民国时期改县设制之后，进入政府的直接管辖范围。民国政府派遣官员在边地划区设县、局，建立科室，收取捐税，建立学校，试图将边地改造为与内地相同的治理体系。但边地社会数百年的土司政治所遗留的强大影响难以在短时间消失。同时，由于阻碍明清两代进入边地的交通、瘴疠等因素在民国时期仍普遍存在，民国政府派遣官员在边地社会建立现代政府体系的工作推进缓慢。加之民国时期战争仍存，政府在边地的施政计划开始较晚，待稍有起色，又被战争中断。因而民国政府在边地建立的现代政府，仅限于县或设治局一级。到了区、乡镇和保一级，基本依靠传统的土司衙署官员。同时，由于考虑遽然改革所面临

[①] 同样按照20世纪50年代西双版纳社会历史调查所得数字，勐景真共有32寨，871户，4375人；打洛共有10寨，279户，463人。参见国家民委《民族问题五种丛书》编辑委员会、《中国民族问题资料·档案集成》编辑委员会编：《中国民族问题资料·档案集成》第5辑《中国少数民族社会历史调查资料丛刊》第87卷，中央民族大学出版社2005年版，第281、150页。

的反弹必然也大，因此多数土司并未被撤销，仅权力有所收缩，地位低于政府所派的县长或设治局长。在这种情形下，边地事实上拥有现代政府和传统土司两套政治和治理体系。

在民国时期的改县设局过程中，部分土司之城成为县府或设治局所在地，部分小规模土司之城成为更基层的保、区或乡镇治所，也有一些县或设置局，为摆脱土司影响，而另觅治所。传统土司之城改为县府所在地，如民国时期普思沿边的佛海县城，基本以勐海"城子"和勐海街为基础；又如南峤县城，以勐遮"城子"为基础。普思沿边二十多个土司之城，除少数改为县府外，其余多改为保或区的所在地，如勐龙、勐混、景真、打洛等土司之城，皆是如此。为摆脱土司影响而另觅治所的以腾龙沿边为常见，最典型的是芒遮板设治局，该设治局辖芒市、遮放两土司和勐板，设治局治所在勐板的勐夏街。又如瑞丽的设治局，治所在离勐卯城数十里的弄岛，还曾设在较凉爽的户撒。

在土司之城与县城的关系中，宣慰街与车里县城的关系较为特殊。宣慰街作为召片领所在地已数百年，柯树勋主政普思沿边之后，在离宣慰街10里左右的澜沧江边另觅治所。新的治所所在地名景德，据传是勐泐政权的旧都，但当时已荒废许久。治所新建时，除发现一些遗留的砖外，别无其他遗迹。行政总局在景德建立后，车里基督教会、武庙等建筑也相继建立，景德复有人烟。之后景德改为车里县城，即现在的景洪城。从根源来看，叭真建立勐泐政权时的都城景兰、柯树勋建立普思沿边殖办总局时的局办所在地景德，以及民国时期召片领所在地宣慰街，都可算景洪城的前身。

民国时期边地政治体系的改革对边地带来的影响，首先是大量内地人员的进入。这些内地人员既有各行政机构的官员和职员，也有商人和平民。虽然民国政府在边地建立的县或设治局，直至民国结束仍处在机构的不断完善过程中，部分设治局的官员和职员总人数不及10人，以致设治局局长施政捉襟见肘，但部分县和设治局，科、局机构已基本完整。这些政府官员和职员，除少部分从军队转职而来

结　论

外，其余多数受过中等以上教育，甚至少部分有海外留学经历。他们的到来为边地带来新的政治和社会思想，其中最重要的是将"国民"这一平等的身份理念传播到边地，在一定范围内改变了边地各人群数百年来仅知皇权、土司，甘心忍受不平等的政治社会分工的局面。

民国时期进入边地的商人和平民以佛海县最为集中。佛海号称普思沿边商业中心，因该地气候凉爽，瘴疠较轻，自清末开始，就已有内地商人在勐海城街上定居。民国改制之后，普洱茶制作和交易中心逐渐由澜沧江内的易武等地转移到佛海，大小茶商、来自各地的茶叶技工及其家属逐渐到佛海定居。在兴盛时期，佛海县城有茶庄20余家，茶叶工人及家属据估计至少在千人以上，成为普思沿边和腾龙沿边人数最多的一支内地人群。自此以后，佛海一直是普洱茶生产和交易中心。佛海以外，抗日战争全面爆发以后，新全面修通的滇缅公路成为中国与外界联络的大通道，短时间内有大量的汽车、人流和物流涌入滇缅公路沿线的芒市、遮放两地，尤其是芒市，在这一时期成为腾龙沿边最热闹的城市。

民国时期政府在边地的施政计划及实践落实得较早，影响较大的是学校教育。普思沿边和腾龙沿边因原有寺院教育系统，文字和文化传统较为发达，且寺院教育与信奉南传佛教的诸民族男性成员的生活节奏实现有机结合，以较小的代价实现较好的教育后果。另一方面，语言、文字的差异是影响内地人员与边地人员接触和互动，政府落实一系列施政计划的明显阻碍。同时，教育一直被视为培养合格国民的重要举措，是将边地多样的人群和文化最终纳入现代国家的保障。因而，从民国初期开始，主政普思沿边的柯树勋就率先在景德建立小学一所。此后，普思沿边各局及所改的县，腾龙沿边各局，也率先在城市或内地人较集中的地方建立小学。民国政府为在边地推行学校教育，在人员、经费、制度上提供一系列支持。至民国后期，边地各县、局不仅在县城、设治局所在地，以及原土司之"城子"普遍建有小学，各乡、保也尽量建立学校。除小学之外，在部分县城还建有中学，以及培养边地教师的（简易）师范学校。虽然民国时期政府在边地推行学校教育也存在一系列问题，如教师不易寻、内地教师与边民学生语言不通、教学效果不甚理想、边地学生普遍不愿上学、边地民众视上学为抓差，以及部分地区学校有名无实，仅用以领取教育经费以供地方官员挪用等，但总体而言，在民国时期政府在边地的诸多施政计划中，学校教育着力最大，所取得的成就也较为显著。

除学校教育以外，民国政府在边地实施的其他开发计划，限于动荡时局，落实较晚，取得的成就也较为有限。民国政府和边地精英人士都曾计划或设法发展实业，如开矿、利用优势农产品建立加工厂，利用气候资源引入棉花、木棉、橡胶等经济作物。但普思沿边和腾龙沿边无明显优势的矿产资源，所计划开设的加工厂、引入的经济作物大多是在20世纪30年代以后才开始，效果尚不显著。交通建设方面所取得的最为突出的成绩是在抗日战争全面爆发之后修通的滇缅公路，以及之后为配合反击日军修筑的几个小机场。医院、邮政和银行等社会服务及金融事业，开始建设的时间也较晚。

总体而言，民国时期改县设治，将普思沿边和腾龙沿边纳入政府直接管辖范围，虽然这一改革并不彻底，但并不妨碍对其进行积极评价，这一改革举措为20世纪50年代彻底结束土司治理体系提供了一定的基础。另外，民国时期内地人群开始大量进入边地，改变了边地的人口结构，在一定范围内和程度上也改变了边地的经济生活方式和社会思想观念。这为之后边地在经济、文化上的深入改革奠定了基础。普思沿边民国时期的县城，在20世纪50年代以后，除因合并被撤销的以外，其余车里、佛海、镇越分别成为现在的景洪、勐海和勐腊三城；其余土司之"城子"，历经多次变革之后，多数成为乡、镇政府所在地。腾龙沿边各设治局治所在20世纪50年代以后，多数未继续成为县政府所在地，而是之前被刻意忽略的土司之城成为县政府所在地。

普思沿边和腾龙沿边的城市及其在民国时期的变迁，不仅为解剖边地社会、厘清其运行逻辑提供了一把钥匙，也为理解中央政权与边地的互动、边地与东南亚国家与社会的互动，以及边地在两大政治文化体系交叠地带如何建立适应其地理、历史和社会文化传统的地方政治体系提供了切入口。从结果来看，这一地方政治体系有其强大的合理性，同时，对于普思沿边和腾龙沿边的城市与社会研究，也有望成为其他多人群、文化交叠地带城市与社会研究的启发点。

参考文献

一 中文著作与译著

(明)刘文征撰,古永继校点,王云、尤中审订:《滇志》,云南教育出版社1991年版。

(明)钱古训撰,江应樑校注:《百夷传校注》,云南人民出版社1980年版。

(清)彭崧毓:《缅述》,缪文远主编:《中国西南文献丛书》第三辑《西南史地文献》第27卷,兰州大学出版社2003年版。

(清)阮元:《研经室续集》(二),王云五主编:《丛书集成初编》,商务印书馆1935年版。

卞修跃主编:《西方的中国影像1793—1949:海达·莫理循卷》(1),黄山书社2015年版。

陈碧笙:《边政论丛》,战国策社1940年版。

陈碧笙:《滇边散忆》,娄子匡主编:《北京大学中国民俗学会民俗丛书专号2 民族篇》(第19册),中国民俗学会景印1976年版。

德宏州史志办编纂:《德宏州志·经济卷》,德宏民族出版社1999年版。

德宏州史志编委会办公室编:《德宏史志资料》(第1—17集),德宏民族出版社1985—1994年版。

方国瑜:《滇西边区考察记》,云南大学西南文化研究室1943年版。

高力士:《西双版纳傣族的历史与文化》,云南民族出版社1992

年版。

龚家骅：《云南边民录》，正中书局 1943 年版。

古永继编：《云南 15 种特有民族古代史料汇编》（上），云南大学出版社 2018 年版。

国家民委《民族问题五种丛书》编辑委员会、《中国民族问题资料·档案集成》编辑委员会编：《中国民族问题资料·档案集成》第 5 辑《中国少数民族社会历史调查资料丛刊》第 86—89、96—98、102—103、121 卷，中央民族大学出版社 2005 年版。

何平：《从云南到阿萨姆——傣—泰民族历史再考与重构》，云南大学出版社 2001 年版。

黄惠焜：《从越人到泰人》，云南人民出版社 2014 年版。

江应樑：《摆彝的生活文化》，骆小所主编：《中国西南文献丛书》第 4 辑《西南民俗文献》第 18 卷，兰州大学出版社 2003 年版。

江应樑：《傣族的经济文化生活》，云南人民出版社 2008 年版。

江应樑：《傣族史》，四川民族出版社 1983 年版。

景洪县地方志编纂委员会编纂：《景洪县志》，云南人民出版社 2000 年版。

柯树勋：《普思沿边志略》，《边疆建制资料初编》编委会编：《边疆建制资料初编·西北及西南边疆建制》（第 18 册），知识产权出版社 2011 年版。

昆华民众教育馆编：《云南边地问题研究》，昆华民众教育馆 1933 年版。

李拂一编译：《泐史》，云南大学西南文化研究室 1947 年版。

李拂一：《车里》，商务印书馆 1933 年版。

李拂一：《车里宣慰世系考订》，云南大学西南文化研究室 1947 年版。

李拂一：《南荒内外》，云南人民出版社 2020 年版。

李拂一：《十二版纳志》，云南人民出版社 2020 年版。

李根源：《滇西兵要界务图注》（卷一），出版社不详 1930 年版。

李生庄:《云南之边务杂纂》,缪文远主编:《中国西南文献丛书》第3辑《西南史地文献》第39卷,兰州大学出版社2003年版。

李文林:《到普思边地去》,骆小所主编:《中国西南文献丛书》第4辑《西南民俗文献》第10卷,兰州大学出版社2003年版。

龙云、卢汉修,周钟岳纂:《民国新纂云南通志》,凤凰出版社编选:《中国地方志集成·省志辑·云南》(第3—8册),凤凰出版社2009年版。

陇川县商业局编:《陇川县商业志》,德宏民族出版社1993年版。

潞西县政协文史委员会:《潞西县文史资料选辑》(第1辑),德宏民族出版社1987年版。

马曜、缪鸾和:《西双版纳份地制与西周井田制比较研究》,云南人民出版社1989年版。

马子华:《滇南散记》,云南人民出版社2015年版。

勐海县政协文史资料委员会编:《勐海文史资料》(1),出版社不详1990年版。

瑞丽市政协编:《瑞丽文史资料选辑》(第1辑),德宏民族出版社1994年版。

宋恩常编译:《泰国农村调查研究译文》,云南大学历史研究所民族组1976年版。

谭伯英:《修筑滇缅公路纪实》,戈叔亚译,云南人民出版社2016年版。

陶云逵:《陶云逵民族研究文集》,民族出版社2011年版。

田汝康:《芒市边民的摆》,云南人民出版社2008年版。

王松:《傣族诗歌发展初探》,云南大学出版社2014年版。

西双版纳傣族自治州城乡建设环境保护局编:《西双版纳傣族自治州城乡建设环境保护志》,云南科技出版社1998年版。

西双版纳傣族自治州地方志编纂委员会编纂:《西双版纳傣族自治州志》,新华出版社2002年版。

西双版纳傣族自治州人民政府编:《傣汉词典》,云南民族出版社

2001年版。

西双版纳州政协编:《版纳文史资料选辑》(第7辑),云南民族出版社1992年版。

谢彬:《国防与外交》,商务印书馆1925年版。

严德一:《云南边疆地理》,商务印书馆1946年版。

严耕望:《中国政治制度史纲》,上海古籍出版社2013年版。

杨斌:《流动的疆域:全球化视野下的云南与中国》,韩翔中译,八旗文化2021年版。

杨觐东编:《滇事危言初集》,云南人民出版社2020年版。

姚荷生:《水摆夷风土记》,云南人民出版社2018年版。

佚名:《云南边地之民族与民族性》,骆小所主编:《中国西南文献丛书》第4辑《西南民俗文献》第18卷,兰州大学出版社2003年版。

尤中编著:《云南地方沿革史》,云南人民出版社1990年版。

云南地志编辑处编:《云南产业志》卷五,缪文远主编:《中国西南文献丛书》第3辑《西南史地文献》第29卷,兰州大学出版社2004年版。

云南省潞西县志编纂委员会编:《潞西县志》,云南教育出版社1993年版。

云南省勐海县地方志编纂委员会编纂:《勐海县志》,云南人民出版社1997年版。

云南省社会科学院历史研究所编、杨福泉主编:《中国西南文化研究·民族调查资料选辑》,云南人民出版社2015年版。

曾昭抡:《缅边日记》,云南人民出版社2019年版。

张镜秋:《边地采风录》,云南人民出版社2020年版。

张镜秋:《边荒》,正中书局1946年版。

张振伟:《傣族三村的宗教生活——嵌入与个人信仰》,知识产权出版社2014年版。

赵恩治修,单镜泉纂:《镇越县志》,《中国方志丛书·华南地方》第

267号，成文出版社1974年影印版。

赵敏、廖迪生主编：《云贵高原的"坝子社会"：历史人类学视野下的西南边疆》，云南大学出版社2015年版。

征鹏、杨胜能编著：《新编西双版纳风物志》，云南人民出版社1999年版。

政协景洪市文史资料委员会：《景洪市文史资料选辑》（第2辑），出版社不详1995年版。

政协西双版纳州文史民族宗教联络委员会编：《西双版纳文史资料》（第16辑），云南美术出版社2003年版。

政协西双版纳州文史委员会：《西双版纳文史资料之九·五十年代民族工作》，出版社不详1993年版。

《中国少数民族社会历史调查资料丛刊》修订编辑委员会编：《傣族社会历史调查·西双版纳·1—10》（修订本），民族出版社2009年版。

《中国少数民族社会历史调查资料丛刊》修订编辑委员会编：《云南方志民族民俗资料琐编》（修订本），民族出版社2009年版。

周智生：《商人与近代中国西南边疆社会——以滇西北为中心》，云南大学出版社、云南人民出版社2011年版。

朱德普：《泐史研究》，云南人民出版社1993年版。

朱映占等：《云南民族通史》（上、下），云南大学出版社2016年版。

［美］珍尼·理查森·汉克斯：《文化的解读——美国及泰国部族文化研究》，刘晓红主译，李子贤审校，云南大学出版社2002年版。

［美］施坚雅主编：《中华帝国晚期的城市》，叶光庭等译，陈桥驿校，中华书局2000年版。

［美］通猜·威尼差恭：《图绘暹罗：一部国家地缘机体的历史》，袁剑译，译林出版社2016年版。

［苏］尼·瓦·烈勃里科娃：《泰国近代史纲（1768—1917）》（上册），王易今、裘辉、康春林译，商务印书馆1974年版。

［英］柯乐洪：《横穿克里塞：从广州到曼德勒》，张江南译，云南人

民出版社 2018 年版。

二　中文期刊论文

陈才：《滇南摆夷》，《风土什志》1940 年第 1 卷第 2 期。

江应樑：《摆夷的种属渊源及人口分布》，《边政公论》1948 年第 7 卷第 3 期。

江应樑：《僰夷民族之家族组织与婚姻制度》，《西南边疆》1938 年第 2 期。

江应樑：《云南西部僰夷民族之经济社会》，《西南边疆》1938 年创刊号。

江应樑：《云南西部之边疆夷民教育》，《青年中国季刊》1939 年创刊号。

江应樑：《云南用贝考》，《新亚细亚》1937 年第 1 期。

李何林：《傣族织锦》，《云南民族学院学报》1984 年第 2 期。

李景汉：《摆夷人民之生活程度与社会组织》，《西南边疆》1940 年第 11 期。

龙晓燕：《勐、曼陀罗与大一统中国：滇西耿马土司的"国家化"研究》，《思想战线》2018 年第 5 期。

卢中阳：《西双版纳指定服役制度研究》，《思想战线》2019 年第 2 期。

马健雄：《明清时期掸傣土司区域的非中心化政体与联姻政治》，《思想战线》2020 年第 2 期。

马曜：《西双版纳和西周社会政治及礼俗制度比较研究——运用民族学资料研究先秦史一例》，《社会科学战线》1987 年第 4 期。

毛曦：《"似城聚落"及其在历史研究中的理论意义》，《史林》2016 年第 5 期。

燕吉：《云南思普沿边的宗教社会》，《宇宙风》（半月刊）1940 年第 107 期。

张振伟：《信仰与政治：西双版纳傣族二元宗教系统的形成与发展》，

《思想战线》2014年第1期。

赵纯孝:《摆夷社会的农业经济》,《经济汇报》1944年第10卷第2期。

赵纯孝:《摆夷社会之经济组织——一个特殊形态的经济制度之研究》,《经济汇报》1944年第9卷第5期。

周庆生:《西双版纳傣语亲属称谓语义成分分析》,《民族语文》1990年第2期。

三 外文文献

Archer, "Report on A Journey in the Më-kong Valley", *Siam*, No.1, 1892.

Bello, *Across Forest, Steppe, and Mountain: Environment, Identity, and Empire in Qing China's Borderlands*, Cambridge: Cambridge University Press, 2016.

Carey, "A Trip to the Chinese Shan States", *The Geographical Journal*, Vol.14, No.4, Oct., 1899.

Condominas, *From Lawa to Mon, From Saa' to Thai: Historical and Anthropological Aspects of Southeast Social Spaces*, Canberra: The Australian National University, 1990.

Grabowsky, Turton, *The Gold and Silver Road of Trade and Friendship: The Mcleod and Richardson Diplomatic Missions to Tai States in 1837*, Chiang Mai: Silkworm Books, 2003.

Tambiah, "The Galactic Polity: The Structure of Traditional Kingdoms in Southeast Asia", *Annals New York Academy of Sciences*, 1977.

Tooker, "Putting the Mandala in its Place: A Practice-based Approach to the Spatialization of Power on the Southeast Asian 'Periphery'——The Case of the Akha", *The Journal of Asian Studies*, No.2, 1996.

附录　书中部分地名对照表

现代地名	历史地名
勐海	孟海、猛海、佛海
勐遮	孟遮、猛遮、南峤
勐混	猛混、孟滑、猛滑
（大）勐龙	（大）孟笼、（大）猛笼、（大）猛龙、勐笼
（小）勐养	（小）猛养
勐宋	猛崧
勐板	猛板
勐满	猛满
勐捧	猛捧、猛拿
勐腊	猛腊
（小）勐仑	（小）猛仑
勐往	猛往
勐阿	猛阿
勐满（勐海县）	猛满
勐满（勐腊县）	猛溆
勐戛	猛戛
勐罕	猛罕
勐伴	猛伴
景真	顶真、顶针
瑞丽（勐卯）	猛卯
景洪	九龙、车里
章凤	张凤